国家出版基金项目

2015年度国家社会科学基金重大项目——中国西南少数民族传统村落的保护与利用研究

中国西南少数民族村落的保护与发展内容总录系列

孙华 主编

广西侗族村寨调查简报 2

巴蜀书社

图书在版编目（CIP）数据

广西侗族村寨调查简报. 二 / 孙华主编. -- 成都：巴蜀书社, 2021.12

（中国西南少数民族村落的保护与发展丛书）

ISBN 978-7-5531-0905-3

Ⅰ.①广… Ⅱ.①孙… Ⅲ.①侗族—民族调查—调查报告—广西 Ⅳ.①K287.2

中国版本图书馆CIP数据核字(2017)第285865号

广西侗族村寨调查简报（二）
GUANGXI DONGZU CUNZHAI DIAOCHA JIANBAO ER

孙　华　主编

出 品 人	林　建
总 编 辑	侯安国
责任编辑	王群栗　周昱岐
出　　版	巴蜀书社
	成都市槐树街2号　邮编：610031
	总编室电话：（028）86259397
网　　址	www.bsbook.com
发　　行	巴蜀书社
	发行科电话：（028）86259422　86259423
经　　销	新华书店
印　　刷	成都东江印务有限公司
版　　次	2021年12月第1版
印　　次	2021年12月第1次印刷
成品尺寸	210mm×285mm
印　　张	12.5
字　　数	240千
书　　号	ISBN 978-7-5531-0905-3
定　　价	260.00元

本书若出现印装质量问题，请与工厂联系调换

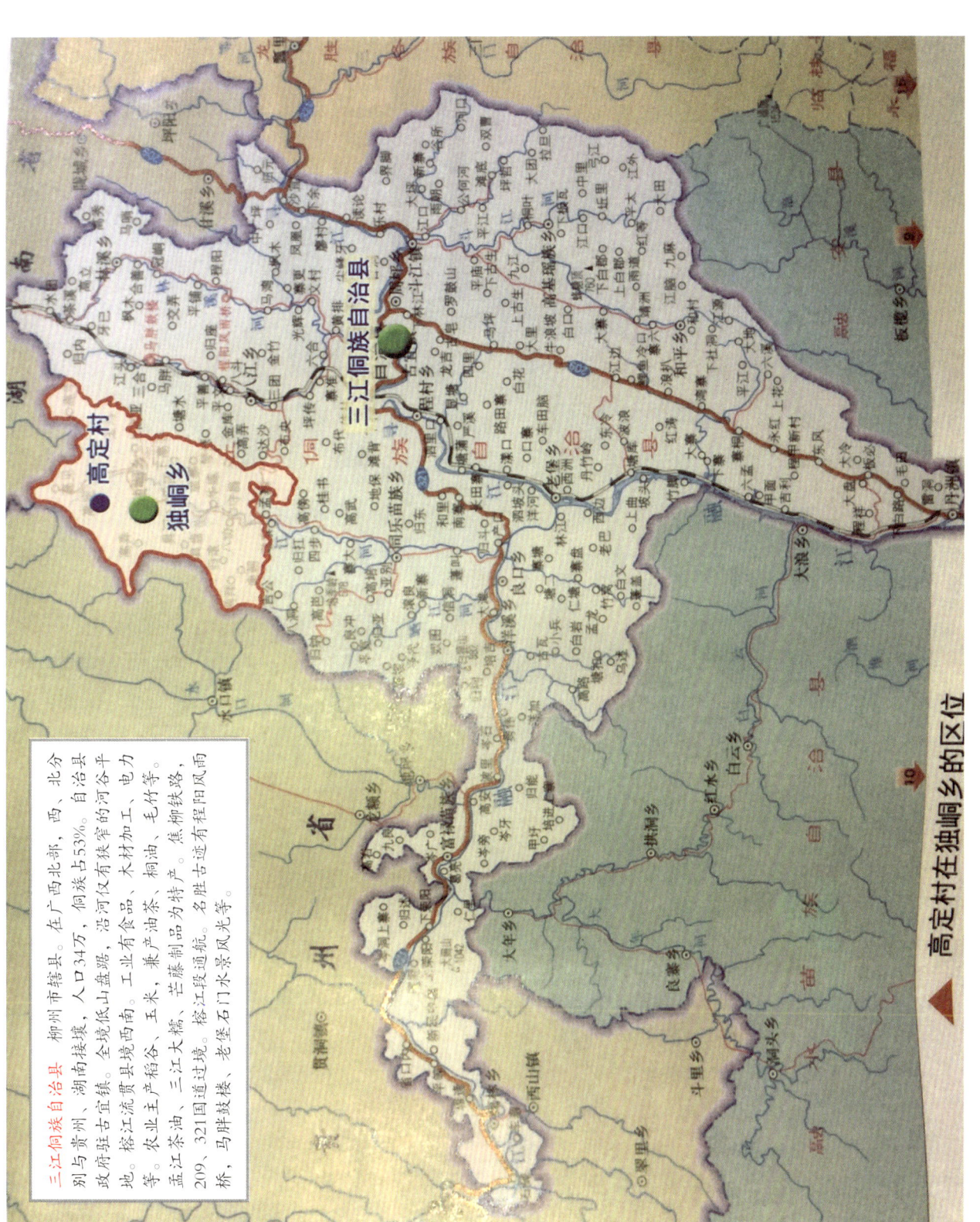

三江侗族自治县 柳州市辖县。在广西北部,西、北分别与贵州,湖南接壤。人口34万,侗族占53%。自治县政府驻古宜镇。全境低山盘踞,侗河狭窄的河谷平地。榕江流贯县境西南。工业有食品、木材加工、电力等。农业主产稻谷、玉米,兼产油茶、桐油、毛竹等。孟江茶油、三江大糯、芒藤制品为特产。焦柳铁路,209、321国道过境。榕江段通航。名胜古迹有程阳风雨桥、马胖鼓楼、老堡石门水景风光等。

▲ 高定村在独峒乡的区位

高定村图版一 高定在独峒乡的区位

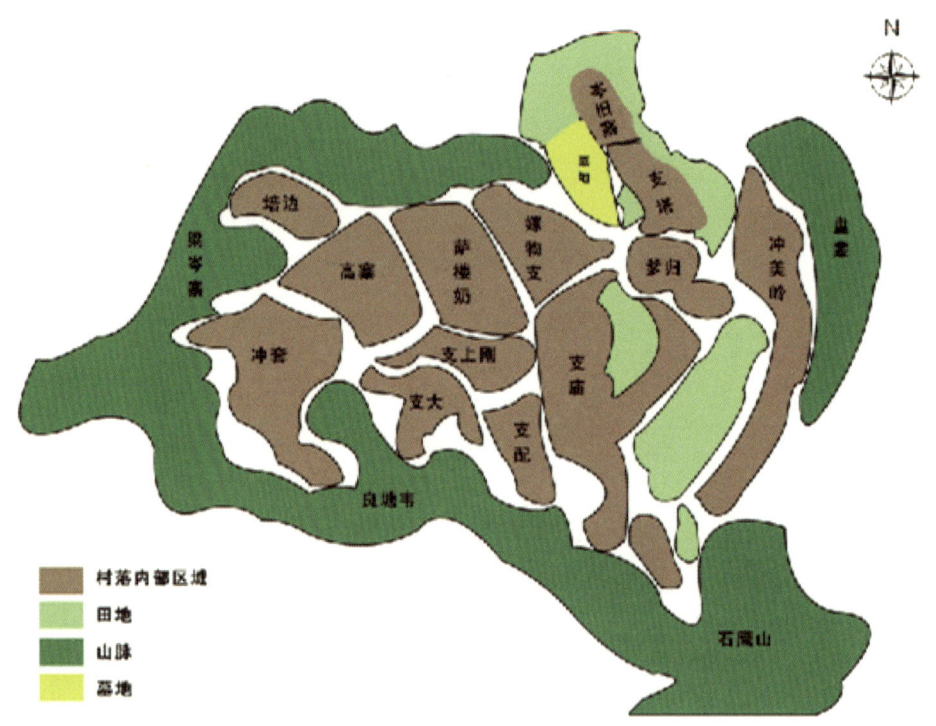

高定村图版二　高定区域布局图

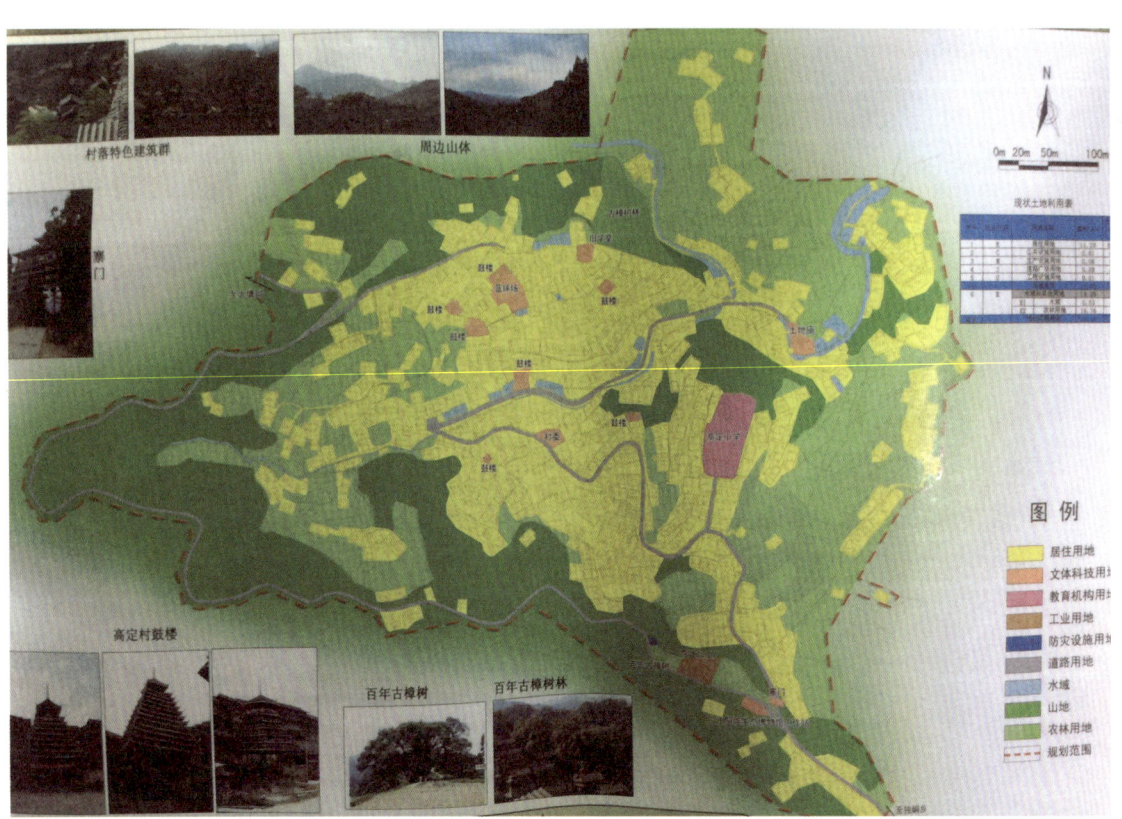

高定村图版三　高定土地利用规划图

高定村图版四 高定总平面规划图

高定村图版五 高定交通系统规划图

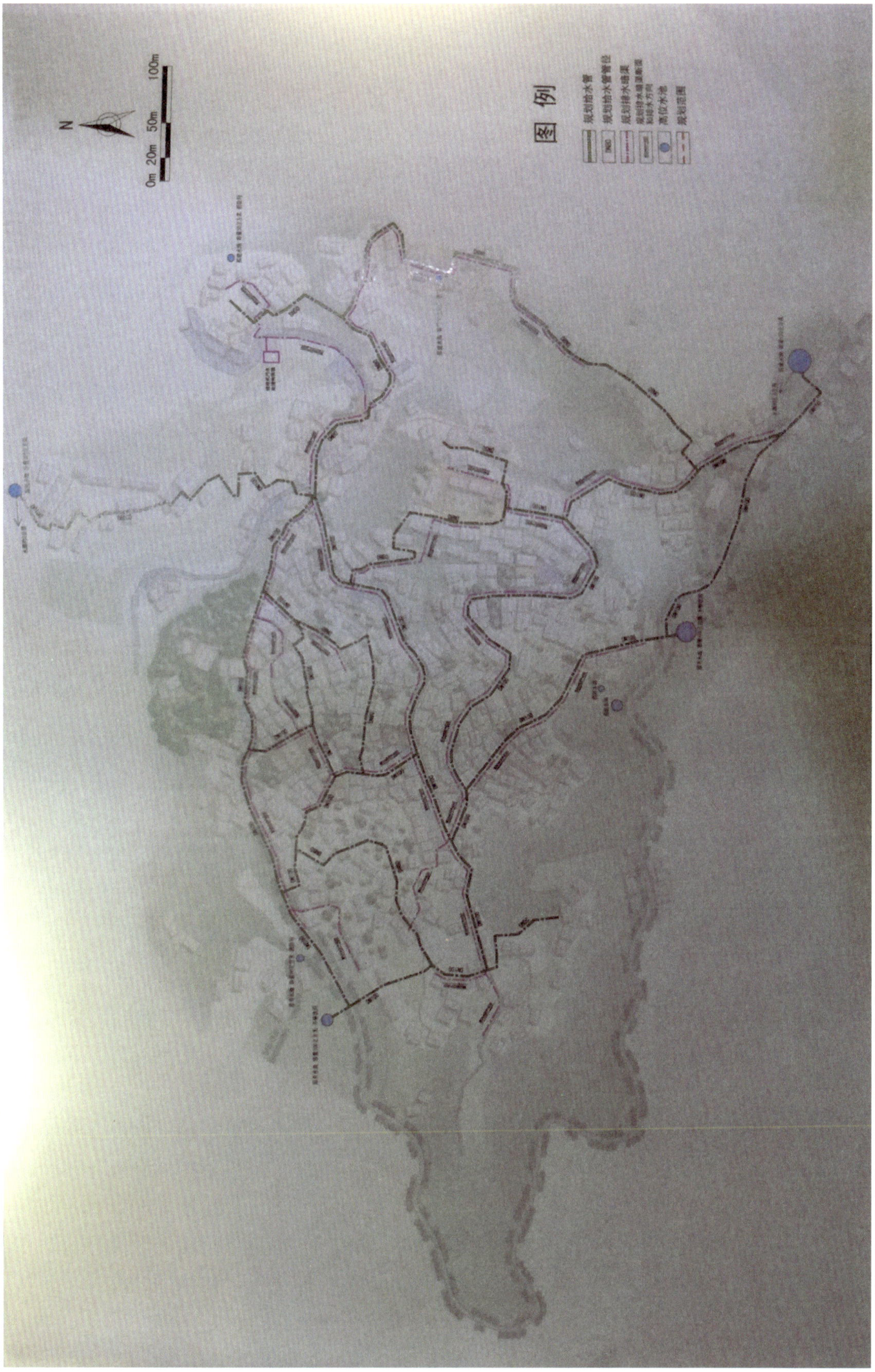

图版 5

高定村图版六 高定给水排水规划图

保护民族村寨，促进社会发展（代前言）

孙 华

（北京大学文化遗产保护研究中心）

中国的西南地区包括了四川盆地、云贵高原和青藏高原三大地理单元。这里是世界的屋脊，是中国长江、黄河和珠江三大河流发源的地方，是贯穿中国的半月形文化传播带经过的地方。西南地区的腹地，也就是青藏高原东麓地区（包括藏东南、川西高原和滇西高原），被称作中国西南山地热点地区。该地区东为海拔很低的四川盆地，西邻高耸的青藏高原，从海拔几百米的河谷到六七千米的山脉交替出现。复杂的地理环境和气候条件造就了这里独特的生物多样性、民族多样性和文化多样性。这里是中国民族最集中的地区，又是中国交通最困难的区域，许多民族还保留着东部发达地区早已经遗失了的行为方式、生活习惯、聚落形态、宗教礼仪和生产工艺，蕴含着极其丰富的民族文化信息，是进行民族学、人类学和民族考古研究最理想的区域。该地区少数民族聚居的村寨则成为所有这些历史和文化信息集中的一个个资料库，有待于我们去开启和利用。在现代化和城市化飞速发展的中国，许多西南边远地区的闭塞状况已经明显改善，村寨的文化景观也已经发生或正在发生悄然的变化。这些，更需要我们文化遗产保护研究的从业人员去迎接挑战，在当地人们生活水准提高的同时，努力保护好这份宝贵的遗产资源。

西南地区山高林密，交通困难，古代的统一事业相对进行得较为缓慢。直到今天，西南地区还生活着中国族类最多的少数民族，散布着星罗棋布的不同民族的村寨。这些村寨所在地区相对封闭，经济也发展缓慢，文化的演进还基本上沿袭着其千百年来形成的自然节奏，不像中国东部和中部地区那样，乡村文化景观已经发生了很大的变化。由于西南少数民族所在的自然环境差异很大，社会发展水平参差不齐，文化习俗异彩纷呈，其乡村文化景观也有着显著的不同。这种不同，最集中地体现在其民族居住的村寨内。丰富多彩的少数民族村寨蕴涵着居住在其中的人们的大量社会、历史、文化和艺术要素，对我们认识中国多元一体的民族结构，研究这些少数民族的社会历史，丰富和发展人类的文化艺术，促进当地社会的可持续和谐发展，有着重要的价值。这些价值具体体现在以下三个方面。

首先，西南少数民族村寨是中国大多数少数民族丰富多彩的传统文化的集中保存地，是世界多元文化的重要组成部分。西南地区是中国南北向的文化传播带和东西向的文化传播带经过的地方，云南高原地区更是这两条文化传播带交叉的地方。前一条南北向的路线被称为"半月形文化传播带"或"藏羌（彝）走廊"，是中国北方及西北地区的古代族群南下的主要通道。考古学的证据表明，从新石器时代的仰韶文化时期起，北方的居民就沿着这条通道不断南下。后一条东西向的路线，也是古代族群迁徙的重要通道，这些族群沿着从云贵高原发源或流经的多条大河（如长江的支流沅水和乌江，珠江的上游南、北盘江，元江／红河的上游礼社江），或从云贵高原东下至长江中游、珠江口甚至红河下游地区；或从中下游地区逆流而上，进入到贵州高原甚至云南东南部地区。正是这两大文化传播带和族群迁徙通道的存在，造就了西南地区，尤其是云贵高原地区民族和文化的多样性和复杂性。中国现有56个民族，西南地区就集中了汉、壮、回、苗、土家、彝、藏、布依、侗、瑶、白、哈尼、傣、傈僳、仡佬、拉祜、水、佤、纳西、羌、仫佬、景颇、毛南、布朗、阿昌、普米、怒、京、基诺、德昂、门巴、独龙、珞巴等民族，占我国已识别民族总数的三分之二；此外，中国绝大多数未识别民族，也都分布在西南地区。这些民族基本上是以农业为主要经济形态的定居民族，由于各村落的历史形成不同、文化渊源各异，因而形成了种类众多、风格多样、习俗也千差万别的村落乡村文化景观。无论是文化的多样性还是村落形态的多样性，在西南地区都得到最充分最集中的体现。

其次，西南少数民族村寨是人类发展历史的实物证据。严格意义上的历史时期，是指有文字记录的时期，这个时期在中心地区开始于商代晚期的殷墟时期，但西南地区则比较晚，且各区域进入历史时期的年代不尽相同。在云贵高原的古夜郎道沿线，历史时期开始于西汉中期；在西藏地区，历史时期始于吐蕃时代；而在其他地区，有文字记载的历史开始更晚。而这种狭义历史时期的西南地区历史，文献的记载都是西南地区古代族群的人们与中心地区的人们发生了重要接触行为时的记录，如汉武帝通西南夷、蜀汉诸葛亮平南中、唐与吐蕃调整关系、南诏侵益州及交州、忽必烈灭大理、明太祖时的平云贵、明万历时的平播州、清雍正时的改土归流、清乾隆时的大小金川之役，等等。除了这些重大历史事件以外，文献记载中关于西南少数民族地区的记载并不多。我们要认识这个地区的历史，其史料来源除了文献记载外，早期的主要是考古材料，晚期的则主要是蕴含在村落中的民族志资料。回顾历史可以知道，一个古族自从其共同的生活区域基本稳定以后，如果没有积累的内部冲突或外界干扰，其聚居的村落有的会一直延续下来（当然随着人口的繁衍等原因也不断会有新的村落建立）。云南云龙县白族的诺邓村，由于这里很早就发现有盐卤涌出，白族先民很早就在这里定居，唐代樊绰《云南志》

中就已经有了"诺邓"之名，该村的形成肯定在唐代甚至更早的时代，是一个千年村名不改、聚落不迁的具有深厚文化积淀的传统村落。现代西南每个民族的村落中都蕴含着丰富的历史信息，通过这些信息，我们可以知道许多考古材料和历史文献所没有的古族历史的细节，从而为研究西南民族史做出贡献。除此以外，西南少数民族村落还能提供中国东部地区发展历史的重要参考材料。由于社会发展的地域性不平衡，我国东部地区许多历史上曾经有过的东西都已经消失了。"礼失而求诸野"，在中国西南民族村落中，就保存了许多中国中心地区曾经有过但现在已经消失的文化现象。研究西南民族村落的现在，很可能有助于了解我们的古代。

最后，西南少数民族村寨是西南地区社会发展的重要资源。西南地区各个不同的地域，是世世代代生息在这些地方人们的心灵家园。这里集中保存着他们祖辈的业绩，有他们世代相承的生存智慧、生活方式和文化传统。由于现代社会发展十分迅猛，特别是在现代化、全球化和城乡一体化的浪潮中，原先生活在相对封闭、节奏缓慢、发展滞后的西南少数民族村寨的人们，在使人眼花缭乱的外来信息的冲击下，自然会产生种种不适应，不仅对外界也对自身产生种种困惑，从而就会希望在自己的家园获得一些慰藉。如果说外来文化的冲击，使得西南少数民族村寨的传统发生某种程度的中断，当地村民持续而稳定的生活变得不那么具有连续性，是催生西南少数民族地区人们乡愁的纵向因素的话，那么，当今西南地区许多少数民族村寨的年轻一代离开世居的村寨到城市务工，置身于一个完全不同于传统乡村的现代城市中，这种空间距离和文化差距就是生成这些外出村民乡愁的横向因素。这样，作为家园的传统村寨就成为包括少数民族在内的现代人们用以寻求自我的心灵平衡、重新找到精神归属感的自我防御机制的重要"文化空间"。除此以外，中国西南地区山峦起伏，森林广布，自然景观随地区和地形而变化，既有云遮雾罩、山重水复的高原山地，又有天高气爽、环山嵌湖的高原平坝，还有白云蓝天、绿草如茵的高海拔草原，多样的自然环境加上多样的文化传统，造就了丰富多彩的建筑类型和建筑风格，形成了文化景观迥然不同的村落风格。优美的环境，奇特的建筑，再加上位于外地人很少去的偏远地区，西南少数民族村寨受到了国内外公众的普遍喜爱。早在20世纪前半期，俄国人顾彼得（Peter Goullart）就这样深情地写道："我很早就梦想找到并生活在一个被大山与世隔绝的美丽的地方，也就是若干年后詹姆斯·希尔顿在他的小说《失去的地平线》中描写的'香格里拉'。小说的主人公意外发现了他的'香格里拉'。而我在丽江，凭我执着的追求寻觅，找到了我的'香格里拉'。"前些年，《中国国家地理》曾发起过评选中国最美村落的活动，高居榜首的不是江浙水乡村落，不是皖南徽州村落，而是四川丹巴县甲居嘉绒藏寨，就说明了这个问题。西南少数民族村寨因而也就成了一种重要的旅游资源，成为促进当地经济、文化和社会发展的一个重要因素。

不过，也正是由于现代化、城市化、全球化的冲击，西南少数民族村寨才与中国其他地方的传统村落一样，几乎所有村寨都有了电灯照明、电话通信和电视信号接收。一条条公路、一根根电线和一道道电波正在将乡村与城镇连接起来，与世界其他地方联系起来，乡村也不可避免地要被卷入全球化的浪潮。即使在最偏僻的一些村寨，外来的观念、外来的文化和外来的设施都已经进入这些村民的头脑中、行为中和日常生活中。这种跨越自然区隔的道路建设和信息管道的建立，使得原先相对被"隔离"的乡村变得不那么封闭了，乡村的生态环境发生了变化。这种变化也必然导致乡村的许多方面向城镇靠拢，从而使乡村文化景观发生变异。这种变化的表象之一，就是许多民族村寨的人们受到城市和工厂的吸引，年轻人大多外出务工，村内剩下的大都是老人、孩子或中年以上妇女，失去了最有活力的青年群体，原先兴旺的村寨已经衰落和破败，村落面临着严重的空心化、老龄化、城郊化等问题。并且随着乡村经济走向多元化，西南地区许多村寨的家庭都有了兼业（副业），由于各家兼业种类和规模的不同，各个家庭的收入也有较大的差异，整个乡村社区的结构已趋向复杂。根据文化人类学或考古学的理论，越是复杂的事物，越容易发生变异。西南少数民族村寨的乡村文化景观，加快其原先基本稳定的发展演变节奏，已成为一个不可避免的现象。

在现当代全国统一的土地制度、行政制度和管理模式下，在当下城市化、城乡一体化和现代化的冲击下，西南地区少数民族村寨面临的问题与中国所有传统村落基本相同，主要体现在这样四个方面：一是普遍失去了传统的自下而上的自组织能力，自上而下的全国统一的他组织行为代替了具有个性化的自组织行为，传统文化多样性生成的土壤已经不复存在；二是伴随着现代化和城市化进程的迅速推进，村民大量涌向城镇，原先的基层政权对乡村的管控能力降低，导致村寨内部凝聚力下降甚至丧失；三是传统乡村与城镇的生产关系发生逆转，新的城乡关系导致多数西南少数民族村寨日益破败，城乡间的贫富差距进一步增大；四是开始于贵州湄潭县，进而在全国实施的农村土地的"两权分离"和"长久不变"，使得包括西南少数民族村寨在内的土地权属固化，无论是改善村民的居住用房和人居环境，还是试图致力于村寨的规模化产业的发展，都变得非常困难。除了这些问题，我们在相当长一段时期内，强化了城镇与乡村的差别。农村户口的人们一旦因读书、招工、参军等因素获得了城市户口后，就失去了再回到农村的可能性。他们退休后不能在故乡买房建房，为乡村建设发挥作用，只能在城市买房安度晚年，将积累的财富和资源留在城市。这与过去乡绅阶层不少是从城市退休返乡、将在城市赚取的财富和资源带回乡村的情况截然相反。而在不断推进城市化的今天，乡村的人们不再被一亩三分地束缚，他们大量在城市务工，不少人将挣得的工资储存起来在城镇买房，人才资源和资金资源不断从乡村被带到城市，而城市的人才资源和资金资源却很少进入农村。这些因素，导致城市与农村的差距加大，农村不免日益贫困化和边缘化。

中国西南少数民族村寨既然有重要的文化价值和社会价值，现在它们的存在状态和发展趋势又面临着许多问题，这就需要我们尽快选取保护对象，寻找保护对策并采取相应的行动，使这些承载着丰富文化信息的传统村寨能够更长久地保存和延续。

中国西南地区幅员辽阔，基本保持着传统风貌的村寨数量很多，有些位于高山陡坡、交通不便、存在地质灾害、不利于村民生产生活的村寨，当然只能采取拆村搬迁、合村并寨等方式进行处理；那些靠近城镇、已经或即将纳入城镇建设区的村寨，那些位于交通要道沿线、传统风貌正在迅速变异的村寨，已经无法也没有必要再采取保护行动。西南少数民族地区村寨数量众多，许多村寨都具有相近的自然环境和村寨建筑，如何在每个少数民族的众多村寨中选取具有典型性和代表性的村寨，这是保护好西南民族村寨的首要问题。中国是一个文明古国，又是资源相对缺乏的人口大国，遗产保护与民众生计的矛盾比许多国家都尖锐。即使是那些已经成为历史陈迹的古代遗址，保护起来仍然存在着保护性用地与乡村耕地和宅基地之间的矛盾冲突，更何况乡村文化景观这样的动态遗产。因此，在制定西南少数民族村寨的保护规划之前，先要对这些地区的村寨进行全面调查，基本掌握现有村寨的相关信息，才能进行一个民族或一个自然地理单元的各村寨的价值比较，才能从中选择出不同价值层面的村寨，并将其列入不同的保护层级，才能确定保护的范围、资源的取舍和发展的方向。

生活在中国西南山地的各民族，由于其村寨散布在交通不便的山区，被文化遗产学界了解情况的村寨只占其中一部分（这些村寨主要沿公路分布并距离城镇不是很远），还有许多村寨有待于重新调查和认识。到目前为止，我们已有的少数民族调查报告，注重的是人而非物，其公布的信息还不足以使遗产保护和管理者认知其价值。以苗族为例，早在20世纪50年代前，就已经涌现出了被誉为"苗学研究的三座里程碑"的三部苗族调查报告；20世纪50年代后，国家组织社会学家、民族学家和历史学家也开展了大量苗族社会历史调查工作，其调查成果除了"中国少数民族社会历史调查资料丛刊"中的苗族部分外，西南诸省区还分别编写了不少苗族的调查报告，贵州省民族研究所组织编写的"六山六水民族综合调查"就是其中之一。这些原始调查报告当然很珍贵，却存在一些缺憾。缺憾之一就是这些调查要么是区域民族调查，其调查范围主要是以州、县、乡为单位，很少能够具体到自然村寨这样基层的聚落单位；要么是某些专家进行的以某民族某一文化要素为对象的专题调查，缺少一个典型村寨全部结构要素的综合资料。因此，以自然村落为考察单位，首先进行各地区各民族的村寨调查，从中选取典型的村寨编写出版系列的"中国西南少数民族村落内容总录"，是开展该地区传统村落保护的前期工作。在此基础上，就可以通过村寨价值的比较评估，首先筛选出可以推荐列入省市级保护的相关村寨，然后再选出可以推荐列入全国重点文物保护单位和国家级历史文化名村的村寨，最后将价值最高、特征最典型的村寨推荐列入《中国世界文化遗产预备名单》及《世界遗产名录》，从而真正做到分级实施保护。

正是考虑到中国西南地区少数民族村寨的重要价值和面临的问题，北京大学文化遗产保护研究中心和贵州省文物局达成共识：少数民族村寨是中国西南地区文化遗产最重要的组成部分，这些村寨正面临着迅速改变和消失的威胁，亟须采取有计划的保护行动。由于西南地区自然条件复杂，民族成分多样，聚落形态千差万别，在开始保护行动之前，首先需要对西南地区不同民族、不同区域、不同社群的村寨进行系统的调查，在充分了解这些村寨基本情况和存在问题，以及深入思考这些村寨特点的基础上，通过对比分析这些村寨的文化面貌和价值分级，选取亟须采取保护行动的村寨群落和村寨个体，然后编制与乡村发展相结合的保护规划，采取恰当且适度的保护性干预行动。为此，我们在2007年开始了中国西南地区少数民族村寨调查的号召和动员，并于2008年起首先从贵州黔东南苗族侗族自治州的苗族村寨和侗族村寨开始，展开了少数民族村寨基本情况的调查。

从2008年到2014年，我们调查的范围从贵州黔东南州延伸到了邻近的湖南通道县和绥宁县、广西三江侗族自治县，其间还对云南大理白族自治州剑川县的白族村落、四川甘孜藏族自治州丹巴县的嘉绒藏族村落进行了调查。参加调查的人员主要是高等院校的师生，其中有以院系、研究所或研究中心名义组织的海峡两岸高校和科研单位人员，包括北京大学、同济大学、中央民族大学、四川大学、广西师范大学、台南艺术大学、贵州省文物保护研究中心、成都市博物院等，还有多所高校的本科生和研究生个人自愿报名参加了调查。这些调查都是利用每年的暑期进行。七年间参加调查的人员数量，即使不计当地文物部门派遣的干部和当地参加调查的大学生，其数量也达到了309人次（其中有的师生多次参加，人员名单附后）。在此行动中，既有白发苍苍的老教师，如台湾清华大学的徐统、台南艺术大学的陈国宁教授，也有刚刚在大学修完"文化遗产概论课"参加实习的大学低年级学生，但主力则是来自历史学、考古学、社会学、民族学、建筑学、城乡规划学、博物馆学的大学毕业生和研究生。这些师生冒着酷暑，在西南偏僻的山村进行田野调查，先后调查了苗族、侗族、藏族、白族的村寨超过五十个，另对与少数民族村寨相关的贵州锦屏县隆里古镇、四川宝兴县曹家村进行了调研，撰写了这些村寨的调查简报。有了对这些村寨地理环境与资源、传说与历史、基本构成单元、内部与外部结构、人群与社会组织、生业与经济结构、生活方式与风俗、宗教信仰与禁忌、相关文化事项和村寨保存状况的基本了解，再着手选择需要列入保护的村寨，并开始对一些村寨开展保护所需的更详细的综合调查和专题调查，在现状勘察报告完备、存在问题厘清的基础上，开始编制保护与发展规划，并开展保护行动。

选取要采取保护行动的保护对象，无论是从岛屿生态地理学的理论来说，还是从尽可能多地保存我国传统村落的角度来说，都应当尽可能多地对有明显地理边界的成片传统村落和村落群进行整体保护。不过，传统村落不是简单的不可移动文物，我们不应当一味追求列入保护单位的传统村落数量。我们需要关注已被列为国家级或省（市）自治区级文物保护单位的传统村落的情况。这些村落通常都是以"某某村古建筑"的名义被列入保护单位的，保护的对象是这些村落中年代较早、规模较大的建筑群，不是整个村落，更不包括这些村庄赖以存在的农田、山林和川泽，也不包括这些村寨中的社会组织、生产工艺、民俗节庆、宗教礼仪等非物质文化事项，即其文物保护只是村落中个别物质文化要素的保护。这就容易出现传统村落中的公共建筑和个别民居保护较好、而整个村落及其载体却疏于保护的现象。我们还应当吸取中国历史城市保护的经验教训，这些教训是多方面的，其中的一个教训就是国家级的历史文化名城数量过多，先后公布的三批国家级历史文化名城总数达99座，这些历史文化名城大多基础研究还比较薄弱，针对历史文化城市不同类型所制定的保护策略又有欠缺，保护范围（整体城市文化景观保护、城市轮廓及街区文化景观保护、部分街区文化景观保护、重点城市建筑遗产保护）也不够明确，结果现在的历史文化名城除了被列入世界遗产的城市以外，绝大多数是名存实亡了。西南少数民族村寨规模一般不大，即使在贵州黔东南州有号称"苗都"的最大的西江千户苗寨，居民户数也不过1258户，人口不过5326人，其空间范围的大小和结构的复杂程度都无法与城镇相比，其保护难度比城镇要小些，保护模式应当以整体保护为主。不过，越是强调整体保护，在选取保护单位时就越应当注意代表性，否则有的地方会以为类似的村寨很多，改变几处无关紧要。一旦被列入高等级保护单位的民族村寨被人为破坏，而没有采取问责制追究有关责任人，就会使有关保护的法律规章失去其应有的权威，破坏行为就会蔓延，就如同大多数中国历史文化名城的遭遇一样。

我们早就认识到，一个完整的传统村落不仅是村落的建筑，还应当包括村落赖以存在的田地、水泽和山林，包括活动在这个区域内的人们及其传统行为模式。按照文化遗产的分类体系，传统村落应当归属于文化遗产的特殊类型——文化景观。文化景观是联合国教科文组织倡言的文化遗产的特殊类型，它是一定空间范围内被认为有独特价值并值得有意加以维持以延续其固有价值的、包括人们自身在内的人类行为及其创造物的综合体，其生活方式、产业模式、工艺传统、艺术传统和宗教传统没有中断并继续保持和发展的城镇、乡村、工矿、牧场、寺庙等，都应当属于文化景观的范畴。农业文化景观由于产业模式不同，又有传统村落文化景观和农场文化景观的分别，前者由于地理的区隔、传统的差异，文化面貌也异彩纷呈，是农业文化景观的主体，也是世界多元文化最重要的构成要素。中国西南的少数民族村寨，其地理环境多样，文化传统各异，许多地处偏僻山区的少数民族村寨迄今仍然保持了自己鲜明的传统和特色，是中国乃至世界的文化景观类型遗产的重要组成部分。不过，"文化遗产"不同于"文物"，前者包括了物质和非物质的遗留，后者则只针对物质的遗存。文物保护专家很容易将诸如少数民族村寨这样的遗产划分为两部分：村寨的聚落、民居和公共建筑被视为不可移动文物；而村寨内人们的日常用具、服装饰件则被归为可移动的民俗文物。至于传统村落赖以存在的田地、山林和丰富多彩的非物质文化事项，却没有被纳入文物保护的范畴。浏览目前已经公布的七批全国重点文物保护单位的名单，不难发现，几乎所有传统村落都是以"某某村古建筑""某某民居（某某大院）"等名目出现的，文物保护面对的不是传统村落的整体，而是村落中的部分古建筑或代表性建筑。由于以文物保护单位这样的模式保护传统村落，尽管有国家《文物保护法》的法规作保障，仍然很难做到保护村落的完整性、真实性和延续性；但如果将文物保护单位的范围推广至整个村落，甚至村落外的田地和山林，那么如何制定文物保护和管理的规定，如何处理村民因人口增长而新建的住房，以及如何对待村民改造自己原有住宅以提高自己生活品质？凡此等等，都是目前从事传统村落保护，尤其是西南少数民族村寨保护需要思考的问题。

我们这套"中国西南少数民族村落的保护与发展丛书"，正是上面这些思考和工作的产物。全书由"内容总录""勘察报告""保护研究"三个系列组成，涵盖了西南部分少数民族村寨基本情况调查、专题研究与综合研究以及保护与发展规划和实施报告三个方面。

"中国西南少数民族村落内容总录"系列，以村寨为基本单位，全面介绍该村寨基本情况。本系列已经编写了12册，分苗族村寨、侗族村寨、藏羌村寨、白族村寨四卷。其中已经调查的重要侗族村寨分布于贵州、湖南、广西三省区，故又细分为《贵州侗族村寨调查简报》《湖南侗族村寨调查简报》《广西侗族村寨调查简报》若干分册。每一分册由2—5篇调查简报组成，我们希望关注传统村落保护与发展的学者和机构，能够通过这些调查简报，对这些村寨的历史文化和当下状况有一个最基本的了解。由于我们的田野工作以贵州黔东南州为中心，因而贵州的苗族和侗族村寨调查报告的数量也最多，占了这个系列的半数，这也是苗族和侗族村寨以黔东南地区数量最多、保存最好、文化事项最丰富现状的反映。

"中国西南少数民族村落勘察报告"系列，由多本典型少数民族村寨勘察报告、专项研究著述组成。由于内容相对简单的村寨调查简报还不能满足从事传统乡村研究、保护和发展的相关机构和个人的需求，需要对选取作为保护与发展对象的村寨做详细的勘察记录，找出该村寨存在的普遍性和特殊性问题，以便采取有针对性的保护与发展措施。计划撰写的勘察与研究报告有《贵州榕江县大利侗寨调研报告》《贵州榕江县大利侗寨勘测报告》《贵州锦屏县文斗苗寨调研报告》《贵州黎平县堂安侗寨整治报告》《四川丹巴县中路藏寨调研报告》《云南云龙县诺邓村调研报告》等。除此而外，我们还将在西南少数民族村寨保护与发展的实践中，选取一些典型案例，将其记录汇集成册，以提供其他从事传统村落保护的同志参考和评判。

"中国西南少数民族村落保护研究"系列，是西南少数民族村寨保护的综合研究。它包括了村寨的历史、特点、价值和问题的基础研究，包括了针对中国传统村落、西南民族村寨、某一区域和族群村寨、某个自然村落存在问题及应对措施的研究，还包括了某些正在采取保护行动的传统村落的保护规划、展示规划、发展规划、方案设计等。如《中国传统乡村文化景观研究》《侗族村寨文化景观研究》《苗族村寨文化景观研究》《坪坦河流域侗族村寨保护与发展初论——从生态博物馆的角度》《川西高原藏羌碉楼研究》《云南云龙县诺邓村专题研究》《贵州控拜村苗族银匠村研究》《贵州榕江县大利侗寨文物保护规划》《贵州榕江县大利侗寨保护与发展规划》等综合和专题研究专著，以及《西南少数民族村寨研究文集》这样的论文汇集。

最后，我要代表我们全体作者，向支持西南少数民族村寨调查、研究和保护工作的单位和个人表示衷心的感谢。首先应当感谢的是联合国教科文组织北京代表处，该处的遗产项目专员杜晓帆博士最早提请我们关注西南地区少数民族村寨的保护与发展，希望中国这样一个大国能够利用自己的优势给东南亚少数民族村寨的保护探索符合亚洲特点的路径，我们正是在晓帆博士的鼓动下分别从不同的领域投入到西南地区少数民族村寨保护之中。其次是海峡对岸世界宗教博物馆的陈国宁馆长，她不顾自己年事已高，在自己原先任教的台南艺术大学的支持下，多年来承担起了组织台湾高校师生到祖国的西南地区参加少数民族村寨调查的重任，除了将她在台湾从事社区博物馆和社区再造的经验带给我们，还增强了海峡两岸师生的交流和了解。其三是要感谢中央民族大学民族及社会学院、同济大学建筑与城市规划学院、四川大学历史文化学院、台南艺术大学文博学院、云林科技大学文化资产维护系等高校相关院系所的负责人，他们协助我们动员学生参与西南地区少数民族村寨调查，是我们调查组人力资源和学术资源的可靠保障。其四要感谢四川、云南、湖南、广西诸省区文物局，他们在经费、人员、后勤保障上给予了我们许多支持和帮助，如果没有他们，我们许多工作没法顺利推进。最后，我们要特别感谢贵州、四川、云南、湖南、广西诸省区我们曾经开展调研工作的县（自治县）文化文物系统的工作人员和乡村的基层干部，他们或与我们调查组的师生一起进驻村寨，充当我们的进村"向导"并为我们排忧解难，或充当我们在村中的"翻译"，帮我们联系村民，协助我们做社区动员和召开村民大会。正是在以上单位和个人的无私帮助和支持下，我们的村寨调查、村寨规划和村寨保护实践才能够顺利向前推进。

就在"中国西南少数民族村落的保护与发展丛书"首批图书即将出版之际，我们高兴地得知，国家已将"中国西南少数民族传统村落的保护与利用研究"列为国家社科基金重大招标项目，我们北京大学与中山大学分别中标承担起该课题的研究任务。回顾过去，我们西南少数民族村寨保护与发展的项目，最初只是北京大学支持的一个小课题，所获课题经费也只有五万元校长基金作为启动资金。多年的调查工作使我们从各方面筹集资金，非常节约地使用，使得我们历时八年、参加人员达三百余人次的田野工作能够顺利完成。国家出版基金设立后，基金委将"中国西南少数民族村落的保护与发展"作为首批国家图书基金资助项目,使我们这些年积累的调查和研究成果,能够有资金资助顺利出版。

希望本丛书能够给我们认识这些村寨提供基础资料,同时也希望这套简报能给予城市规划、乡村规划和区域规划者一个参考的依据,在城市发展、新农村建设的时候,能重新思考中国文化的核心价值,吸取农村发展的经验,厘清中国不同于其他文明的特色,构拟出一个适合现代国人生活和居住的蓝图。

附:参加西南少数民族村寨田野调查和报告编写人员名单

2008年度(20人)

孙华、张成渝(北京大学考古文博学院教员)。

王书林、吕宁、王敏、王璞、黄莉、马启亮、高玉、黄玉洁、童歆、干小莉、刘杨、石慧(北京大学考古文博学院、城市与环境学院);刘睿、刘翠虹、刘业沣(中山大学人类学系);郭琼娥、李蜜、杜辉(厦门大学历史系)。

2009年度(40人)

陈国宁(台南艺术大学文博学院教员);孙华;李慧(四川大学历史文化学院教员)。

余昕、李伟华、丁虞、韩爽、张娥凛、戴伟、李林东、王晢妍(北京大学社会学系、考古文博学院、元培学院);杨向飞、龙成鹏、张悦、张志磊、徐菲、王皓、罗洪、赵丹、王妹娜、邱艳、谢莉亚、周海建、杨丽玉、李灵志、黄秋韵、董晓君、宋秋、刘争(四川大学历史文化学院);沈天羽、王韵嘉、雷继成、高忠玮、黄胜裕、陈韦伶、高玉馨、朱仲苓、张雯茵(台南艺术大学文博学院);刘亦方(郑州大学历史与考古学院);黄尚斐(中国传媒大学摄影系)。

2010年度(44人)

陈国宁;孙华、张成渝;江美英(南华大学艺术学院教员);朱萍、马赛(中央民族大学教员、民族学与社会学学院教员);白露、李林东(成都博物院文物考古研究所干部)。

王怡萍、范子岚、陈筱、张娥凛、何源远、赵昊、荆藤、邹鹏、余昕、郭明、李颖(北京大学考古文博学院、社会学系);张林、陶映雯、向阳、贾凯丽、郑宜文、杨力勇、司马玉、张一辉、来源、吴仙仙(中央民族大学民族学与社会学学院);冯佳福、吴昭洁、张康容、黄雅雯、苏淑雯、王柏伟、王净薇、谢如惠、黄淑萍、谢玉菁、钟子文、邓佳铃(台南艺术大学文博学院）；杨丽玉、张绍兴（四川大学历史文化学院）；韩婧（中山大学社会学与人类学学院）。

2011年度（61人）

徐统（台湾清华大学材料科学工程系退休教员）；陈国宁；孙华；王莞玲（兰阳技术学院建筑系教员）；江美英；朱萍；李智胜、郭秉红（贵州省文物局抽调专业干部）。

陈筱、陈元棪、梁敏枝、黄莉、焦姣、韩爽、杨玲、庄惠芷、张林、邓振华、何月馨、孙雪静、李梦静、周仪、丁雨、张瑞、柳闻雨、张琳、刘精卫、李皓月、王晴锋（北京大学考古文博学院、社会学系）；贾凯丽、郭领、刘学旋、郎朗天、雷磊、于梦思、王东、王博、王金、董韦（中央民族大学民族学与社会学学院）；袁琦（北京理工大学工业设计系）；闫金强（天津大学建筑学院）；杨丽玉（四川大学）；熊芝莲（云南师范大学日语系）；沈天羽、蔡译莹、赵庭婉、陈昱安、许又心、萧淑如、张康容（台南艺术大学文博学院、视觉艺术学院、艺术史学系）；段品淇、叶怡麟、郭维智、龚琳雅（云林科技大学文化资产维护系）；唐君娴（台北艺术大学建筑与古迹保存研究所）；谢以萱（台湾大学人类学系）；许明霖（台湾"中央"大学艺术学研究所）；林孟荪、陈仲甫（兰阳技术学院建筑系）；黄雅雯（高雄市立历史博物馆）；林义焜（台湾清华大学）。

2012年度（51人）

陈国宁；孙华；周俭（同济大学建筑与城市规划学院教员）；江美英；赵春晓（兰州建筑科技大学教员）；寇怀云（同济大学城市规划研究院职员）；赵瞳（清华大学建筑设计研究院职员）。

陈筱、陈元棪、王晴峰、张林、袁怡雅、刘昇宇、韩博雅、王小溪、朱伟、孙雪静、张锐、娃斯玛、刘婷、李楠、李可言、王斯宇、杨凡、刘天歌、尚劲宇、张予南、李寻球（北京大学考古文博学院、社会学系）；曾真、董真、庞慧冉、刘小漫、卞畠喆、白雪莹、单瑞琪、张琳、俞文彬（同济大学建筑与城市规划学院）；石泽明、陈海波（中央民族大学民族学与社会学学院）；刘若阳（北京中医药大学毕业生）；陈沛妤、蔡泽莹、曾止宏、张康容（台南艺术大学）；段品淇、叶怡麟、龚琳雅（云林科技大学文化资产维护系）；杨贵雯（台湾）；林欣鸿（台湾清华大学）；林孟荪（台湾高雄大学）。

2013年度（42人）

孙华；朱萍；王红军、杨峰杨（同济大学建筑与城市规划学院教员）；赵春晓（兰州理工大学建筑学系教员）。

陈筱、李光涵、尚劲宇、王一臻、尚劲宇、吴煜楠、王宇、冯玥、王云飞、陈时羽、张夏、张高扬、张林、王思怡、温筑婷、张锐、刘畅、李唯、张予南、徐团辉（北京大学考古文博学院）；巨凯夫、门畅、尹彦、魏天意、娄天、陶思远、王正丰、陈艺丹、朱佳莉、罗蓝辉、陆盈丹、李缘圆、韩瑞、郑晓义、冯艳玲（同济大学建筑与城市规划学院）；曹玉钧（北京林业大学园林学院毕业生）；于炳清（南京解放军理工大学）。

2014年度（39人）

杨树喆、海力波、冯智明（广西师范大学文学院教员）；赵晓梅（北京建筑大学建筑学院教员）；孙华；郭秉红（贵州安顺市文物局退休干部）。

陈容娟、李哲、党延伟、谢雪琴、蔡检林、徐田宝、梁膑、彭翀、杨斯康、谢耀龙、李婉婉、周洁、辛海蛟、甘金凤、赵家丽（广西师范大学文学院）；李光涵、张巳丁、冯妍、尚劲宇、孙静、加娜古丽（北京大学考古文博学院、社会学系）；解博知、张逸芳、吕妍（北京建筑大学建筑学院）；于炳清、陈罗齐（南京解放军理工大学）；张力、杨中运、郑耀华（兰州理工大学建筑学系）；黄雨博（四川大学历史文化学院考古系）；Suvi Ratio（苏葳，芬兰赫尔辛基大学人类学系）；陈会、陈燕（贵州省文物保护研究中心）。

2015年度（12人）

石鼎（复旦大学文物与博物馆学系教员）。

李光涵（北京大学考古文博学院）；孙静（北京大学社会学系）；王霁霄（清华大学规划学院）；殷婷云（清华大学建筑学院）；石本钰、冉坚强、张芬（贵州民族大学民族学系）；刘威（山西大学考古学系）；杜菲（京都大学景观学系）；Joel Wing-lun（黄智雄，哈佛大学历史系）；张力（志愿者）。

——以上共计309人，没有注明教员身份的均为研究生和本科生。其中博士生陈筱、李光涵曾两次以辅导员身份带队，特此说明。

目　录

第一篇　广西三江车寨村调查简报 （1）
- 一、概　述 （1）
- 二、地理环境与资源 （5）
- 三、村落传说与历史 （12）
- 四、村落的基本单元 （26）
- 五、村落的内部结构 （34）
- 六、村落的外部结构 （52）
- 七、人群与社会组织 （57）
- 八、生业与经济结构 （65）
- 九、生活方式与风俗 （71）
- 十、宗教信仰与禁忌 （92）
- 十一、村落的价值评估 （101）
- 十二、村落的保护与管理概况 （102）

第二篇　广西三江高定村调查简报 （106）
- 一、概　述 （106）
- 二、地理环境与资源 （109）
- 三、村落历史与传说 （111）
- 四、村落的基本单元 （116）

五、村落的内部结构 …………………………………………………………（125）

六、村落的外部结构 …………………………………………………………（141）

七、人群与社会组织 …………………………………………………………（147）

八、生业与经济结构 …………………………………………………………（150）

九、生活方式与风俗 …………………………………………………………（154）

十、宗教信仰与禁忌 …………………………………………………………（165）

十一、村落的价值评估 ………………………………………………………（174）

十二、保护及管理现状 ………………………………………………………（175）

第 一 篇
广西三江车寨村调查简报

一、概　述

　　三江古称"凫城"，因全县版图形似一只飞凫而得名。凫尾为斗江，西向与龙胜相接壤，凫心为县治古宜，古宜以南旧县治老堡为浔江、榕江、平江三江汇聚之所，三江之称因此得名，老堡亦如同荟萃精华之凫腹，县境最南端之丹洲与最北端之林溪则恰似飞凫之双翅展翼。凫首东向，经洋溪、富禄、梅林三乡溯榕江逆流而上延伸入贵州从江县境内。三江汇流、黔桂交融之地自古以来一直是侗族人民生息繁衍之故乡，车寨村正是榕江岸边一个以侗族为主体、历史上自然形成的行政村落。在全县地理形势上，如以三江为飞凫，车寨恰似飞凫之双眼。在交通舆地上，车寨的地位则更为重要，榕江从苗岭山脉东流入三江境内，经凫颈三乡与浔江、平江汇聚于老堡，南流经柳州、梧州至广州入海，车寨作为榕江入桂之第一大村，亦可视为飞凫之咽喉，是历史上贵州交通两广、西南沟通华南之水运要道上的枢纽。车寨因地处榕江两岸，历史上以木材采伐、木排航运、江河贸易为生计方式的重要部分，其村寨历史、生活方式、群体认同上与江河有密切的关联，也因此形成了大江大河型侗族村寨与独具特色的村落景观、文化艺术、信仰观念。

　　车寨位于三江西端梅林乡的西南部，西、北、南三面与贵州从江县毗邻，车寨北距贵州从江县城7.5公里，西、南与从江县西山镇接壤，东接本乡石碑村，距梅林乡乡政府4.5公里，向东为三江县富禄乡，再向东沿榕江两岸平原顺流而下约102公里至三江县城。作为梅林乡的四个行政村之一，车寨下辖的平寨、陡寨、寨明、相思（下寨明）四个自然屯沿江分布，分据榕江两岸，与贵州以"流水为界"即以榕江为分界。榕江既是车寨与外界的区隔界线，同时也是车寨与外界、车寨内部各自然屯之间交通联系的纽带。全村4个自然屯又分为7个村民小组，寨明3个、相思2个，平寨和陡寨各1个。全村总户数505户，总人口2283人，其中寨明159户，671人；

相思162户，839人；平寨115户，500人；陡寨69户，273人。车寨村民中侗族占98%，还有少数汉族客家商人因贸易所需而迁徙定居于车寨，至今亦有四代、七户人家。车寨现在以潘、石两大姓氏为主，另有谢、罗、韦、李、薛等姓，诸姓祖先大多为历史上或因躲避战乱、或因贸易与航运而迁徙到车寨定居，瓜瓞绵绵，繁衍至今。

故老相传，车寨为一"冬不立雪"的"宝葫芦"佳地。约三百年前，谢姓祖先从湖南逃荒至今天的寨明屯所在之地，从山头俯瞰，发现漫天大雪之下却有一地草木翠绿、冬无立雪，遂于此地定居建寨，官府也因之于此地开设码头、衙门，故得名为寨明，即为汉语官话中"衙门"之谐音，此为车寨建制之始。又据村坊传说，后有一罗姓之人沿榕江航行至今天平寨屯之地，乘船为江水所阻，久滞不前，倾覆于江中，所幸人员无伤，罗姓祖先惊觉搁浅地为一三面环江、一面与陆地相连之葫芦状半岛，遂于当地定居，因其地势平整却无江水淹没之忧而得名为平寨。此后两寨村民生齿日繁，寨明村民过江而居，形成下寨明即相思寨，相思与寨明约为子母之寨，共享祖先墓地，遇危难相互扶持救助。平寨居民一部亦迁居于榕江之南，与陆续迁徙而来的诸多杂姓居民建成陡寨，两寨居民视平寨为根寨、陡寨为分寨。在三百年的历史变迁中，尽管车寨四屯在行政归属与建制上屡有变迁，但各屯村民仍然凭母子兄弟血缘的历史记忆将自身想象为一血肉相连的共同体。

车寨村以农业为主业，虽人多地少，所幸背山面江，享有山水之利，"上山打鸟，下河捞鱼"是车寨村民对自身生活的写照。车寨榕江两岸山谷杉木郁郁葱葱，山腰被开垦成百亩茶园梯田，山脚则被改造为千亩菜园，不仅令村民获得经济收益，也促生村民"山上百草都是药"的观念，山茶、土菜与野生植物皆可入药，令相对完整的侗医侗药传统在车寨得以保存延续。杉木是侗族地区最具价值的经济作物，历史上，黔桂侗族地区的杉木贸易以车寨及周边为起点，村民常常扎起千棵杉木组成的木排，顺榕江而下，直达柳州、梧州乃至广东，车寨四屯数百座木楼也因此多建于榕江江畔，与其他侗族村寨多建宅于溪峒山谷形成鲜明的对比。"千张木排下榕江"的盛况虽已随历史变迁而消逝，但却为车寨村留下了独有的村落景观：码头如云、石桥如虹，村内各自然屯沿榕江分布，与榕江沿岸郁郁葱葱的榕树林合而为一。远眺车寨，木楼、古树、榕江融为一体，浑然一幅灵动的水墨画卷，其中更流露出侗族同胞与自然和谐共生的生存智慧。大致言之，在车寨村民的想象中，其所生长于斯的山河土地可以形象地比拟为龙虎相生之地，山为虎，江为龙。车寨的母寨寨明屯所处地势在村民眼中形如卧虎：面向榕江，寨中凉亭为虎口，吞纳江水；鼓楼为虎头，永保侗寨平安；萨坛与粮仓为虎爪，作为侗族始祖神的萨岁奶奶护佑村民人丁兴旺；粮仓在握，确保村民汗水浇灌的五谷丰收平安。平寨屯坐落于榕江环绕三面的半岛上，其地形整体呈"葫芦"状，村民亦将平寨视为龙头，榕江为龙身，在榕江此段江水中央有一块大石露出水面，更被视为榕江水种所在，水种不失则江水永流。"车寨弯弯像金钩，河水不渡顺周流"，车寨四屯如同金钩，将山水形胜联系在一起。龙虎宝地实际上是车寨村民筚路蓝缕开发当地的形象化表述，沟通车寨虎形山脉与榕江的是车寨村民的祖先于清代乾隆年间所建之太平桥，石桥两侧分别雕刻龙头龙尾，尾朝榕江，形如彩虹，一直是黔桂两地商业运输的中转之地，是商船泊岸、马帮云集之所，在风雨桥众多的侗族地区别树一帜，见证了车寨祖祖辈辈在黔桂两地水陆商道上辛勤劳作，才得以建设家乡宝地的历史。而车寨谚语所云"政治清明、风水才灵"的古训不仅被车寨村民用来解释今天美好生活的由来，更体现出侗族民众视自身命运与国家兴亡密不可分、中华民族大家庭同呼吸共命运的家国一体历史观。

身处山水之间，令车寨村民除了在历史记忆与传统文化上与其他侗族南部方言区的群体保持大体上的共同性——如都有祭拜萨岁、做月也、赛芦笙等习俗，都有崇拜榕树、巨石、祖先鬼神的信仰——之外，尚体现出自身特色。车寨村民在历史上曾多次与附近山区的苗族同胞共同对抗明清官府的压迫，"江中摆战场，共抗官兵，护助苗胞"成为车寨村民引以为豪的历史记忆。每隔五年举行的"二月二"祭江祭排节，则是车寨村民自"千张木排下榕江"的年代流传至今，款待与感谢沿江苗、瑶、汉、壮、侗以及汉族客家商贾，共享山水之利的独特节庆活动，体现出车寨村民"江水流处，各族一家"的美好情怀。每年农历六月初十是侗家庆祝丰收的新米节，与其他侗族地区在家中或田边过节不同，车寨村民将新糯米与酸鱼肉带到榕江边，累石为塔，彩旗为幡，江中沐浴，江边聚餐，感谢江水带来的丰收，也体现出其他地区早已消逝的古越人"男女同川而浴"之俗和崇水信仰。农历八月十五为人间团圆之节，车寨村民却要牵牛到江中，将牛淹死于江水中，故当地又称为"屠牛节"，实为远古时代以牛为牺牲祭祀江神之遗风。过去车寨村民视江水为有灵性之物，江面大石为榕江水种，江中大鱼为神为煞不可食用，地震为江中巨鱼翻身，江边为"河鬼"出没之地，而江水中心则是祖先晚上出游之所。虽然时移世易，诸多信仰早已失去其神秘性与权威性，但江河湖水与相关信仰却成为车寨民间文学与民俗活动中最为独特的元素之一。

江河带给车寨村民的不仅有生计之利，也孕育出其独具魅力的艺术形式。车寨村民喜歌擅唱，"清泉般闪光的音乐，掠过古梦边缘的旋律"的侗族大歌、牛腿琴歌、琵琶歌至今广为流传。另外，放排、商贸等活动具有极大的冒险性和艰苦性，为排解旅途上的忧虑无聊，历史上的车寨村民创作了大量的放排歌，其歌词多以描述放排生活的艰辛、对亲人和情侣的思念为主，属于尚未得到充分关注的侗族民歌中的一种——"河歌"——的代表性作品。其曲调婉约深沉，用词考究而生动，词曲特色及其所描述的江湖生活与侗族大歌、山歌等极为不同，特色鲜明。侗戏是侗族地区的传统戏剧形式，车寨村民对侗戏十分喜爱，至今仍保留有演唱与欣赏侗戏的良好传统，每个自然屯都有寨民自发组织的戏班。秋冬农闲时分，农夫渔妇换上戏装，粉墨登场，变身为侗汉历史演义中的才子佳人、帝王将相，寨内戏台方丈之地，一变为万里江山。寨中居民各穿盛装云集于鼓楼、萨坛或戏台四周，随剧情或喜或悲、如醉如痴。如逢节庆礼仪活动，戏鼓方停，则又有或老人讲古于鼓楼坪（鼓楼边广场），或父母令儿子"滚泥巴"（车寨传统的男性成年礼）于田边，或新郎与新娘身着侗族盛装于家中举行婚礼，或鬼师祭于萨坛，或寨民设百家宴于石阶，或男女对唱于鼓楼，或子孙香烟缭绕慎终追远于寨边墓地。车寨村一年四季江水长流、榕荫常绿，车寨村民的生活随季节变化与人生阶段的发展而表现出不同的特点，其中所体现出的人与景、自然与文化、传统与现代和谐交融的生活智慧正是车寨的独特魅力所在，也是本次调查所要深入发掘之处。

调查组对三江县梅林乡车寨村侗族村落文化景观的调查始于2014年3月9日。调查组成员共10人，由广西师范大学文学院民间文学与民族文化教研室冯智明副教授带队，组员为广西师范大学2012级和2013级民俗学、人类学、中国少数民族语言文学专业硕士研究生，分三组：梁脿、彭翀、蔡检林三同学负责平寨屯和陡寨屯的调查，赵家丽、甘金凤、辛海蛟三同学负责相思屯的调查，寨明屯则由谢耀龙、李婉婉、周洁三同学负责。车寨各调查小组在冯智明副教授的统一指导下，对各自的田野点进行了走访调查与记录工作。第一次调查时间为2014年3月9日–19日，其间为调查车寨村与贵州从江县居民在经济、日常生活与族群关系等方面的互动情况，调查组一行还于3月11日上午前往贵州西山赶圩。调查组还有幸于3月18日在各调查点参与并记录下车寨村民的"吃春社"活动。4月1日–13日为第二次田野调查阶段，各调查小组就各自田野点中所缺乏的资料进行补充调查，并进一步确证和丰富了已有的调查资料。这期间适逢侗族三月三、清明节，调查组参与并记录了车寨村民清明挂青祭祖的仪式活动。

此调查报告由三个调查小组（平、陡寨组：梁脿、彭翀、蔡检林；相思组：赵家丽、甘金凤、辛海蛟；寨明组：谢耀龙、李婉婉、周洁）的调查资料整理而成。调查报告第一章、第十一章、第十二章由冯智明副教授撰写；第三章、第十章由谢耀龙同学整理；第二章、第四章由赵家丽同学整理；第五章、第六章由李婉婉同学整理；第七章、第八章由梁脿同学整理；第九章由甘金凤同学整理。全稿最后由冯智明副教授统稿。村落布局草图由李婉婉、蔡检林绘制，房屋建筑图由杜小菲绘制。

两次田野调查期间，调查组师生一直住在各自然屯村干部家中，并得到车寨村村委会成员潘仁高、石秀林、潘文亮、李长河、潘爱珍、潘桂英及车寨村民的热情款待，在获取资料方面也得到三江县以及梅林乡各相关部门的热心支持，在此一并表示感谢。

二、地理环境与资源

(一) 地理位置与景观

车寨村位于三江县西部,桂黔两省(区)交界处,321国道旁,地理坐标东经109°34′,北纬25°38′,海拔在150-300米之间。车寨村处于梅林乡政府西南面,距乡政府驻地约4.5公里,距离三江县城102公里。车寨村全村土地面积为25平方公里,耕地面积1287亩,其中水田为1173亩,旱地为114亩①(图二—1)。

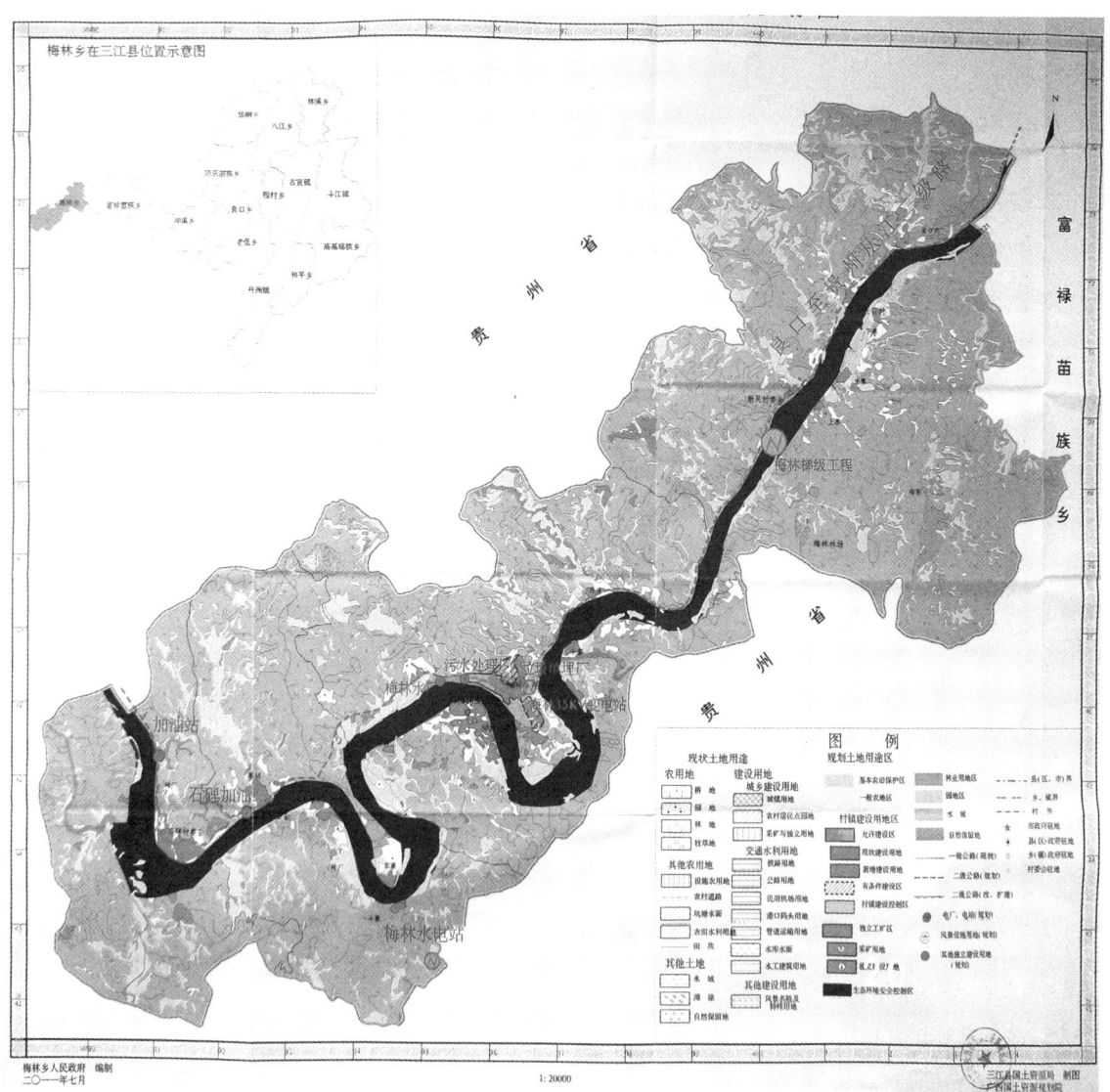

图二—1 梅林乡土地利用总体规划图

---

① 数据来源于梅林乡政府统计资料。

车寨村东临梅林村，西毗石碑村，与贵州从江县西山镇接壤。榕江发源于贵州独山，年径流量约102.5亿立方米，东流入三江境内，宋代称三江境内榕江段为王江，明称福禄江，在三江县内长91公里①。榕江自西向东经石碑村入车寨，曲折东流，水面宽达百余米，更有321国道沿榕江河北岸穿村而过，水陆交通十分便利。平寨、陡寨、相思和寨明分别背山面水分布在榕江南北两岸，依山傍水，银滩环绕，具有得天独厚的自然景观资源。

榕江在车寨村迂回流转，至梅林乡东北方向，与源自贵州省从江县境北的八洛江汇合，再流至富禄、良口，到老堡与浔江汇合，汇入柳江，可通往柳州、梧州等地（图二—2）。

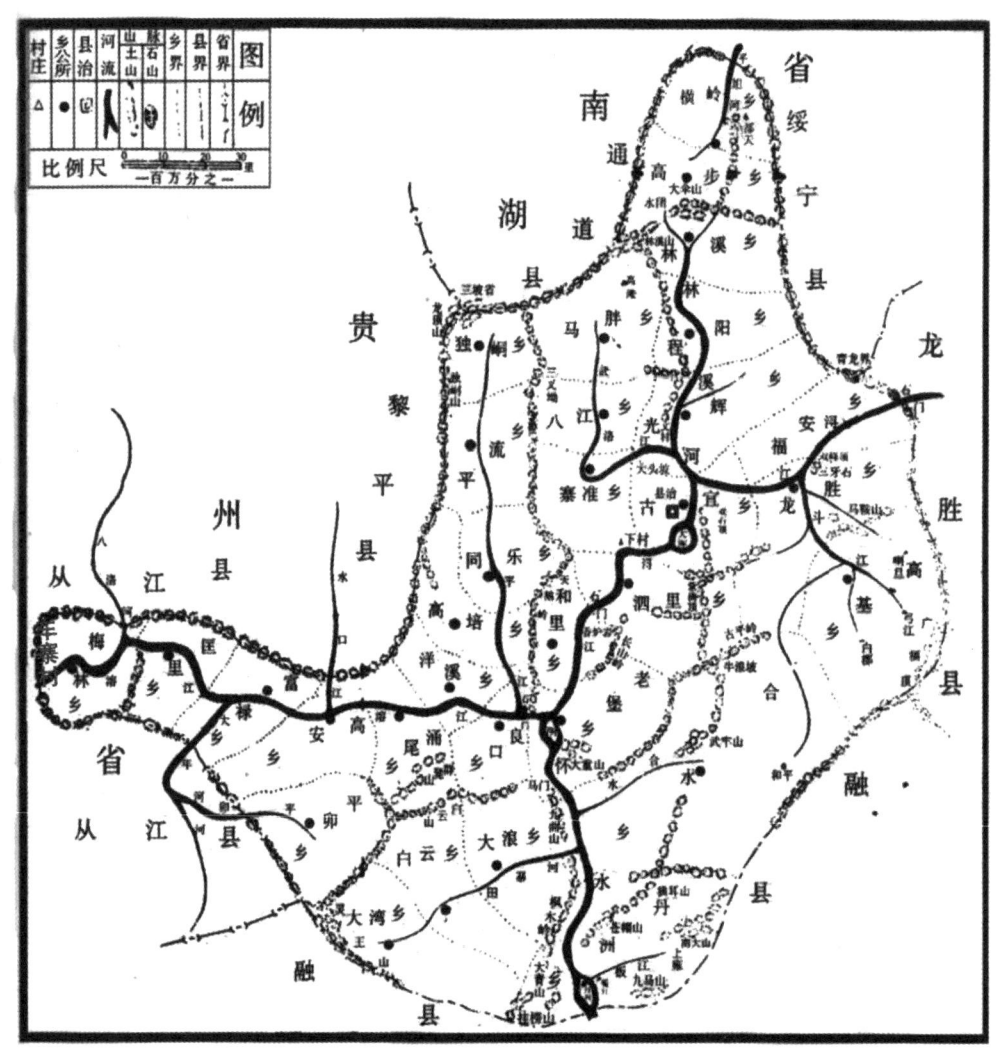

注：图片来源于民国三十五年版《三江县志》，车寨村地理位置为笔者参照《三江侗族自治县行政区划图》所标注。

图二—2　三江县山脉河流图

---

① 三江侗族自治县地方志编委会：《三江县志》，民国三十五年（1946）。

车寨村整体地形呈宝葫芦状，葫芦口朝向西北方向，当地人认为有吸福纳宝之意。葫身又被当地人视为一道金钩，嵌入榕江之中，向左倾斜，形似龙头饮水之状。江水在当地人的观念中是丰盈与财富的象征，取人丁兴旺、物阜民丰、健康平安之意。葫口之西、榕江北岸为历史最为悠久的寨明屯，背靠及滚山，与之遥遥相望的是榕江南岸的相思屯，两屯一水相隔，衣袂相连，村民都以潘姓为主，为子母寨关系（寨明为母寨，相思为子寨）。位于葫芦身的是平寨，榕江在此地迂回流转，在雷公山下的半岛冲刷出宽阔平坦的葫芦宝地，北岸的平寨地势最为平坦，土壤肥沃，是种植蔬菜的天然小平原。江南岸的"金旺"山腰，为与平寨遥遥相对、本村人口最少的陡寨，地形最为陡峭，房屋皆建于山坡之上，两寨亦隔水相望、唇齿相依，为根寨与分寨关系（平寨为根寨，陡寨为分寨）。繁忙的码头终日摆渡，连通了平寨与陡寨村民，也输送着往返于黔桂的行旅。在这一葫芦宝地，四个寨与周边的林地、水田，还有寨明的及滚山、保王山、雅兰山，以及相思的井明山、陡寨的金旺山、平寨的广对山，与榕江共同构成了一幅独特的山水景观图。

车寨村依山傍水，村寨周围古树林立，青竹成林。四个寨的寨头和榕江沿岸都生长着两三人合抱的大榕树和樟树，成为村落亮丽的景观。侗族人敬畏古树，这些树龄长达几百年的参天古树是侗寨的特殊标志。从远处望去，整个村落画意十足，依山傍水的民居、苍翠挺拔的古树、汩汩流淌的江水与葱茏翠绿的青山融为一体，俨然一幅灵动的水墨画卷。车寨溪流众多、水源充足、山清水秀、气候宜人、环境优美，每个自然屯的景观又各有特色、别具韵味，各自呈现出一幅幅秀美图景。

素有"三江小平原"美称的平寨处于葫芦状半岛的中心，占据三面环水、一面靠山的独特区位。平寨屯是大江大河型侗族村寨的典型代表，寨前江水滔滔，榕江岸边巨大的古榕、寨边优雅的翠竹、寨子中心精致的鼓楼、错落有序的建筑群与自然环境融为一体，充分体现出侗族人与自然和谐相处的思想和审美理念。在2010年"风情柳州·美丽乡村"评选活动中，平寨屯获柳州市第五届"十大美丽乡村"称号（图二—3）。

陡寨屯面临奔流不息的榕江，背依连绵起伏的青山，寨内95%的民居都为吊脚木楼，座座干栏式吊脚木楼鳞次栉比，大多依山而建，极具视觉冲击力。上山的青石板路曲径通幽，路旁种类繁多的树木花草、不绝于耳的鸟唱虫鸣、清洌甘醇的涓涓流水、绿树掩映的侗寨村落，勾勒出陡寨美丽的自然景观（图二—4）。

图二—3　平寨屯远景

图二—4　陡寨屯远景

　　寨明屯三面环山，背依及滚山，左靠雅兰山，右邻保王山，前临榕江。潺潺流淌的贵水溪和贵合溪从寨中蜿蜒而过，在屯内留下碧水蓝茵再汇入榕江。寨明屯除吊脚木楼错落有致、层次分明之外，还以保存较为完好的谷仓群、古墓群、古榕群为景观特色。寨明仍保存着桂黔古商道，乾隆年间所修建的古太平桥保存完整，漫步在古桥上，古趣昂然（图二—5）。

图二—5 寨明屯

站在寨明屯凉亭的望台远眺，隔江相对的相思屯风光尽收眼底。渡码头，过榕江，进入相思屯，沿蜿蜒的青石台阶拾级而上，两旁青竹葱茏，依井明山而建的吊脚木楼与周围的沃野农田、沟渠水塘、相思古树、井亭形成独特的田园风光，人行其间，犹入世外桃源，令人流连忘返（图二—6）。

图二—6 相思屯远景

（二）自然环境

车寨村地势稍显崎岖，各屯海拔稍有差异，平寨屯海拔在150米左右，相思屯海拔在200米左右，寨明屯与陡寨屯平均海拔则在200-300米之间。总体而言，车寨属中亚热带季风性湿润气候，温暖湿润，雨量丰富，年平均气温18.4℃，极端最高温度36℃，最低-1℃，年平均降水量1300-1400毫米[①]。车寨被崇山峻岭所包围，受低山峡谷地带的地形影响，春季阴雨连绵，夏季多雨湿热，秋季天高气爽、干燥多霜，冬则寒风凛冽、偶有雨雪。

表二—1 车寨村累年月平均温度（单位：摄氏度）[②]

月份	1	2	3	4	5	6	7	8	9	10	11	12	平均
车寨	7.3	9.5	13.8	18.8	23.8	25.9	27.5	26.9	24.3	19.6	14.5	10.1	18.5

车寨境内多为灰化红色土壤，夹杂粘质沙土，适宜种植杉木、松树、毛竹与茶树等，同时土质性粘，适合烧制砖瓦，是良好的土壤资源。另外，榕江相思江段江底蕴含丰富的沙石资源，村民常开采河沙，用于自用与出售。

车寨有桔梗、杨梅、五倍子、鱼腥草、勾藤、樟树、榕树等野生植物资源；野生动物则有野兔、竹鼠、野鸡、竹鸡、白脸鸡、画眉、白头翁等。区域特色产品包括杉木、茶叶、蔬菜、油茶、西瓜、本地黑猪等，家畜养殖以猪、旱鸭、鸡为主。粮食作物主要有糯米、粳米、红薯与玉米等。旱地种植的蔬菜主要有大白菜、生菜、油菜、黄瓜、辣椒、豆角、茄子、西红柿等。土特产品则主要有黄皮果、红心花生、茶油、香糯、百合、椪柑、夏橙等[③]。

（三）特色自然资源

1. 茶油

车寨村几乎家家户户都种植茶油树。茶油树不是劳动密集型作物，不需打理，每年农历八月左右除草一次即可，同时也不需要投入化肥与农药等农资。但茶油树生长过程缓慢，栽种五年后才结茶籽，一般村民们十月份开始拣籽，集中拿到工厂加工榨油。茶油是当地村民生活的重要油类作物，可用来做菜、打油茶；茶油还有药用价值，蚊虫叮咬、擦伤和淤青红肿、跌打损伤，均可用茶油涂抹在伤口之上，起消肿和消毒的效果。

[①] 资料来源于梅林乡政府《梅林乡简介》。
[②] 该数据来源于1992年版《三江侗族自治县志》第83页。
[③] 资料来源于梅林乡政府《梅林乡简介》。

2. 药材

车寨村民认为"山上百草都是药",自古流传一些偏方来治疗日常疾病。如拿八角莲治蛇伤,将八角莲磨成粉外敷或是口服都可以起到良好效果;山上的威灵仙草还可以治疗风湿;也许是受到现代医疗知识的影响,车寨侗族土医在治病时也讲求血型与药相合,不同血型的病人以不同的药材来治疗。

黄饭花侗语发音"chu",学名叫密蒙花,新鲜的黄饭花可用来将糯米饭染成黄色,晒干之后磨成粉末,可治疗小儿感冒、发烧等病状。鱼腥草是车寨村民喜欢食用的野菜,用于凉拌生鱼片、黄瓜或制作辣椒酱,其不仅气味芳香,还是一种奇特药草,村民遇高烧不退时会熬汤饮用,可达到降温退烧的效果。

3. 木材

车寨村多山地、丘陵,适宜种植茶树、毛竹、松树、榕树与杉木,生长较快,村民可获薄利。当地种植树木相沿成俗,历史上尤以杉木产量最大,均沿榕江顺流而下,贩运到外县乃至广东等地区。杉木大约十五年成材,可用来搭建房屋,做房梁尤佳。在过去几十年内,由于不合理的砍伐,车寨村林木资源的覆盖率锐减,损失了大量珍贵木材。林业产权改革后,村民认识到杉木的经济价值,其保护和种植得到重视。由于与农业相比,种杉木投入的劳动力少,而且也不需要施肥、打农药,目前几乎每家都栽种几亩杉树林。每立方杉木价格在车寨为1200元左右。

4. 水运

车寨村属于典型的大江大河型侗族村落,榕江穿村而过,具有天然的水运优势,历史上有放排的传统。车寨村外有三条河流(长寨河、滚朗河、榕江)交汇,滚朗河通往贵州隆里乡,长寨河通往广西融水杆洞乡,长寨河、滚朗河在石碑村交汇,再汇入榕江。贵州上游与车寨周边的杉木从山上汇聚到榕江岸边,在车寨村邻近的石碑码头中转,顺流直达柳州、梧州,最远可到广东,水上航运十分发达。榕江曾经是沟通桂北地区的要道,放排也促进了车寨当地的经济发展。但在20世纪90年代321国道开通之后,水运业迅速没落。

榕江沟通各自然屯,除了5、6月汛期外,水流较为平缓。相思与平寨的码头每天都有大木船载客,按照平寨屯的规定,所得收入归村寨集体所有。为了保证安全,平寨码头的木船在2014年4月初换成了铁壳船,船长14.5米,宽3.6米,额定载乘人数60人。

5. 糯米

车寨村种植的水稻分糯稻和粳稻两种,糯稻约占水稻种植面积的三分之二。每年农历三、四月份分别是粳稻和糯稻的播种月份,农历八月和九月则是收获季节,糯稻播种和收获的时间要比粳稻晚一个月。这样的时间安排不单是因为谷种有差异,更是因为这样既可以错开播种和收获的时间，也为收获晾晒提供了足够的空间与便利。糯稻亩产量可达600-800斤。车寨糯米远近闻名，除用于自给外，还远销柳州及外省。

糯米在车寨村不仅是主要的粮食作物和主食，同时也是一种人际交往的礼物与人神交流的祭品，糯米不仅见于日常待客、节日饮食中，在婚丧嫁娶、起新房安新宅等仪式中还充当着礼品与祭品的角色，车寨村民对糯米有着深刻的情感和独特的认知，体现出侗族独特的"糯文化"。

三、村落传说与历史

（一）村落传说

1. 建村传说

据车寨老人传说，寨明最早建村，谢姓最先迁来此地，捐款修桥的碑刻中捐钱最多的就是谢姓（寨明有乾隆五十九年和光绪十五年的碑刻，碑刻中的"怀远"指现在的"柳州"）。后来潘姓来此，相传潘氏是从湖南靖州（又说广东、江西）经广西梧州再迁至此地，寨子以前有祠堂和族谱，由于屡遭火灾，现已无存。

最早来到寨明的谢姓祖先因逃荒而来，当时正值寒冬腊月大雪天，一路跋山涉水，走到寨明附近的山顶，发现其他地方都落雪了，唯独寨明这块地方没有落雪，谢姓祖先便想这一定是块好地方，加上这块地方比较偏僻，不会受到战争的影响，便在此地安居，开垦田地落地生根。村民在寨明屯的周围耕地时曾发现瓦片、米舂等，这被当地人视为祖先搬迁的证据。

相思屯是从寨明屯迁出的，两寨的关系是兄弟分家、同源异流。相思屯虽由寨明屯分化而来，但现在相思屯人口多于寨明屯。据老人讲，以前相思屯是寨明屯的田地，寨明村民每天需要渡河而耕。有一次天黑渡船，发生翻船事故。他们担心这样的悲剧再次发生，于是迁移部分人口到现在的相思屯内，方便日常耕作，取名为"下寨明"，并且与留在寨明的村民约定，风俗习惯保持一致，只要两寨任何一方有婚丧嫁娶之事，另一方定会派人前去帮忙。

据平寨老人讲，平寨比陡寨先有人定居，后来有一部分人迁到陡寨。罗姓是在平寨安家的第一个姓氏，传说从前罗姓先祖坐船经过平寨河段，不料船在该地搁浅无法行进，于是他便在此处安家落户了。罗姓人家大多居住在平寨屯的下水位，即榕江流过平寨屯的下游地段。

在平寨屯下水位的榕江对面，山脚下有一块凸出的石头，形状极像一只猴子。传说在约两百年前，在那附近居住有二十多户人家。一天，有一家人生了一个小孩，他的脸有一边是黑色的,这家人很是惊恐,于是找鬼师来看个究竟。鬼师看过之后,说河边的石猴子在看着这里的人,想要吃他们的小孩。在鬼师的建议下,山脚下的村民全都搬迁到平寨和陡寨居住。

2. 姓氏来源与迁徙

车寨村主要有潘、石、罗、李、梁、谢、薛等姓氏。寨明屯和相思屯以潘姓为主,平寨屯主要是石、罗两姓,陡寨屯则杂姓较多。

（1）寨明谢姓

谢姓最先进入寨明立寨。据说谢姓最繁盛时有一两百户,可谓富甲一方。当地至今还传说着谢姓盛极一时时妇女取井水的盛况,称"七十个女人挑水,滴水冲走木叶",不难想象这样的场面何其壮观。传说谢姓男女个个都长得俊美,潘姓等其他姓氏想与谢姓结亲很困难。但时至今日,谢姓人口在村中极少,仅有6户。据村里老人讲,这与谢姓祖先曾经不慎砍断了一棵葡萄树有关。葡萄藤流了三天三夜的血,自此之后,谢姓生下的小孩易夭折,而且难生男丁,人口逐渐衰落。

（2）寨明潘姓

潘姓据说从湖南靖州迁来。最初有兄弟三人,一个落户到贵州省黎平县龙额乡古邦村,另外两个来到广西融水,其中一个又从融水来到梅林。据说潘姓来寨明前,住在梅林一个叫卡英（侗语音译）的小山上。由于受外敌侵扰,加之地方狭小,便迁徙到寨明。刚来到寨明时,他们只能住在村子的边缘（据说这是由于谢姓不愿让他们住好的地方）,而且建的房子都不能高于谢姓,只能建一层的木房。后来由于谢姓的衰落,潘姓在村里逐渐繁盛起来。现在的潘氏是大吉公、寨汤公、龙圈公（三者均为侗语音译,大吉侗语意为在山梁上,寨汤、龙圈是靠边上）的后代。据潘姓老人讲,其实这三个公不同姓,一个姓吴、一个姓贾,另一个是真正的潘姓。吴、贾两姓为躲避追杀,投靠真潘,同时为维护村寨安宁,团结一致对付外侮,便和潘姓结拜弟兄,改为潘姓。虽然潘姓同意吴、贾改姓潘,但要求写名字时"潘"字不能戴帽（即右边"番"上不能有一撇）。古太平桥的功德碑上与墓地里过去的墓碑上都有这样的写法,有些潘字"戴帽",有些"不戴帽",不过现在这一习俗已经消逝。三个公的后代在此繁衍生息,过了几百年,寨明屯人口越来越多,于是就到相思屯开辟新的居住地,所以相思屯也称下寨明。

就目前人口来说,潘姓龙圈公的后代最多。潘姓还能依稀说出传宗的字辈,如龙圈公:石、德、文、明、广、茂、顺、秀、清;寨汤公:昌、庭、子、成;大吉公:玉、文、勇……

其他姓氏大多在1949年前后迁徙过来,如从贵州西山搬来的韦姓、贵州黎平搬来的陆姓等。人口最少的是罗姓,只有3户。

（3）相思薛姓

薛姓到相思定居只有4代人的时间。薛姓最早从广东迁到梧州，然后辗转到贵州。薛姓始祖娶了相思潘姓女子，夫妇俩到贵州做生意，生意越做越大，于是在贵州置办家产与田地。然而好景不长，薛姓始祖病故，薛氏带着幼子回到相思，薛姓幼子长大成人，就在相思定居。薛姓与相思潘姓通婚，在寨子里已建立了几代姻亲关系，他们互相参加彼此的婚丧嫁娶和其他活动。

（4）相思梁姓

梁姓定居相思也已有4代。梁姓始祖原籍湖南，迫于生计，孤身一人从湖南来到车寨村当雇工，以放排营生，后结识一位相思屯姑娘，便与她结婚生子，发展家业，繁衍后代。梁姓过去在相思屯占有少量田地，婚丧嫁娶之事皆与村里潘姓人家互帮互助。

（5）平寨石姓

石姓继罗姓之后来到平寨，据说石姓祖先在江西生活得很艰难，所以一路迁徙至此。现在石姓基本分布在平寨的上水位，即榕江流过平寨屯的上游地段。石姓为在平寨安家，事先求得罗姓的同意并向罗姓买地定居。后来因罗姓日益富裕，下葬时的陪葬品也日益增多，土匪常侵扰此地，罗姓为防止自家墓地被盗，便将墓碑上的"罗"姓刻成"石"姓。据说，现在很多刻有"石"姓的墓碑其实是"罗"姓的墓碑。从前，居于平寨的老人立下毒誓，除"罗""石"两姓外，其他姓氏都无法在此安居，若其他姓氏居于平寨，则后代难有男丁。立誓的地方至今还在，并且规定不许在那里动土。相传，曾有其他姓氏的人搬到平寨居住，但最终都因为生不出男孩而搬走。

（6）陡寨李姓

陡寨屯由众多姓氏组成，有石、李、罗、梁、陈、韦、吴七个姓氏。其中李姓有7户，据说因避灾从广东嘉应州迁于此，大多数李姓转迁至腊鹅村。陡寨罗姓只有2户，不同于平寨罗姓，他们是从贵州西山迁居于此。其他姓氏来到陡寨的时间也很短。

3. 风水及风物传说

（1）地形传说

当地人说寨明屯的地形像一只趴着的老虎。虎头所在的位置就是现在的凉亭，鼓楼原址正好就在老虎的头顶上，一只爪子在萨坛所在位置，另一只就在谷仓一侧。平寨屯是一个半岛，榕江环绕它的三面，只有北面与321国道相连。其地形整体是一个"葫芦"状，"水涨葫芦升"，所以平寨从来不会被水淹没。亦有说法称平寨的整体地形像一个"勺子"。有谚语说："车寨弯弯像金钩，河水不渡顺周流。"村民认为江水的流向本应更加靠近河滩，但却流出了一个转弯的走向，是"葫芦"地形保护他们生活平安，平寨屯在村民心中是一块福地（图三—1）。

另有一说称车寨北边的山脉是一条龙脉，山脉从平寨屯开始延伸至贵州黎平县贯洞镇独峒村，就像是一条龙盘旋在此地，平寨屯是龙头卧于榕江饮水。榕江绕平寨屯而过，在平寨的外围有一处河滩不断向外扩张，榕江在此处的流向也越来越弯，村民认为这象征着龙鼻越来越翘，寓意人们的日子将会越过越好。

（2）镇火传说

寨明屯建有一个水池（图三—2）、一个大锅（图三—3），在山上还放有一个水缸（图三—4），为20世纪60年代初所建，据说有镇宅防火的效用。寨明屯历史上多次发生火灾，受灾惨重。当时有一位懂风水的外地人来到寨明屯，看了寨明的风水后，便建了这三样东西，村里至今还有当年参与建设的老人健在。据说水池下埋有十二个米舂，水池里还要放养鸭子，水缸、大锅和水池里的水都要挑选男童去挑，而且要求在清理里面的水时，不能清理干净，每次要留出一桶旧水和新水混在一起。这三处地方要保持一直有水，不能干涸。

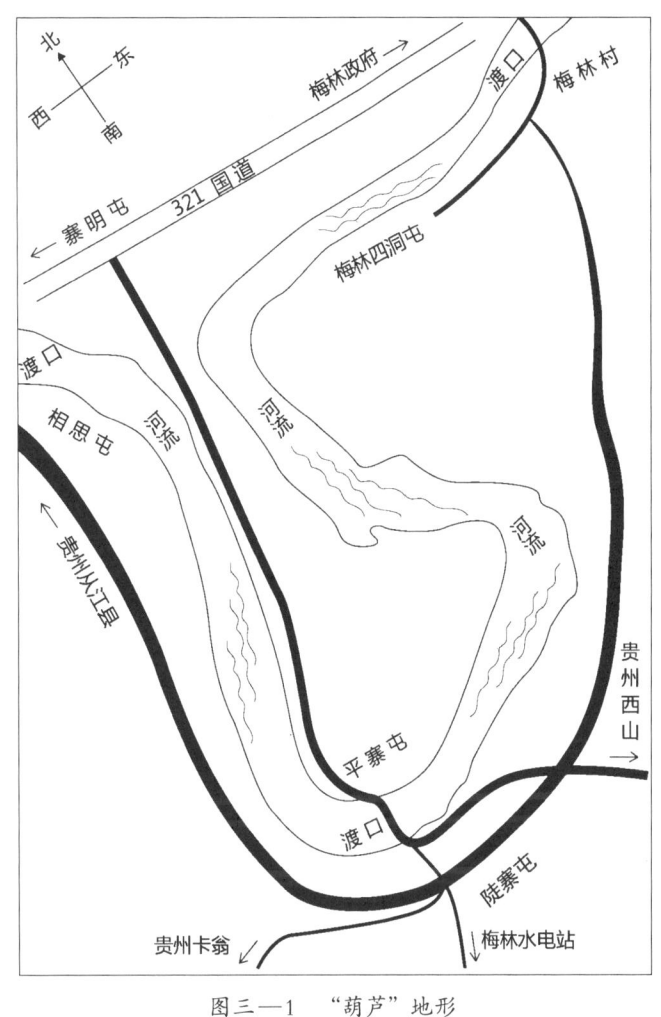

图三—1 "葫芦"地形

图三—2 村中大水池

图三—3　村中大锅

图三—4　山顶大水缸

图三—5　江中残石狮

（3）石狮子传说

在车寨村公所下游江中有半截石狮子（图三—5），据说是寨汤公家族的遗物，已有一百多年的历史。"破四旧"的时候石狮子被丢下山，滚到江中摔成两截，现在只能看到半截在水里。石狮子的用途有两种说法：一说寨汤公建的房子对面山太凶，为了挡住山的凶煞之气,安放了石狮子;一说是寨汤公生了三个儿子,名为子秀、庭昌、子贵(或子成),寨汤公为了让后世子孙能够认祖归宗,防止年代久远各个支脉不能相认,特意建了一个小房子,供起这个石狮子,让三个儿子的后代每年正月初七祭拜。时至今日,寨汤公一脉的祖坟由子贵(或子成)这一支料理。

(4)古树传说

①葡萄树:在寨明屯腊龙路旁边有一棵葡萄藤,传说过去每次谢家人上山干活时,就有一条大蛇出现在寨子里。有一回,他们假装去山上干活,那条大蛇又出现了,提前埋伏在周围的人便用弓箭射击大蛇,大蛇中箭逃走。第二天谢家人发现葡萄藤根部扎满了箭镞,猜想一定是葡萄成精了,便拿刀砍断葡萄藤,没想到它会自然接合。他们找来一个盆子,用盆子挡住接口,葡萄藤再也无法接上。葡萄藤流了三天三夜的血,从此谢家男丁不旺,加之后来一些人搬走,就只剩下现在的这几户人家。

②相思树:在相思屯有棵神树,这棵树由三株树合抱而成,分别是榕树、樟树和葡萄树。以前孩

图三—6 相思树

子们爬到树上玩耍,从树上掉下来也不会摔伤,因此人们认为这是一棵"神树"。有些村民家孩子生了病,就会到相思树(图三—6)下"祭树"。村民对这棵古树十分敬畏,认为有神灵依附,不敢随意砍伐树枝,有犯者其本人或其家人将会遭遇不幸。

③大榕树:在平寨屯的外围有三棵大榕树,树龄均在两三百年之间,树干十分粗壮,地表盘根错节,根系十分发达。三棵大榕树茂密的枝叶犹如一道屏障将平寨屯围了起来,村民认为,这三棵榕树就像一面城墙,隔绝了外界的危险,保护着平寨屯的安全。

(5)风物传说

①及滚山传说:车寨村有座山叫及滚山,形似棺材,又像一匹马。从前有几户潘姓老人去

世后葬在温美墓地，有风水先生说及滚山形状似马，骑在马上必然会出公侯，因此就把墓从温美迁到及滚山，迁葬打开棺材的时候，逝者的脸色依然是红润的。迁过去之后，这几户潘姓人家的后代却只生女孩。有人说这个地方形状像棺材，之前那个风水先生的话不可信，温美墓地才是真正出贵人的地方，于是又将墓迁回原址。

②"相思"的传说：相思地名的由来有很多说法：一、"谐音说"。该地盛产竹丝，这是一种纺织品，当地人用它来编制蓑衣与鞋子。"竹丝"侗语发音"xiang-sei"，外人听着仿佛是"相思"，日久天长，他称的语音代替了我称的含义，相思这一寨名就流传开来。二、"一公一母说"。很久以前人们在寨明远眺相思地方，见有两头牛在鱼塘互斗，像双龙在水潭里打斗，觉得相思风水好，就让一户人家的奶奶过来守着这块地方，爷爷依旧住寨明屯，这样隔江相望，日夜相思。后来人丁繁衍，每逢节日，寨明屯男性带领芦笙队渡河前来相思"走寨"，相思屯姑娘唱歌跳舞。两寨关系特别好，一寨有事，另一寨必结队前去帮忙，亲同一家。寨明与相思是息息相关的兄弟寨，相传只要寨明出现火灾，随后相思也会有火灾发生。

③水种的传说：在环绕平寨屯的榕江下游江中有一块石头，据说，这块石头下面是榕江水源，藏有水种。平寨屯有年遭遇大旱，于是有人潜至这块石头的下面取了"水种"，不久便降雨了，解了干旱之困。临近平寨的贵州从江瑶族地区也曾遇到干旱，他们以同样的方法来此处取得"水种"，从而化解了干旱危机。

（二）村寨历史与碑文契约

1. 口述历史

故老相传，车寨村四个自然屯的历史以寨明屯最早。谢姓最早来寨明居住，至于具体何时来到这里，由于历史上未能留下村志家谱之类的文献记载，现已无从查起。但当地人讲最早的太平桥就是谢家人出资修建的。从重修于乾隆五十九年（1794）的太平桥"功德碑"记中不难发现，在乾隆年间谢家已是富足之户，为重修太平桥所捐银两最多，谢姓人也在功德榜中占大多数。同时从碑记中也能看出潘姓在这时也已人丁兴旺、枝繁叶茂。重修太平桥距今已有220多年历史了，我们可推测车寨村的历史至少在300年以上。

车寨的"车"在侗语里是"河边沙子"的意思。车寨村在不同的历史时期有不同的所指。1984年以前，车寨村只包括现在的平寨屯和陡寨屯，所以平寨屯过去又被称为"车平寨"，陡寨屯也被称为"车陡寨"。1984年后，平寨、陡寨和相思屯一起被称为"升平村"，取歌舞升平之意。平寨屯的建寨历史早于陡寨，由于人口的增加同时也为了方便劳作，有一部分平寨屯的居民搬到陡寨屯居住，随后其他姓氏也陆续搬迁定居陡寨。侗话称陡寨为"寨敢"，"敢"即陡峭的意思。因此两个寨子是根寨与分寨之关系。由于历史上侗族没有文字记载，从陡寨同治五年（1866）的碑刻以及平、陡寨榕江江畔的榕树树龄和两个寨屯的传说故事，可推算出平寨屯大概有200到300年的历史，陡寨约有200年历史。传说历史上平寨和陡寨最多有四百多户人，因为收成不好、盗匪横行等原因，一部分居民外迁。如今车寨包括了寨明、相思、平寨、陡寨四个自然屯。

传说历史上车寨经常遭外敌侵扰，村民便想出一个退敌的计策，让人把大粪装进竹筒里，然后挤出来放到村旁，又让人用稻草编了巨大的草鞋丢在路旁。外敌来袭，一看这样粗壮的大便和巨大无比的鞋子，心想村子里有巨人，觉得不好贸然侵犯，便知难而退，从此村子便安宁下来。这是车寨过去匪患猖獗，村民为了生存只能与盗匪斗智斗勇的历史记忆。

2. 地方史志

车寨村尚无村志，据民国三十五年（1946）《三江县志》记载，在明代万历元年（1573）后："本县行政区域，旧划为四，曰镇、曰甲、曰冬、曰峒……于万石镇设巡检司，于沈口汛设把总，于石碑汛设外委，皆即今之梅林乡，嗣改为甲乙丙丁四区……丁区为榕江区，辖榕江十塘地方，区之所在地为富禄。"今梅林旧镇属万石镇，县志载曰："万石镇，在今梅寨，即宋属安寨也，崇宁四年（1105）置百万寨，寻改为万安寨，明初置万石镇巡检司，清末废。"青旗、大闹、福禄、亮寨、梅寨（现称梅林）、石碑、沈口汛等十塘峒属大榕江。民国二十四年（1935）八月，奉令裁区，划全县为三十二乡，梅寨乡（今梅林乡）属榕江区，当时车寨村（又记客车村）只辖平寨（又记车寨）、陡寨（又记客寨），公所驻平寨（车寨）。相思、寨明属思明村所辖，公所驻相思。陡寨和平寨合起来称为车寨，1984年前车寨隶属富禄公社，相思、寨明、石碑属于石碑大队，1984年公社改乡建制后，梅林大队改为梅林乡，车寨归梅林乡管辖，含四个自然屯，即相思、寨明、平寨、陡寨。1997年村公所建到寨明。

3. 碑刻、遗迹

车寨村有多处遗迹，有新旧2处太平桥，4处碑刻。因为此处曾经是"黄金水道"，水运比较发达，位于寨明屯的太平桥是水陆交通要道，至今保存完好。太平桥位于榕江北岸321国道下方，车寨村委会驻地东南方向50米处，横跨贵合溪上，为东西走向单拱石桥。桥身长15米，宽2.7米，桥拱正中两侧分别有龙头、龙尾（图三—7、图三—8），龙头朝向榕江。太平桥始建于何年无从考证，重修于乾隆五十九年（1794），有功德碑一块为证。另一处为新太平桥，位于车寨村委会西南方向200米处，321国道下方，横跨贵水溪上，原为一座小木桥，1983年建成单拱石桥，桥身长17米，宽2.4米。这两座桥曾经是从柳州经三江到贵州从江的重要陆上枢纽，20世纪90年代后期，随着321国道的建成，这两座桥渐渐失去了昔日的重要作用（图三—9）。

图三—7　乾隆年间太平桥（龙头一面）

图三—8　乾隆年间太平桥（龙尾一面）

图三—9　1983年太平桥

调查组在车寨村共发现4处重要碑刻，其中寨明屯有石碑3处，陡寨有1处。寨明屯的三块碑按时间由远及近排列，最早一块为乾隆五十九年时修建太平桥所立的功德碑，立于太平桥旁，碑体通高140厘米，宽77厘米，厚9厘米。另一块为光绪十五年（1889）的告示碑，立于寨明屯寨头，碑高90厘米，宽60厘米，厚15厘米。年代较近的一块功德碑立于新太平桥下方，碑高120厘米，宽50厘米，厚14厘米。陡寨的石碑位于寨子的一条小路旁，发现时已倒在路边的草堆中，此碑立于同治五年（1866），距今约150年。碑刻内容模糊难辨，根据可见部分可推知是村里关于"婚丧嫁娶"之事的规约。

4. 契约文书

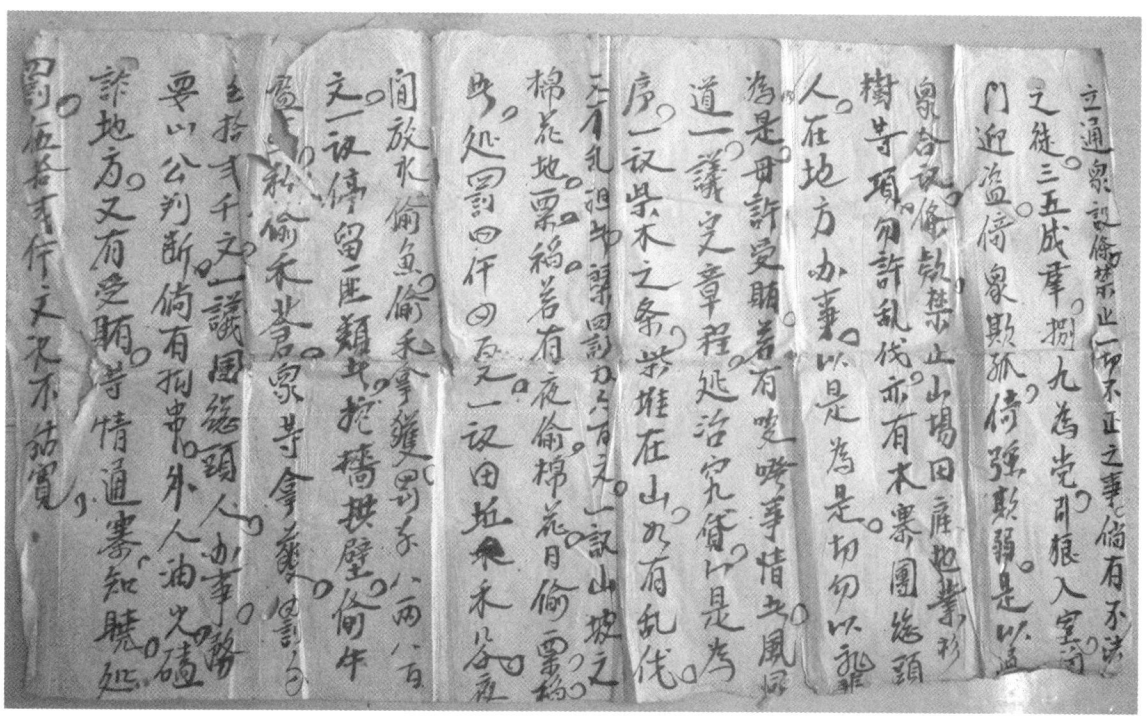

图三—10　款约文献

调查组在车寨村寨明屯潘仁高家搜集到地契文书90份,在平寨屯石昌盛家搜集到7份,另发现一份款约(图三—10)。这些地契文书记载了清朝光绪、宣统与民国三个历史时期土地买卖、租赁、税收的情况。其中最早的一份是光绪元年(1875)的土地买卖合同,从文书的性质来看,有民间草契也有官契(图三—11),反映了不同历史时期土地买卖关系的确认和土地买卖法规的执行情况。经历了"文化大革命""破四旧"运动以及村寨的数次大火,能留下这些地契文书实属不易,显得弥足珍贵,它们是研究晚清以来车寨土地归属权变化的重要资料,对研究车寨经济和社会关系具有一定的参考价值。

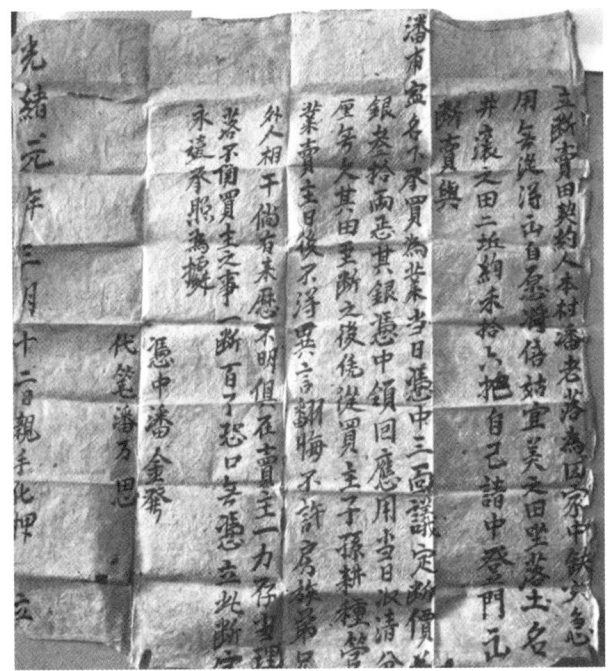
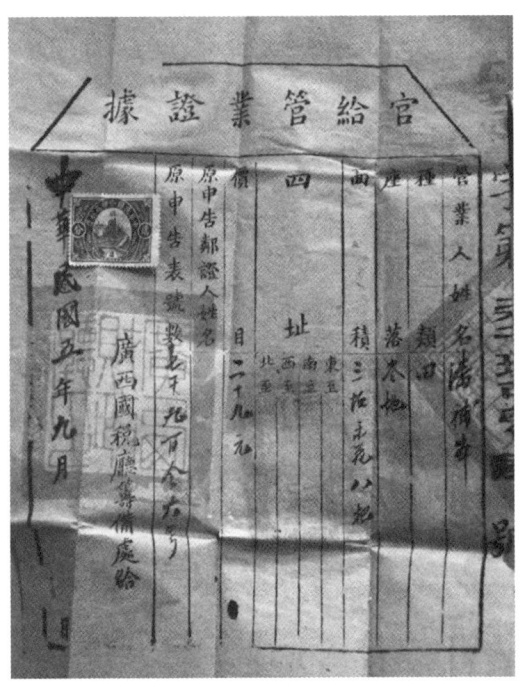
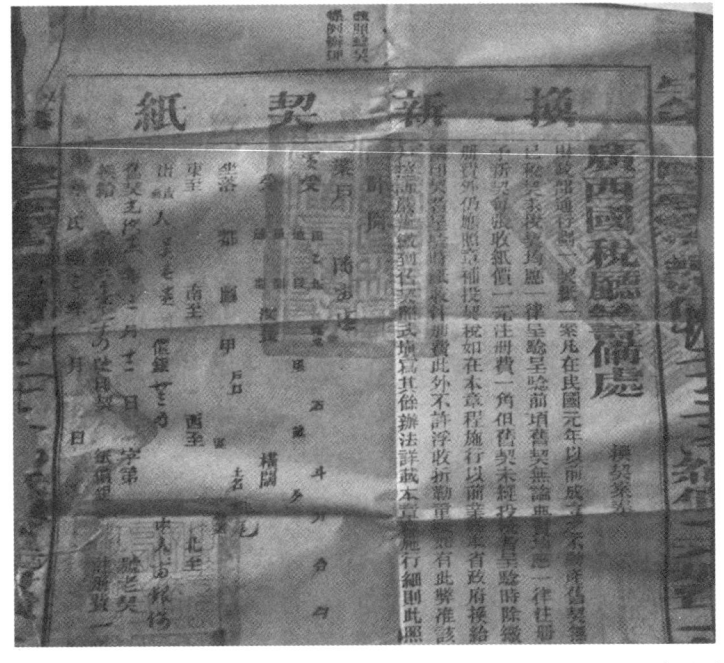
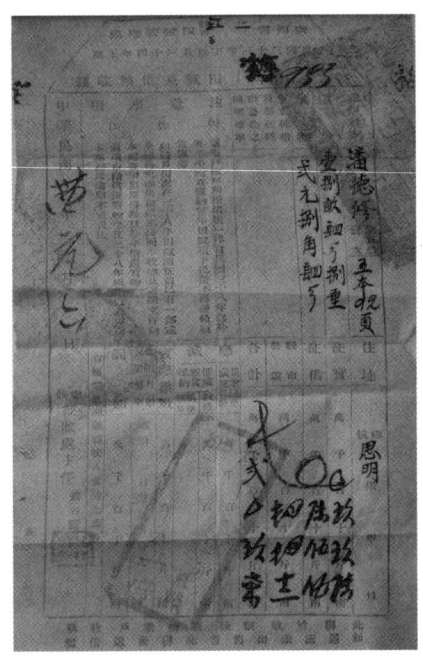

图三—11 地契文书

附：

（1）乾隆太平桥"功德碑"（图三—12）

头 功

计开功德碑，计寨明通寨仁寺，重修桥梁一座永远为记：

谢万银艮五两、潘万银艮二两五大、潘银匠艮一两、潘老五艮一两、潘万能艮二两二大、谢华银艮一两、潘老等艮七大又艮五大五、谢□打艮五大、谢造唐艮四两、潘才华艮二两五大、潘万着艮二两五大、潘老冷艮二两五大、潘老便艮二两五大、潘老寒艮二两五大、谢老桃艮二两五大、谢才拱艮二两、谢老刘艮二两

老吾艮二两、老讨艮二两五大、老更艮二两五大、老同艮二两五大、银乱艮二两五大、老万艮一两二大、老物艮一两二大、老郎艮一两二大、老金艮一两二大、想万艮一两二大、老二艮八大、老安艮一两、老瑛艮一两五大、老楼艮一

图三—12 乾隆年间太平桥功德碑碑刻

两五大、老生艮一两五大、富共艮一两五大、艮奇艮一两五大、老斤艮一两二大

老郎艮一两、乃华艮一两、老大艮一两、老定艮一两、潘敏艮一两、潘载艮一两、老仁艮一两、老洪艮一两、老□艮一两、老榜艮一两、老元艮一两五大、老辛艮一两、花省艮九大、乃县艮八大、老兰艮七大、老头艮七大、国顕艮七大

孝贤艮八大、老点艮七大、老能艮七大、老唐艮五大、老般艮六大、顶银艮五大、老开艮五大、干四艮五大、或田艮五大、老银艮八大、老当艮八大、老站艮八大、老八艮六大、老年艮五大、老胖艮□□、老□□六大

吴老元艮一两

乾隆五十九年十二月廿四日吉旦

广东吴在芹

（2）永远禁止"告示"碑（图三—13）

告　示

四品顶戴、升用柳州粮捕府、补用同知直隶州署、怀远县正堂赵为抄奉

钦加盐运使衔柳州府正堂随带加二级纪录子次玉　为

严禁查塘需索，以免滋扰，而系民困□。照得本府所属地瘠民贫，兵燹之后，元气未复，全得地方官加意扶绥，以固民本。本府来守是邦，采风问俗，时以与利除□为急务。兹访问怀远古宜主簿向章，有官赴塘查办，保田□□。凡新主簿到任，即赴所辖各塘苗獞民居之处，以稽查保甲为名，实则每家聚敛饱其私囊，苗民之苦甚于汉民，况又于边远之区，诉□无地，任听强索，惜甚可怜。此事风闻已久，未便随信。兹值岁科两考，生童云集，□城□请禀，生□联名公禀，□诸禁止，经本府通禁，诸禁□奉

抚宪批行，□即从严永远禁止等因。奉此，除抄录禀稿□录批转行怀远县遵照外，合行出示听□□□府行县。

图三—13　光绪年间告示碑刻

奉此，自示之后，凡新立簿及巡检到任，不准下乡查塘需索，亦不准另改名目，借端扰累。倘有丁役人等阳奉阴违，准该处良人赴府控，一经查实，即行严恭查办，决不姑宽，并将发到告示，由该民人执□遵办，以并人还等因到县。本县□□饬书吏差役人等，一体禀遵，不得下乡滋扰、另生弊端。倘有本县丁役人等需索、作弊等情，准该处民人扭送前来，重究不贷，合行抄示

晓谕。为此出示，严禁各宜遵照，切勿违。特示！

光绪十五年十二月十九日立

实贴石碑塘晓谕

（3）新太平桥"工德"碑（图三—14）

工 德

寨明捐款人民币柒佰贰拾圆

大队献款人民币壹佰伍拾圆

县统战部献款人民币肆佰零柒圆

公元一九八三癸亥年孟冬建成

（4）陡寨屯"禁规"碑

禁 规

和议规条列于后

一议：完娶之日，夜送乌米饭，赔新妇旧……

一议：儿弄璋弄无亲朋所送（月）米

一议：临丧之日，只许供饭食，共力事之义。

图三—14 新修太平桥"工德"碑

不许在丧家饮食□，夜守丧葬□□

一飧不俱以暂品□□拾丧之夜俟其□□□□殓以此夜诵□要□若□

一每人罚□一百文，至□□其（寨）杀之日，每户准□□或重亲送烛，自今改送□，五十文或送油亦可，与丧□用还烛，半□至杀猪者，每户送二两□……

一议：整坟之月后，丧立请到，不得□□，而整坟之酒肉，闲人不得妄饮

一议：寨内之事务，自有长者公□，后生不得竞争制乱，远亲公司

同治五年正月 谷旦

（5）寨明屯"款约"（纸质文书）

立通众设条，禁止一切不正之事，倘有不法之徒，三五成群，八九为党，引狼入室，开门迎盗，依众欺孤，依强欺弱，是以同众合议。

条 款

禁止山场田产地业杉树等项，勿许乱伐，亦有本寨团总头人，在地方办事，以是为是，切勿以弄非为是，毋许受贿，若有唆唉事情者，风同道一，议完章程，处治究贷。一是为序。

一议：柴木之条，柴堆在山，如有乱伐，又有乱担者，禀回罚刀六百文。

一议：山坡之棉花地粟稻，若有夜偷棉花，日偷粟稻者，处罚四千四百文。

一议：田丘禾谷，夜间放水偷鱼，偷禾拿获，罚禾八两八百文。

一议：停留匪类者，挖墙拱壁，偷牛盗马，私偷禾仓，众等拿获，罚禾五十二千文。

一议：团总头人办事务，要山公判断，倘有构串外人油光，磕诈地方，又有受贿等情，通

寨知晓，处罚五十二千文，决不姑宽。

四、村落的基本单元

图四—1a 侗寨民居结构实物图

图四—1b 民居结构全景

1 一层
2 二层
3 三层
4 偏厦

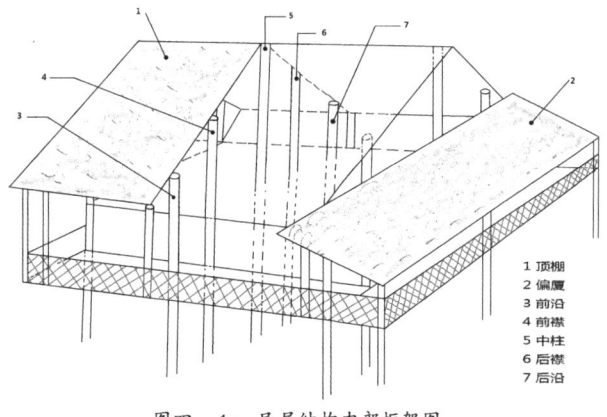

1 顶棚
2 偏厦
3 前沿
4 前襟
5 中柱
6 后襟
7 后沿

图四—1c 民居结构内部框架图

图四—1 房屋框架结图（1a，1b，1c）

（一）建筑的布局特征

车寨民居建筑大多数是全木质榫卯结构，由横梁和竖柱组成支撑房屋的构架。近年来民居的第一层多加砖围护，纯木结构民居数量锐减。一般采用的是一排五柱的建构方法。从侧面看，房屋五排柱子从左往右分别称为前沿、前襟、中柱、后襟、后沿，其建筑结构外观如图（图四—1a，1b，1c）所示。一般多为三层，一楼是圈房，主要养鸡、鸭、猪等以及堆放一些杂物；楼梯设在一楼内，楼梯的位置依二楼的房间布局而决定。二楼是主要的生活起居空间，一般由大厅、厨房、主房、偏房组成。大厅大致设在中间，厨房在大厅的左上角，内设有电视桌、取暖用的火盆等；主房在大厅的正面，偏房则设在大厅和主房的两侧。主房是家里的长辈居住，未婚的子女和客人住偏房；偏房的数量取决于子女的个数，子女越多意味着偏房数量就越多、偏房的单位面积就越小。三楼是储藏空间，是晾禾把与存放稻谷粮食的地方。

车寨村的木结构房屋主要分为两类：一种是纯杉木搭建，一层用杉木枝圈围组成牲畜圈，传统的建筑多采用此种结构;另一种是土木(砖木)结构建筑,即一层用土坯(砖)圈围,二层以上搭建杉木,这样可以有效预防火灾。房屋内部布局主要有两种形制,区别主要在于火塘的摆放位置。

侗族木楼内部格局较传统的形式以寨明屯潘仁高1950年建的老房为例,如图四—2所示。一层圈养牲畜,堆放杂物与柴火(图四—2a);将火塘修建在二层,与居住的房间紧密相连,有厨房、房间、休闲的晾台,是主要的生活与居住空间(图四—2b);三层存放谷物(图四—2c)。此布局的好处是节约空间,方便起居,但是容易发生火灾。

侗族木楼内部格局较新的形式以寨明屯潘仁德房屋为例,如图四—3所示。将火塘修建在一层,一层还有厨房、客厅,主要用于待客,后面菜园除种菜以外,还用于养鸡、鸭(图四—3a);二层主要是起居室与卧室,是私人活动场所,也设有晾台,供自家休闲娱乐(图四—3b);三层用于堆放杂物(图四—3c)。这种布局的好处是将火塘与人居房间分离,起到很好的预防火灾作用。现在车寨民居多为第二种布

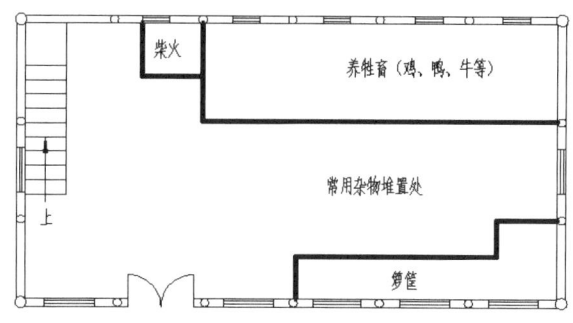

图四—2a 木质结构房一层

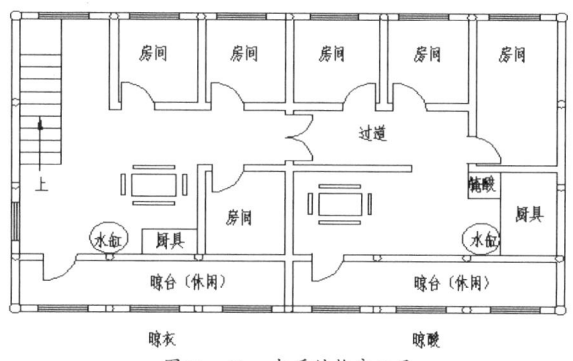

图四—2b 木质结构房二层

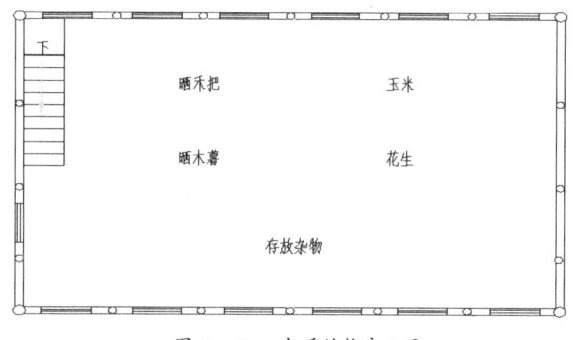

图四—2c 木质结构房三层

图四—2 侗族木结构房屋平面示意图 (图2a、2b、2c)

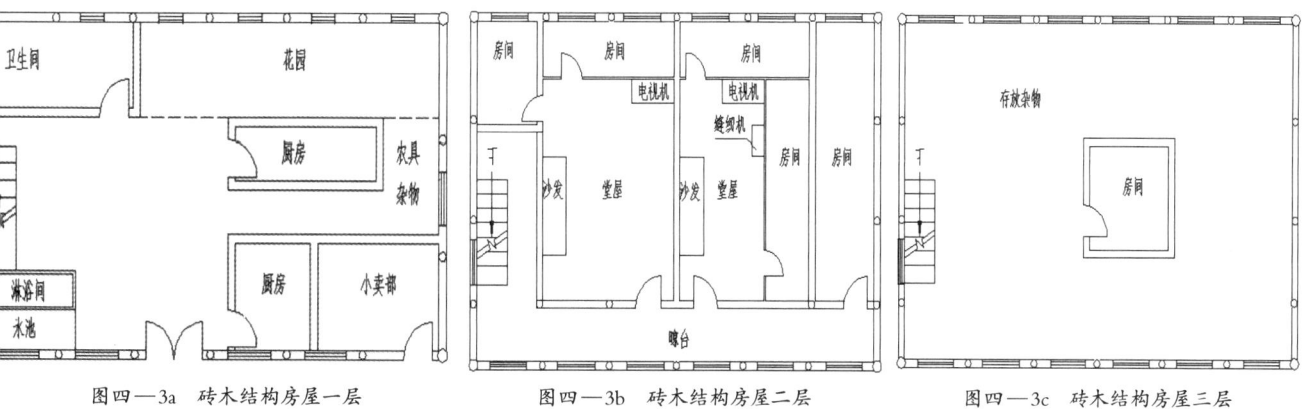

图四—3a 砖木结构房屋一层　　图四—3b 砖木结构房屋二层　　图四—3c 砖木结构房屋三层

图四—3 侗族砖木结构平面示意图(图3a,3b,3c)

局形式。

（二）建筑材料与工艺

1. 建筑材料的来源与加工

（1）建筑材料的来源

车寨村侗族建房多用杉木，因为杉木不易腐烂、虫蚀，而且树干很直，建房实用方便，是理想的建筑材料。传统上的木结构房屋主要由木材和瓦片（屋顶多用树皮遮盖，富裕人家用瓦片）两种材料组成。车寨村多山谷，每家都有一定面积的林地，当地的沙质土也适合种植杉木。建房时如自家的木材不够也会到贵州省从江县西山镇市场购买，采购一立方米的杉木价格约为1200元。

如今的车寨村，传统的木结构房屋与现代砖混楼房并存。即便是现代房屋，屋顶材料仍多使用青瓦正反扣合依次铺设。基座部分，传统民居多以片石竖向叠垒作为房屋基址，现代民居则主要用红砖、水泥等。车寨村有几个专门烧制砖瓦的工厂，多为湖南人开设。砖瓦所需的泥土多来源于附近的山上。因此，建房使用的砖瓦就地购买，钢筋、水泥、沙子等主要到从江县购买。

（2）建筑材料的加工

现代民居除用木板外还采用红砖、大面积的铝合金窗作为围护结构。民居多以木板作为楼板及墙板，隔音效果差，且走动起来较晃动。房间内的木板为了美观和卫生，一般都会涂上桐油或清漆。

目前，除了现代化的楼房，车寨村传统的木结构房屋很大程度上还保留着传统民族特色。房子仍为干栏式整体结构，经济较富裕的家庭使用瓦片遮盖屋顶，不富裕的家庭则使用杉树树皮或者一半瓦片一半树皮。晒干的杉木树皮可以防水，不易受虫子啃食，取材容易，但不及瓦片耐用，所以每隔3到5年就要整修更换。

2. 民居建筑过程与仪式

（1）选地基

新房屋选址需请风水先生看是否适合建房，建房的人从想建房的地基中间挖起一抔泥土带给风水先生，风水先生看过泥土之后，才可决定是否可以在此建房。

（2）伐木

每年6-7月间，准备建房的村民上山砍杉木，砍倒之后，立即削去树皮，使其晾晒两个月左右，晒干变轻后再抬下山，这样也不易腐烂。9月陆续把全部木料抬到新宅基地处，做好准备工作后，10月开始动土立柱建房，村民都会主动前来帮工，一般会在腊月里建好新房，在年底之前入住过年。

（3）加工木头

杉木扛回来后会请鬼师选吉日加工柱子，首先要对瓜柱（主柱）进行刨光打洞，把加工好的瓜柱竖起来之后就不能再让其倒下；加工其他的柱子时就没有这个禁忌。柱子加工好后再对其他的木材进行刨光、打磨、打洞等。

（4）竖房

在地基上竖起贴有一张写有"姜太公在此 动土大吉"的红纸的木板，点香祭拜，杀一只公鸡作为祭品并用一小撮鸡毛沾鸡血贴在红纸上，建筑师傅念吉辞后燃放鞭炮。随后就可以动土，打桩拉线。

如图四—4所示，从正面看，一排五根柱子分为一排柱、二排柱、中排柱、后排柱与后远排柱。在二层与三层之间，在前沿和后沿分别有前瓜和后瓜两根柱子（图四—4中的6、10）。前瓜和后瓜在整个结构中起到减轻前襟和后襟柱所受压力的作用，可以有效地把整个顶棚（图四—4中的1）压力均匀分到各排柱子上，以保证整个房子结构的稳定。同样，顶棚与三楼之间的搭瓜（图四—4中的4）在整个房子结构中所起的作用也是如此。中柱是整座房屋最重要的顶梁柱，通常情况下最为高大。在房子的两个侧面，从三楼中间到二楼的中间两边大约45°斜搭着雨棚（图四—4中的7），雨棚尚不完全遮蔽，让两侧形成空气流通，有助于禾把风干。顶梁连接前襟与后襟，中柱垂直横竖于中间（图四—4中的12、3、8）。楼梯是二楼爬向三楼的媒介（图四—4中的11），一般情况下村民较少使用，储藏杂物时才需要。房子的每根柱子都立在石头之上，每两根大木头的十字结构叫作"橡方"；木头与木头之间的连接结构叫作"文穿"。起房的大概流程是先立柱，然后凿洞橡方，连接木头，确立第二层结构之后，铺木板，围木

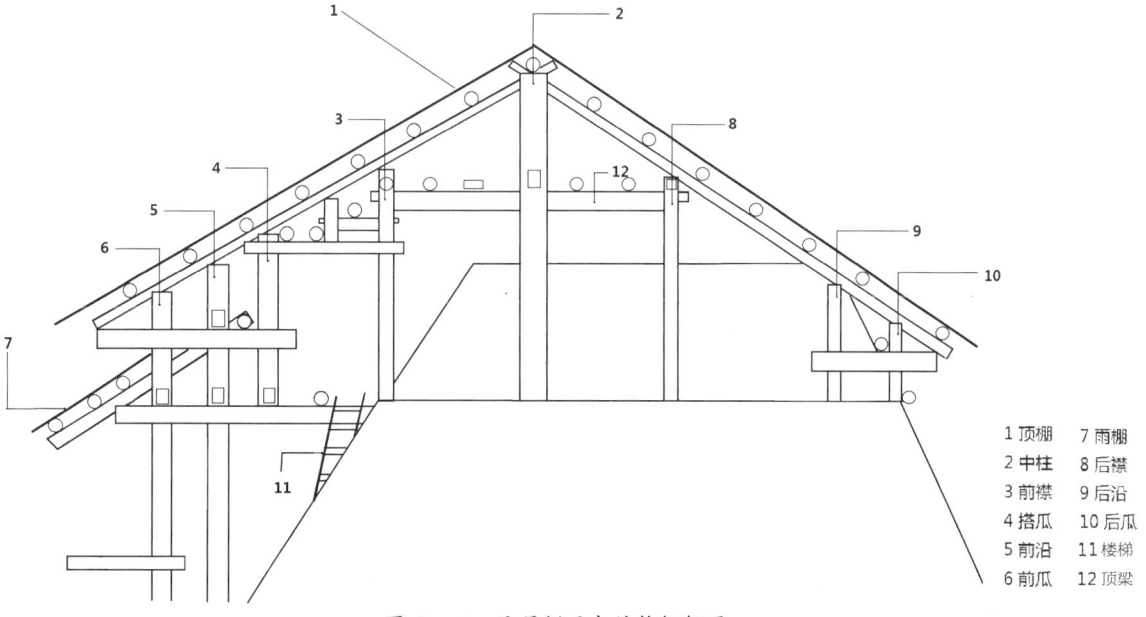

1 顶棚	7 雨棚
2 中柱	8 后襟
3 前襟	9 后沿
4 搭瓜	10 后瓜
5 前沿	11 楼梯
6 前瓜	12 顶梁

图四—4 民居侧面木结构框架图

栏，铺瓦，最后分隔小房间。

（5）上梁

车寨村有不少村民会做木工，一个建筑队中一般都有一个懂上梁仪式的师傅。上梁时，亲戚一般都会送来十把糯谷作为贺礼，主人家杀鸡、放鞭炮、贴红字以示庆祝。

工匠师傅将"道"字倒贴在柱子上，"好"字则正贴在柱子上。据民间传说，过去一位师傅在立柱时，不小心把柱子的一头倒过来，十分惊慌，另一师傅见此状，灵机一动，向主家说"道了就好"，巧妙地利用"道"与"倒"字的谐音，化祸为福，因为杉木两头粗细差不多，倒过来也无所谓，不影响整体建筑格局与稳定性。所以后来工匠师傅为了纪念这位师傅的机智，也为了让立柱时百无禁忌，便在上梁之时，写下"道"与"好"这两个字贴在梁柱之上，以祈求入住平安。

举行上梁仪式时要摆放两碗生米、一碗熟米饭，每碗插上三炷香，摆三条生鱼、三杯酒及猪肉等祭品拜祭土地公，开始唱上梁歌，然后杀鸡，把鸡血滴在柱子上。

（6）进新房

入住新房时，亲朋好友放鞭炮庆贺，主家请客吃饭，寨与寨之间的亲戚朋友喝酒唱歌到半夜，亲戚会送匾额、一坛酒、四把稻谷、红鸡蛋数个。数日后主家会去给亲戚回礼，并在其家中做客吃饭。传统上讲究腊月二十八搬进新房，如果临近过年才建好，通常是次年开春再搬进去住，但是过年时候都会到新房里煮一次饭，相当于"暖房"。

3. 民居特色空间

（1）厨房

车寨村传统的厨房内部布局较为简单，火塘、案台、碗橱、饭桌成了厨房的主要组成部分，其中火塘最具特色。厨房规模多为正方形，火塘多被设置在中间处。火塘为三尺宽的正方形，最浅有一尺，最深有两尺。火塘用洁净的黄泥来填充，并且一定要在乔迁当天由小舅子来挑。火塘上面摆放着三脚架。厨房的布局除了火塘的设置受空间的影响外，其他的设置主要取决于主人的喜好。从2006年开始，为防患火灾，政府实施灶改工程后，村民把厨房搬到一楼，传统的厨房格局被改变，新房很少设置火塘，取而代之的是煤气炉、沼气炉等。二楼的厨房也被改成卧室。人们在经过改造后的民居中的一楼聊天、看电视、炊煮与用餐。厨房灶台用砖头垒砌，一家通常有几个不同用途的锅台，有做饭炒菜的、有蒸糯米饭的、有用来烧水与煮猪食的灶台。厨房里普遍安装有自来水，有的人家还修建自己的蓄水池，用水十分方便。

（2）阳台（图四—5）

村民称这一块区域为"wukuang"，二楼的阳台位置通常都很宽敞，是出于夏天乘凉聊天、收割季节晾晒稻谷的考虑，同时又可以在婚丧嫁娶时置办酒席。在二楼阳台的地板上，有

图四—5 阳台

的人家设置一块"天井",掀开地板,村民可以把二楼的垃圾直接沿着"天井"扫下去,小孩子也可以打开井盖,直接在二楼上厕所,因为井盖下面就是装垃圾的便池。村民喜欢把刚收回来的糯谷挂在阳台上方的梁柱上风干,形成侗寨木楼上独有的一道风景——"禾晾",或者晾晒在三楼的木板上,大约晾晒一个月时间,就可以把稻穗收集起来,贮藏在谷仓里。

（3）卧室

车寨民居卧室有着明显的辈分之别,无论是传统的木房卧室,还是受现代化影响而建起的楼房套间,都存在着同样的区分。传统木楼中的卧室有主卧室和客房之分,家主居住主卧室,未成婚的子女或者客人住偏房或客房。主卧室是所有卧室当中面积最大的,主卧室是一家之主地位的象征,儿子未结婚之前住在偏房,成婚后父母搬离主卧室让儿子入住,象征儿子继替父亲成为这个家庭的当家人。在当地现代化的楼房里,卧室大小和布局也与传统住房相似,还是沿袭当家人住在主卧室的传统。

（4）畜圈

车寨村民称一楼为"daikuang",以前主要是堆放柴火、放农具、关养家禽的地方,内部猪有猪圈,鸡有鸡笼,鸭有鸭窝,分类豢养。随着时代的改变,近年来小型耙田机开始普及,近九成的家庭不再养牛,很多人外出打工,劳力减少,养猪、鸡和鸭的家庭也少了。那些仍然养猪、牛的家庭还把猪和牛关在一楼,但往往会砌上砖墙跟厨房隔开。

4. 典型民居

（1）土坯老宅（图四—6）

图四—6 土坯老宅

土坯老宅位于相思屯老寨的寨尾处，至今已经历六代人，目前还住着一位80余岁的老人。老宅外部全是黄泥土砖砌成，内部则是一座完整的木结构老房子。该老宅在寨子发生多场火灾后依然能够保存下来，是靠外部的泥砖起到防火作用。屋内一楼有三个木栏，曾经用于圈养家畜，现用于置放农具杂物。二楼放置有采茶叶的篓子，一台老式电视机，一条长凳，一座通往房顶的木梯等。主要生活空间是厨房，厨房里有现在依然使用的火塘、锅头、水桶等家具。厨房的右手处开门便是八平方米左右的卧室，大门左手边是装杂物的长廊。

（2）潘文亮老宅（图四—7）

相思屯潘文亮老宅建于1979年，是典型的侗族木结构民居。一楼用来养猪养鸭。一楼外墙由红砖夹杂着木头砌成，已经改造成厨房，有烧柴火的三口灶头，还堆放犁田机、锄头、打谷机等农具。从一楼最右侧的木梯上去，进入二楼空旷的走廊，走廊可用来晾晒衣服。从二楼走廊大门进入客厅，内有电视、桌椅、沙发等家具。客厅后方用木板隔成两个卧室。三楼用来堆放杂物，各个梁柱用来晾晒糯谷。

图四—7　潘文亮老宅

（3）潘文亮新宅（图四—8）

潘文亮新宅位于相思屯新寨中部，外部全砖包装，内部则是全涂有桐油的木结构的新式民居。建于2007年，于2009年入住。目前住着三代八口人。一楼进门是大客厅，右边是用于日常起居的小客厅，摆放着电视与桌椅；左边通往餐厅，内置冰箱、饭桌、折叠椅；与餐厅相通的是厨房，内置烧柴火的灶头与煤气炉。木制楼梯连接一二楼，二楼主要布局是廊道在中间，左右两边各三间房间，只有左边第一间是用来装杂物的，其他房间都作为卧室，廊道可用来晾晒衣服。三楼空置，但亦可堆放杂物。卫生间独立建于屋外靠近厨房的地方。

（4）庭院式家宅（图四—9）

相思屯新寨的中心有一座庭院式家宅，建于1999年。一楼主要是厨房与客厅，厨房内置一蓄水池。客厅与厨房相通，有沙发、桌椅、电视机、冰箱等家具。家人在一楼用餐，夏季闷热则选择在庭院用餐。二楼主要是卧室和宽敞的廊道，廊道用于晾晒衣物、茶叶等。三楼主要用于堆放杂物、晾晒与储存糯谷之用。圈房与厕所独立建于屋外，院落的作用相当于寨子上的临时停车场，附近村民都把车停放在那里。寨子上有大型的活动如迎接领导、集体唱侗歌等也都是在那里举办。

（5）传统暗锁（图四—10）

车寨村村民十分聪慧，发明了一种独特的暗锁，侗语称为"jindao"，这样的暗锁设置在大门后面或者二楼的客厅门后，具有很强的防盗功能。它的构造是门外仅露出一根绳子，门内是一个栓子造型，只要门栓不拴上，门外的绳子一拉，门后的小掉头就会转为垂直，门即可被打开；只要把绳子一放下，小掉头就会横插在门上，门立即被反锁起来。另外，有的门后的门栓是主人家在二楼室内用绳子控制暗锁，把门从里面锁起来，起保险作用，门外的人就不能将门打开，没有主人的操作，在屋里

图四—8 潘文亮新宅

图四—9 庭院式家宅

图四—10
木门提线暗锁

的人也难以打开出去。一楼的圈房与二楼的主大门通常会设置这样独特的暗锁，防止盗贼偷盗家畜或入室窃取财物。

五、村落的内部结构

（一）村落的布局与空间层次

车寨村的四个自然屯沿榕江分布[①]。平寨屯与寨明屯分布在榕江河的北岸321国道旁，相思屯与陡寨屯分布在榕江河的南岸，靠近贵州地界。平寨屯建立在榕江河曲三面环绕的半岛上，建有通往321国道的新式寨门；陡寨屯与平寨屯毗邻，隔榕江相望。平、陡两寨交流较多，主要靠渡船往来。相思屯和寨明屯背山面水各自分布在榕江两边，两寨之间是子寨与母寨的关系，来往频繁，往来全靠渡船。

1. 自然屯内的聚落层次

（1）寨明屯的布局与空间层次（图五—1）

侗族俗语"有树必有寨"，通常在寨头、寨尾都有樟树和榕树。寨明屯外围沿榕江河边有七棵上百年的大榕树。寨明屯的居住空间是由四条主要的道路连接起来的，龙圈路、腊龙路、大吉路和外围的屯机耕路。龙圈路的居民多被认为是龙圈公的后裔，腊龙路上主要是谢姓后裔，大吉路上居住的是大吉公的后裔。居民住宅区围绕着这几条路依次排列开来，其中大吉路一路向北连接主山脉及滚山脉，被视为寨明屯的脊梁。寨子的居民区错落有致，基本上沿主要道路分布，人口增长导致兄弟分家，寨子在不断外扩，现在在贵水溪的西北和贵合溪的北边均有人居住。

在寨子居民区的外围分布着挂晒糯谷的小型禾晾，用于晾晒稻穗。寨子的西部临近贵水溪的地方，分布着一排谷仓，东边龙圈路有部分谷仓分布，这些谷仓仍然在使用当中，寨子其他的谷仓本着就近原则，与民居穿插分布。在寨明屯主干道、住宅与住宅之间的小通道，以及在对准路口的地方都有"泰山石敢当""路凶石敢当"的标识，有的写在杉木板上挂在木楼外面，有的写在靠着家门口的石板上。

（2）相思屯的布局与空间层次（图五—2）

相思屯又分为老寨和新寨，沿着公路近年来也新建了一些房屋。相思村民从1981年开始陆续从老寨迁至新寨。以前新寨是一片山林，名叫"高南山"，相传有老虎与野猪出没，后来由

[①] 四个自然屯中，平寨与陡寨距离较近，隔榕江相望，两个寨子是根寨与分寨的关系，生活方式、信仰习俗颇多相似，田地耕作、生产生活圈、物理活动空间也多有交叉，故本文的空间分布把两个寨子合起来进行描述。

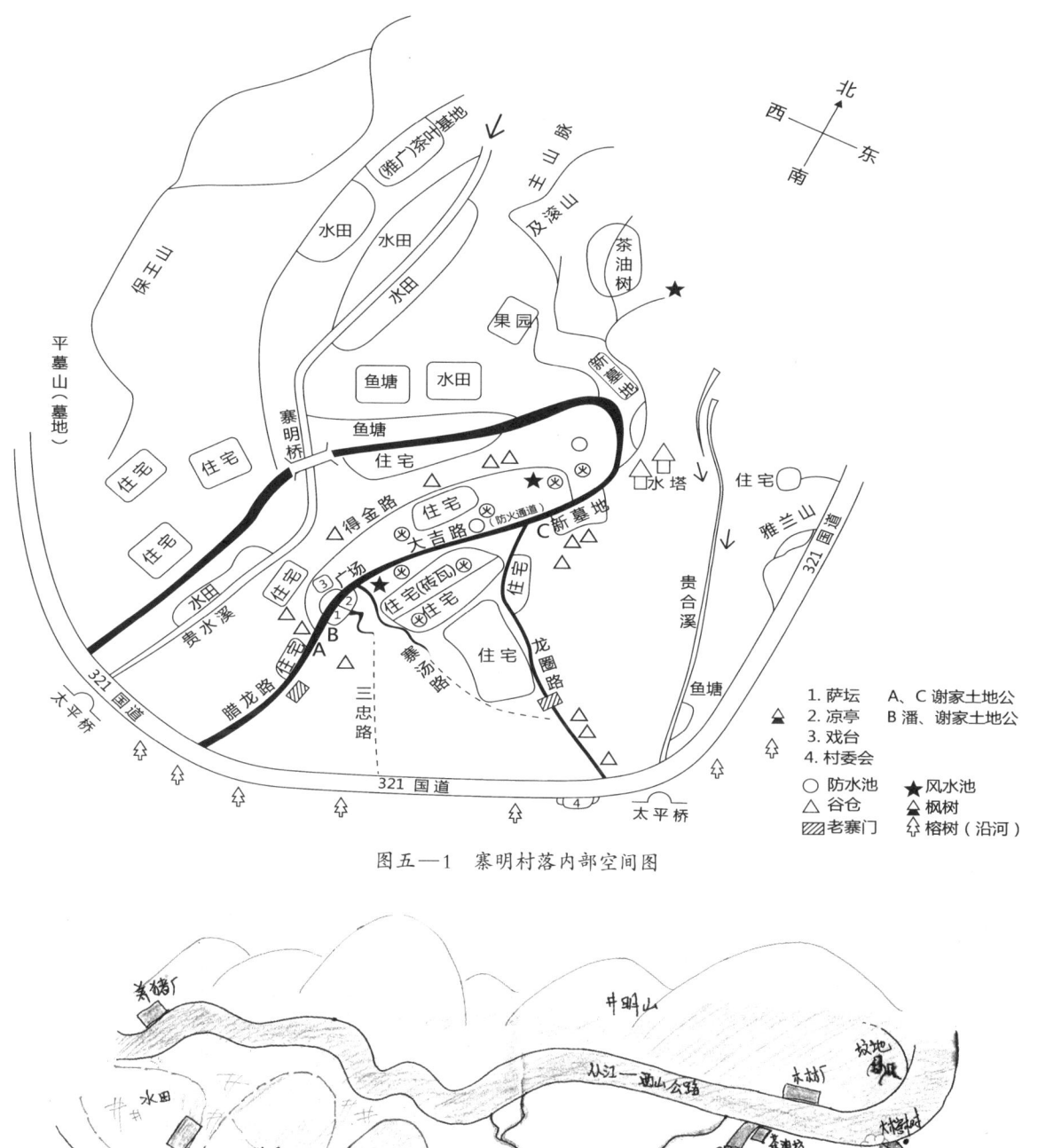

图五—1　寨明村落内部空间图

图五—2　相思屯内部空间分布图

于人口增长，人地矛盾突出，为了缓解宅基地的不足，寨民们开发丛林、建立新家，所以新寨的历史只有三十多年。

相思屯北临榕江，南靠绵延的山脉，位于山河之间的一小片平坝之上，平坝上稻田弥望，村寨地处稻田中央，与周边山水自然交融、和谐美观。有一座风雨桥将新寨与老寨连接。除河流之外，村寨内部还分布着许多大大小小的鱼塘，不仅具有消防与养殖的实际功能，也令村寨环境更为优美。

（3）平寨、陡寨的布局与空间层次（图五—3；图五—4；图五—5）

平寨屯的住房比较集中，靠近江边的码头，江水自西向东顺流而下，上流多住石姓，下流多住罗姓，两姓村民分庭抗礼、各有居地。陡寨屯地势较高，民居沿江而建，由于地势陡峭，

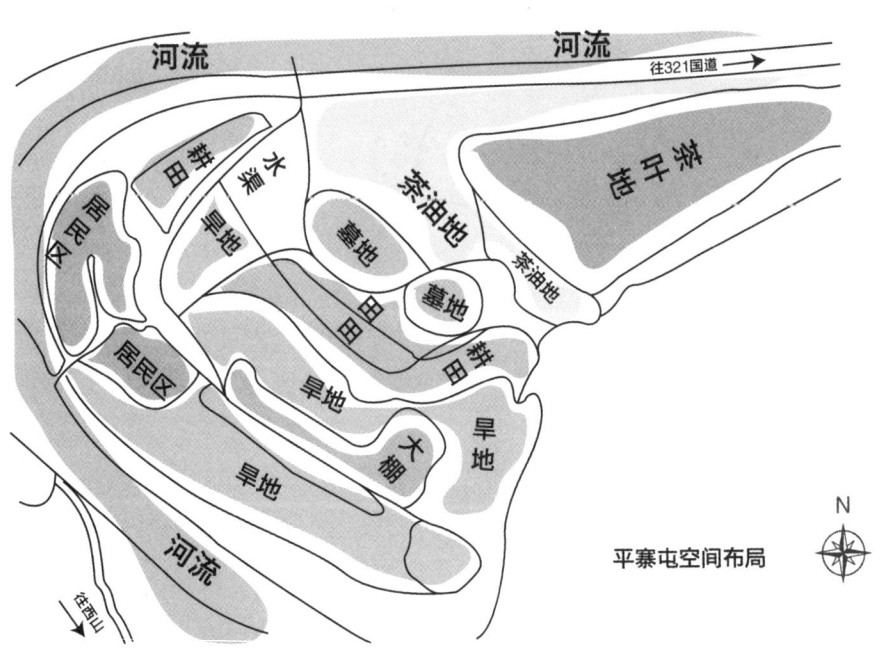

图五—3　平寨屯空间布局图

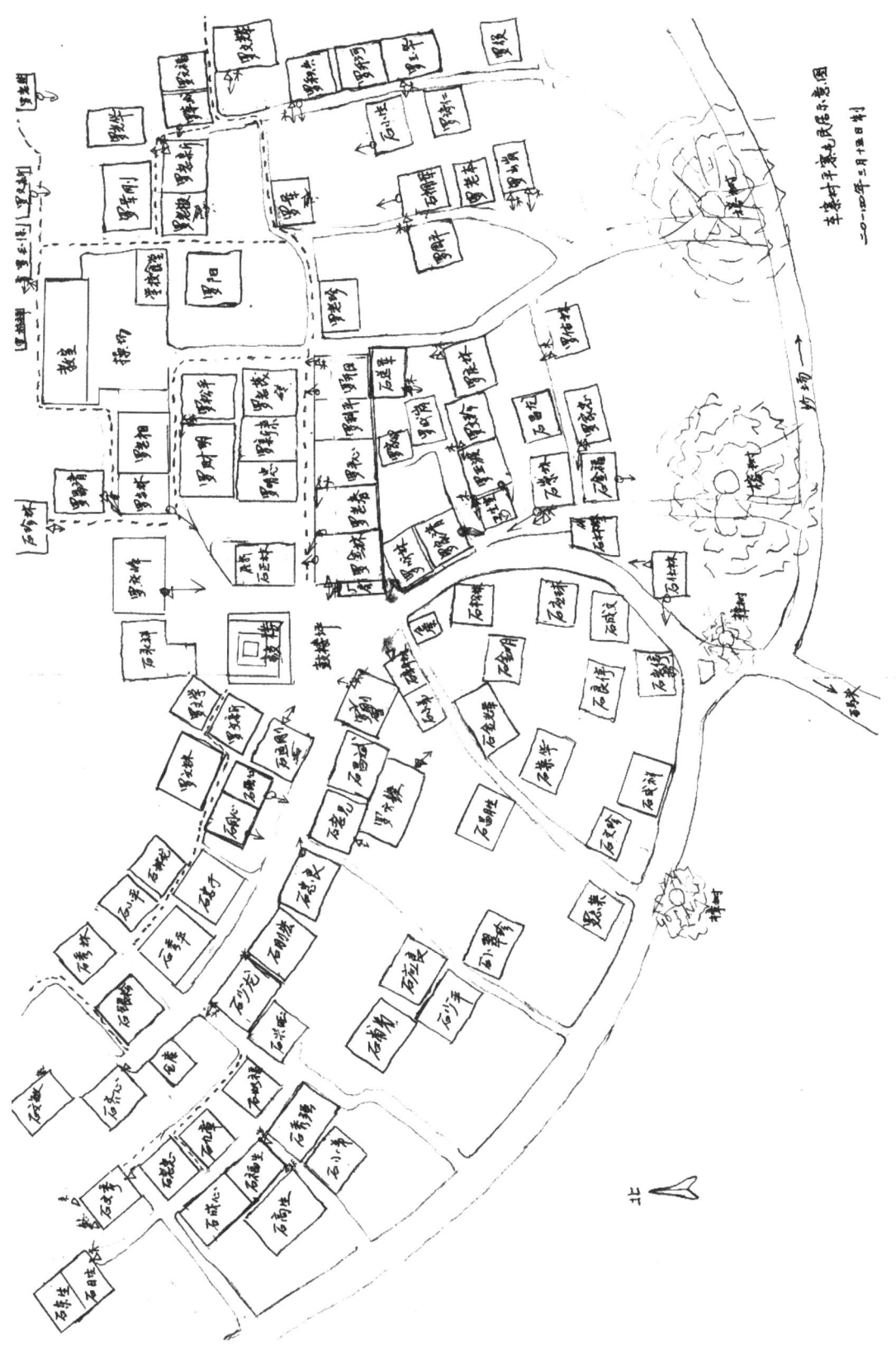

图五—4　平寨屯罗姓与石姓的空间居住分布图

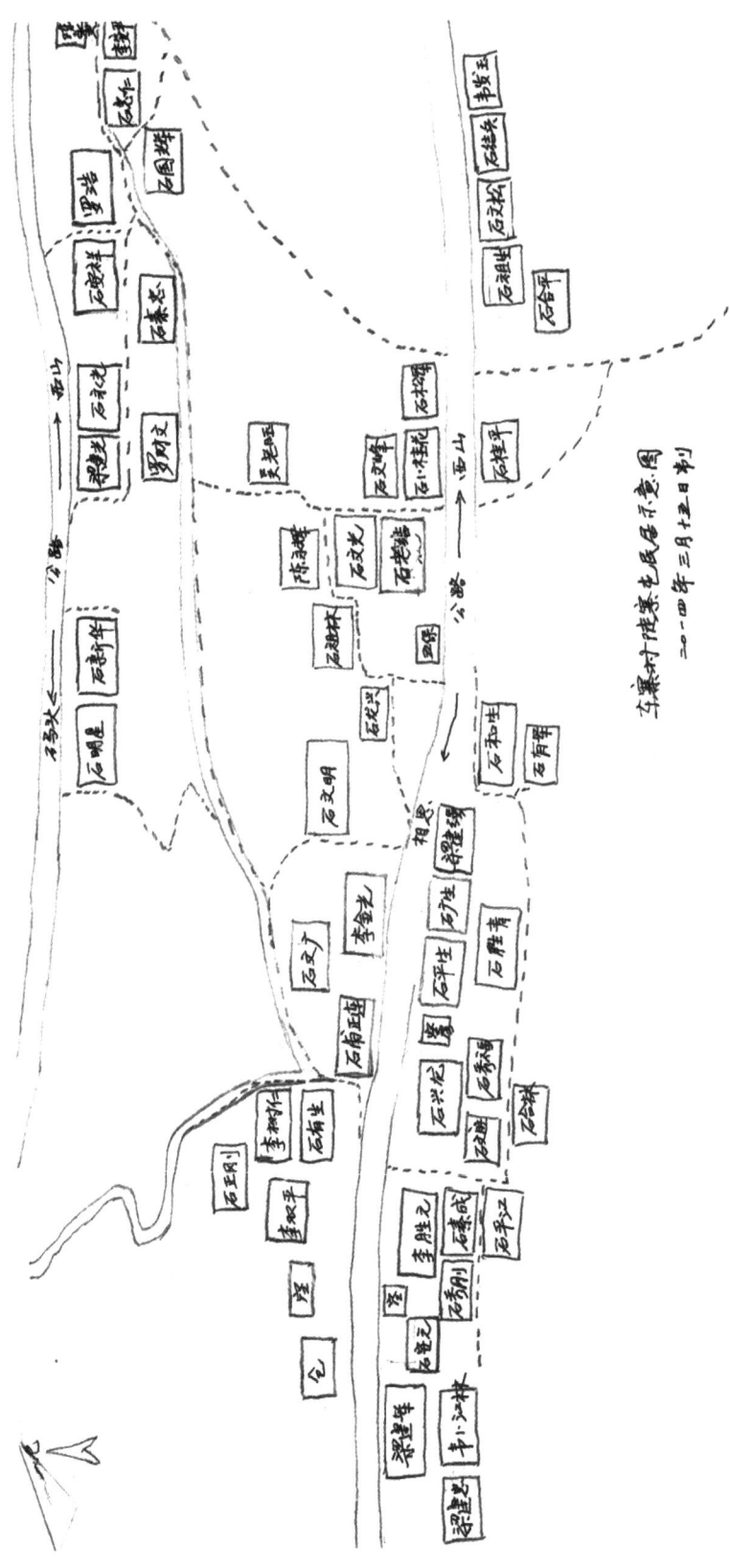

图五—5　陡寨屯空间居住分布图

多沿着山脉东西横向发展，条状分布，大概分两排，平行坐落在山腰上，萨坛和古泉眼位于民居之上山顶之地。陡寨屯梯田较多，呈带状分布于陡寨的山腰上。

2. 各自然屯之间的关系

相思屯和寨明屯历史上是子母寨的关系，两寨之间往来密切，守望相助，婚丧嫁娶、建房立宅时互相来往，两个寨子男女之间常常集体做客、互相对唱情歌、吹芦笙、弹琵琶、弹二胡，即侗族俗称的做"月也"，两寨之间的青年男女在此期间结识和恋爱。过去如果邻近的村子欺负或者攻打寨明，相思人会过河帮助，增强势力，共同抗击敌人。当地人认为，相思屯与寨明屯的地形风水也是相互影响的，寨明屯的贵合主山脉对相思屯有影响，当地人认为，相思屯的坟墓在建寨之初位于沿江边的西北方位，后来因与贵合山脉正对，形成冲煞之气，影响祖先的灵魂安歇，遂将坟墓迁走，如今那里只是一片普通菜地。平寨屯与陡寨屯隔江相望，往来密切，平寨屯的耕地多在陡寨屯分布。寨明屯与平、陡寨相距至少十五分钟车程，平素往来不是很多。

图五—6　车寨村寨门图

（二）寨墙与寨门

1. 现存的寨门（图五—6）

车寨村现存一个寨门，位于平寨屯的葫芦口与321国道相接处，建于2010年。寨门长13米，进深宽3.5米，高9.5米，主柱四根，立在公路的两旁，主梁有两根，中间是过道，两旁各有一个亭子供路人休息纳凉，每个亭子有四根柱子。寨门采用传统穿斗木结构，重檐有四层，最顶层有一葫芦立于上面。寨门总造价7.9万元，由柳州市政协出资3万，其余为村民自筹，寨门的正面挂有一块横匾"美丽乡村欢迎你"。寨门的建造对车寨村有特殊的意义，由于车寨村平寨屯的"葫芦地形"，位于葫芦口的寨门，在当地人看来意味着吸纳、聚集福气和财富。

2. 已毁的寨门

寨明屯曾有三个古寨门，现已毁坏，它们分别位于寨子的西南、东南、北边，其中北边对着及滚山脉的是主寨门。古代建寨门主要是为了防盗，相传最早来这里入住的房族，之前因为强盗多，居无定所，前后四次搬迁，才在现在的寨明屯安家。相思屯以前在寨头建有寨门，在"破四旧"的时候被摧毁，至今没有重建。在1949年之前这里盗匪成群，不少村民家中都备有火枪，村里还设有土炮，寨门和这些武器在当时起到了防匪的作用。

（三）村内的道路结构

车寨村内连接四个自然屯的主要道路有水路和陆路。榕江沟通四寨，摆渡是传统上最重要的交通途径，1996年建成通车的321国道是平寨屯与寨明屯往来的主要路径。寨明与相思、平寨与陡寨屯之间主要靠渡船往来。同时，在各个自然屯内部也有完善的道路体系。相思屯和寨明屯内的道路主要是以房族来命名，车寨村实行的是内婚制，在这里，道路一方面将散落的家户联结成一个村落，另一方面也起到区分作用，即同一条路上的人被认为是一个房族，彼此不能通婚。

1. 寨明屯的道路体系

寨明屯的聚落主要是由四条路联结起来的，即龙圈路、腊龙路、大吉路、寨汤路（可以通到河边，后来被321国道截断）。这四条路也是寨子的主干道，路名是按照最初到寨明安家的潘姓三位公的名字命名的。龙圈路上的潘姓被认为是龙圈公的后裔，大吉路上的潘姓被认为是大吉公的后裔，寨汤路（现在只有一小段，因为修321国道，大部分搬离）上的潘姓被认为是寨汤公的后裔，腊龙路上多谢姓居住。

寨明屯另有一条神圣之路，即三忠（三重）路，路转三弯到河边。这条路开在萨坛的旁边，是村民求神的必经之路，如果外出办事、求神、告状、解决纠纷走这条路意味着此番行程必然顺利。如今此路被321国道截断，寨民曾经商议要恢复这条路，但是因施工难度太大，遂搁置至今。

寨明屯于2012年修成机耕路，修机耕路时有五户外迁，林业局为了建雅广茶园而硬化道路路面，这是目前寨子内可供机械车辆行驶的唯一道路。

2. 相思屯的道路体系

相思屯的道路体系主要依照姓氏而建,相思屯共有六个房族,分别对应六条古路,每个房族若有老人去世,选择出殡行走的道路都是自己房族对应的古路,不能逾越他族之路,否则会引起房族之间的纠纷。相思屯内道路系统错综复杂,总体上可以分为三个等级:其一,经过村寨边正在修建的贵州从江西山镇至贵州从江县城的公路;其二,划分老寨和新寨的村内主干路;其三,入户小径。西山至从江公路是今后村民外出的一条重要通道,村内主干路的一头与其衔接,另一头则通往码头。主干路在寨内分叉形成网状的寨内通道,寨内通道又分叉出各入户小径。

3. 平、陡寨屯的道路体系

陡寨屯中间有一条公路穿过,公路从陡寨开始一直沿江通往从江县城,是西山镇通往从江县城的重要通道,但是公路路面没有经过硬化,雨天难于行走。

平寨有一条屯级公路通往321国道,这段公路在2009年硬化。平寨和陡寨两个寨子之间主要通过水路往来,交通工具是渡船,木船大概长10米,宽不足2米,船只只能搭载行人。也有很多村民搭载摩托车从平寨的公路通往321国道,再从国道通往从江县城,汽车则只能从陡寨的未经硬化的道路通过。陡寨一侧的沿江公路正在修建,公路修好后,平寨和陡寨之间的水上交通必将式微。

(四) 给水和排水设施

车寨村内多溪流、堰塘、泉井,"家家有水池,巷巷有水沟",在寨明屯还有"水寨一体,双河绕寨"的自然与人工景观。

寨明屯建有多处水井、水池。水塘、稻田用来养禾花鱼,山上的梯田里修有水槽,在寨子周围有灌溉用的水井,寨子里有一西一东两条小溪(贵水溪、贵合溪)从贵合山脉缓缓流下,

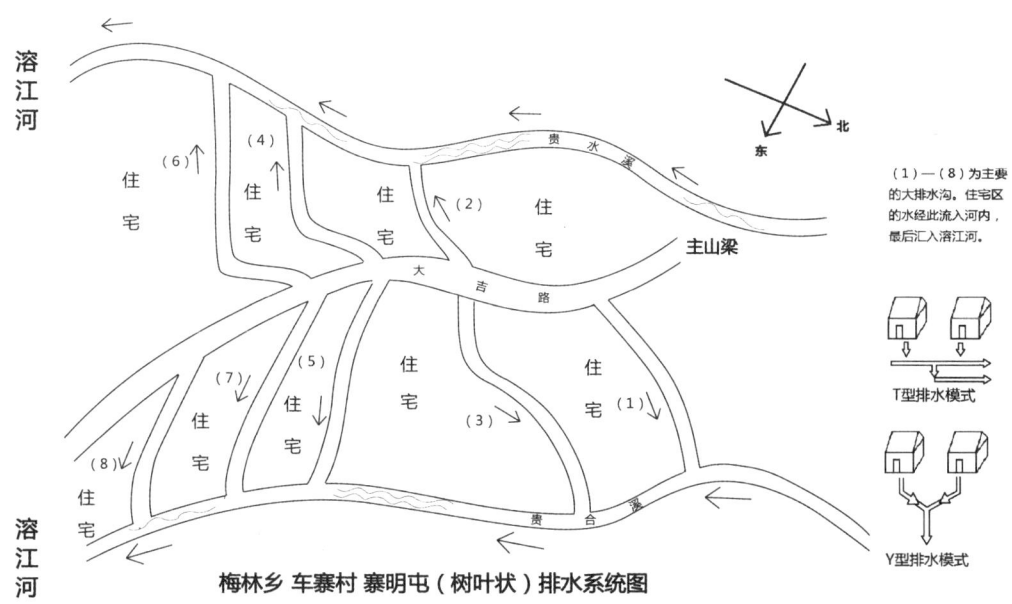

图五—7 车寨村寨明屯排水系统图

灌溉两边的水田、鱼塘，最后汇入榕江。寨子共有四口山泉水井作为主要的饮用水来源。1990年建成小型蓄水池一处，2010年大蓄水池建成。蓄水池兼顾防火作用，上层蓄水用来防火，下层蓄水可用作生活用水（图五—7）。

相思屯原以井水和河水作为生活用水。全屯共有三口山泉水井，目前还在作为部分生活用水来源被使用。由于最近几年污染日厉，河水已经不能作为生活用水了。新的自来水给水系统于2011年建成使用，每户都安装有水龙头，有的还在家中自建了蓄水池，以备不时之需。屯内水源主要来自村南山上的山间溪流，储水设施建于山腰，目前暂无专业净水系统。所谓的自来水也只是山泉水蓄积起来后，定时每周周末开放一次，各家就用蓄水池蓄水，基本能够维持一周的用水。村民遇到缺水的时候仍然需要到附近水井挑水补给。井明山半山坡上有一大一小两个蓄水池，小型蓄水池是村民自费筹建；2003年在政府的号召下，相思屯群众与政府合作再次修建了一个大型蓄水池，三江县扶贫办出资10000元，村民自筹9910元，群众投工1364工时。两个蓄水池不仅提供人畜生活用水，也是本寨的防火池，防火栓与水管纵横交错，落实到家家户户。

平寨屯和陡寨屯一共两口山泉水井，由于陡寨屯水井的水质较好，所以两寨居民均到陡寨屯的水井汲取饮用水。生活用水主要还是来自蓄水池，平寨和陡寨各有一个蓄水池，水池位置都位于两寨的较高处，在两寨的最高点挖有水井，井里的水引往蓄水池，蓄水池的水通过自来水管通往各户村民家里。平寨屯还有一个抽水站，用来把江水通过水渠引往耕地，用于灌溉。

车寨村排水系统较为完善，排水沟渠建于道路一侧，多为敞开式，局部地段以石板覆盖。家家户户都有小的排水通道。排水通常取就近原则，靠近河边的家庭将废水过滤后排往河中，靠近水田的几乎是直接排放到水田内，也有的人家排放到自己房屋附近的菜园地里。

（五）公共广场

1. 寨明戏台前广场

寨明戏台前的广场建于1964年，占地面积有半个篮球场大小，生产队集体劳动时代主要用来晒稻谷，现在用来举行全寨的娱乐活动。广场旁边有凉亭，1948年火灾后重建，供乘凉、聊天，平日也有很多老年人在里面打牌娱乐。凉亭前是鼓楼坪，现在寨子里召开大会也多在这里举行。

2. 平寨鼓楼前广场

平寨的公共广场在鼓楼前，面积在250平方米左右，踩歌堂、百家宴等村里较大的活动基本在这里举行。村民每年正月都要在广场上举行大型的踩歌堂活动。广场除了供节日活动和老人平时聊天、乘凉外，外地商贩进村也多在广场交易，广场也是寨子里停车的地方。

图五—8　车寨村鼓楼

（六）公共建筑及设施

1. 鼓楼（图五—8）

车寨村的鼓楼位于平寨屯居民区的中心位置。旧鼓楼于1978年在火灾中被烧毁，于1979年重建。鼓楼飞檐分四层，绘有各式图案，从下至上第一层写有"河清海晏"四字，中间有太阳图案，两边绘有龙形；第二层写有"国泰民安"四字，中间有葫芦图案，两边绘有凤形；第三层写有"风调雨顺"四字，中间有八卦图案，两边绘有孔雀图形；第四层无字样，绘有河草、鱼虾等图案。鼓楼大厅中央有一块大石头，据说村民请鬼师埋了锅碗瓢盆在下面，意为祖宗的家在此。鼓楼是村民日常休息娱乐的活动之地，鼓楼大厅里有电视机，每晚都有很多老人在鼓楼听侗族大歌、看侗族大歌的录像。同时，鼓楼也是召开日常会议或是做政策宣传的地方。每年正月初一村民都到鼓楼祭拜，祈求村寨和家庭的平安幸福。

2. 萨坛（图五—9）

萨坛在车寨村被称为"sa-bin"。车寨村现存两座萨坛，分别在寨明屯与陡寨屯。寨明屯

图五—9 车寨村寨明屯的萨坛

的萨坛外表是一座简单搭建的木屋，木屋里放置的一座石台就是萨坛。萨坛被视为神圣之地，不可随意进出，小孩更不可太靠近，不能在萨坛做污染环境的事情，更不可乱丢垃圾或在里面撒尿。如果有亵渎的行为，必然会遭遇霉运。

陡寨屯地势较高，萨坛位于居民区上方的山腰上。萨坛呈环状的石围，内植常青树一棵，周围有香烛残留，萨坛四周有古枫树环绕。此处萨坛在"文化大革命"中遭到破坏，原先萨坛的中心埋有被鬼师施过法术的小银伞，当时被挖走。每年正月初一，陡寨寨民均来此祭拜，烧香、放鞭炮、敬酒，祈求全寨和家庭的平安幸福。

3. 土地公

车寨村有土地公信仰，寨子多处

图五—10 谢家土地公所在地

留有土地公的神位，村民在特定的节日会去祭拜。寨明共有三处土地公神位，在寨子西南边和北边是谢姓供奉的土地公，在腊龙路和三忠路交汇处的土地公是谢姓和潘姓共有的土地公（图五—10）。在寨明屯，每年的农历六月十五，谢姓都要杀花鸭去祭祀土地公，谢姓的土地公神位上面有一棵枫树，历经七十多年，一直保持不变的样貌，被认为是土地公护佑的表现。

车寨村平寨屯有三处土地公神位，罗姓一处，石姓两处，两处石姓土地公神位中有一处紧邻居民区的西北部，是在"文化大革命"中被破坏的萨坛遗址上重建的；另一处位于居民区内的东南部，规格较大；罗姓土地公神位距离居民区较远，位于距居民区500多米的古枫林内。土地公所在地被视为神圣之地，不能受到任何污染。土地公的神位大多为圆形，四周用石头堆砌成高70厘米左右的围墙，每处土地公神位的石墙都留有一处缺口，以便进出，内种常青树一棵，常青树下均有一块石头，上面放有小酒杯，周围有香烛的残留。土地公神位由专人管理，每逢初一、十五，管理者代表全村人以茶、香、纸钱进行祭拜，以求其保佑村寨。

4. 桥梁

（1）已毁坏的相思风雨桥

车寨村的相思屯曾有一座连接老寨和新寨的风雨桥。20世纪80、90年代由于修了另一条通往新寨的公路，村民便很少通过风雨桥在新寨和老寨之间来往，风雨桥年久失修，随之毁坏了，现仅留下桥头遗址。

（2）太平桥

车寨村有新旧两处太平桥遗迹，旧桥位于寨明屯的东南边，曾于乾隆五十九年（1794）重修，位于榕江北岸，横跨贵合溪上，距车寨村委会驻地东南方向50米，东西走向，为一单拱石桥，桥身长15米，宽2.7米，桥拱正中两侧分别为龙头、龙尾，龙头朝向榕江。另一座太平新桥位于寨明屯的西南边，靠近码头，于1983年建成，最初是座风雨桥，后来由三江县委统战部捐款修成石桥，即今天的新太平桥，桥为单拱石制，桥身长17米，宽2.4米。随着321国道的建成，这座桥便退出了人们的生活，逐渐隐藏在杂乱的荒草之中。

（3）寨明桥（图五—11）

寨明桥修建于2005年，桥身长21米，宽4.4米，位于寨明屯外围西北部，搭建于贵水溪上，是一座现代化水泥砖混桥梁。此桥将屯内的机耕路贯通321国道，是车辆进入寨明屯的必经之路。

图五—11　寨明桥

5. 戏台

侗戏深受车寨村民的喜爱，村民历来有唱侗戏的传统。每个自然屯过去都有自己的戏台，后因各种原因被拆毁，目前仅剩寨明屯的戏台。该戏台保存完好，过年或有重大节庆活动时依旧被使用。

（1）寨明戏台（图五—12）

寨明戏台位于寨明屯的中心广场上，处在大吉路、腊龙路与三忠路三路交汇处，坐西面东。戏台前是一片开阔的广场，可以容纳三四百人，南边是公共凉亭和萨坛，北边是居民区。戏台是侗族传统干栏式穿木结构建筑，高两层，一层围起来放戏服、演戏用的道具（现在戏服有专人保管），二层用来演戏。戏台由以前的一户民居改造而成，有三间房屋大小的面积。据当地人称以前都是流动唱戏，1982年寨明屯始建成固定的戏台。

图五—12　寨明广场上的戏台

（2）被毁的相思、平寨戏台

平寨屯的戏台建于1979年，1999年修建公路时被拆毁。在村民石永祥的带领下，平寨屯于1984年成立了戏班，戏班最兴盛时有三十多人，戏班成员在每年农闲时都会到戏台上练习唱戏，为村民表演，有时还会应邀到周边的村寨演出，村寨之间通常以发送请柬的方式邀请对方的戏班到本寨演出。

相思屯曾经逢年过节就会唱戏，戏台是全村主要的娱乐场所。唱完一出戏需要3、5、7、9天甚至更长时间，但必须是单数。戏台旧址最早在老寨一小卖部附近，在1987年被拆除后，曾于相思树附近的仓库处重建，最终于1994年再次被拆除，至今相思屯仍没有自己的戏台。戏台的拆除与电视的普及和人们外出务工有关，从1980年开始，电视就陆续进入当地，大家都迷恋电视里的新鲜节目。1994年开始，大量村民外出广东、福建、浙江沿海地区打工，戏台逐渐衰败，当年的繁荣气象不再，戏服与伴奏乐器破损陈旧，现在零散地分散在几处人家。

6. 水井（图五—13）

图五—13　水井

寨明屯共有四口山泉水井作为主要的饮用水来源。一口位于大吉路与屯级路交叉处，主要供大吉路上的居民使用；一口位于寨子的西侧，屯级路西边，主要服务于周边居民；一口位于寨子西侧外围，屯级路东的贵水溪边，主要给腊龙路及周边居民提供日常饮用水；还有一口在寨子的东边，贵合溪的下面近321国道处，龙圈路上的居民通常到这里挑水喝。

相思屯共有三口古井，井水的水质较好。其中一口井位于相思树的旁边，紧邻水塘，在新寨和老寨的住宅区内，没有用石板维护，取名为"下寨井"；一口井位于村头的稻田边，靠近正在修建的公路，由于经常有鸭子到附近田里嬉戏觅食，水质较差，取名为"上寨井"。这两口井是村民的生活用水，他们在井边洗菜、吃水，洗衣服则一般都去河边，他们十分注意保护水源的清洁。第三口井位于远离住宅区的茶园下面的稻田旁边，附近还有村民种植的油茶树。相对其他两口井而言，这口井的水质是最好的，取名为"井高"。这口井主要是用于农田灌溉，是农业生产的主要水源。

平寨和陡寨一共有两口山泉水井，均分布在陡寨一侧，一口在陡寨的后山，另一口在陡寨的山脚下，这两口水井为两个寨子共用，但平寨饮用水主要来自山脚下的水井，陡寨的饮用水则主要来自后山的水井。

7. 码头

作为大江大河型的侗族村寨，车寨的每个自然屯都有自己的码头通往榕江，"码头"侗语发音为"gaoluodu"，意为"大家共同使用的"。

寨明屯有两个码头：一个位于腊龙路的下边，被称为龙码头；一个邻近太平桥，称为下码头。在2010年之前，相思屯对面有两条山坡泥路通向码头，现在只有一条水泥小路从码头通向321国道，建于2010年，由政府与村民共同出资修建。

历史上，平寨和陡寨之间有三个码头。其中一个现已荒废，另两个还在使用。两个码头中一个在陡寨，叫"闷流"，用于平寨居民前去陡寨取饮用水；一个在平寨，叫"告落渡"，又被平寨居民誉为"香港码头"。码头的选址是根据距离村寨较近、水流平缓、水的深度合适这三个原则来决定的。平寨渡口是一个半商业性渡口。过去该码头是榕江上游从江放排的中转站，过往的放排者和商人多从这个码头上岸补充所需的物质。随着放排业的没落，现在的渡口主要渡送过往的平寨和陡寨的居民，此外还向部分来往从江和西山的贵州人和车辆提供服务并收取一定的费用。按照规定，该渡口由平寨屯各户居民轮流经营，当天的收入除了上交一小部分给平寨外，剩余的就归当天经营的家庭所有。收取费用的标准为：平常每人1元，摩托车和人一起5元；汛期价格翻一番。该渡口平均每天的收入可达一千多块，在繁忙的时候可多达五六千元。除了平寨屯的家庭轮流来经营外，平寨屯还对渡口的经营进行招标，租期多为一个月。码头每年可以给平寨屯带来四五十万元的收入。为了响应县里保证安全的要求，码头木船在2014年4月初换成铁船，这条铁船总共花费18万元，由国家出资12万元，村里集体出资6万元。现在每天轮流由一个村民为渡船收费，渡船有舵手一名，工资每天100元，除了两人的工资外，渡船的其他收入归集体所有。

8. 其他生产设施

车寨村生产设施多因地制宜而设置，平寨屯人口较多，近321国道，又邻近陡寨屯，有一定的市场基础，故建有榨油坊、木材加工厂；相思屯为榕江阻隔，对外交通不便，但居住人口相对较多，故建有榨油坊、木材加工厂、养猪场、砖厂来满足居民的日常所需。

（1）平寨屯、相思屯榨油坊

相思屯新寨与老寨交接处有一处残破的旧榨油房，面积约50平方米。由于茶油籽农历十月、十一月份开始成熟，因此榨油坊一般只在农历十一二月用一个月左右时间来榨油，平时歇业。车寨村每家每户都会栽种茶油树，吃自己榨的茶油。即使某些年份茶油树产量高，当年榨油太多，村民一般也不会出售。

平寨屯现在的榨油坊始建于20世纪80年代末，占地120平方米左右。榨油坊由自家经营，每年农历十月中旬开始榨油，大概持续一个月，一年中的其他时间榨油坊停工。停工时的榨油坊只是作为村民的娱乐场所，供休闲的人们进行打牌等娱乐活动。榨油留下的油渣，每年年终，都会有外地人来收购。这个榨油坊的规模较大，一般车寨、石碑、泗洞的人都会到该油坊来榨油，梅林村的部分熟人因为考虑价钱比较实惠也会选择到这里来。

（2）平寨屯、相思屯的木材加工厂

相思屯木材加工厂位于新寨与老寨交接处榨油坊对面，占地200平方米，机器设备比较齐全。老板是安徽的，有十几个工人，工人都是附近村寨的木工师傅。该加工厂主要加工杉木和松木，多为当地村民加工建房所需的木材。

平寨屯木材加工厂建于2010年，占地6亩左右。厂里加工的木材主要来源于贵州从江县，也有少量来源于本地，主要加工杉木。加工好的木材多销往湖北，村民的木材主要是在这里加工,有的直接卖给加工厂,有的加工木头给自己用,只付给加工厂加工费即可。

(3) 相思屯养猪场

相思屯养猪场位于相思屯与陡寨屯交界处,占地1300平方米。养猪场有四名员工,建有四个沼气池,政府补贴50000元建设好养猪场,主要饲养普通白猪和当地特色的黑/香猪。养猪场的建成给村寨提供了充足的肉源,除满足村民需求之外,主要销往本县梅林乡、贵州西山镇、从江县城等地。

(4) 相思屯砖厂

砖厂于2005年开业,占地大约1500平方米。老板是贵州西山镇人,厂内工人有四十多人,大多是附近村民。制砖原料就地取材,挖掘当地的黄泥土加工制作。其燃料主要是从湖南购买来的煤炭。主要销售市场在本地,多销往平寨、陡寨、相思、寨明、石碑、梅林以及贵州西山等地。砖头生产要经过掘土、混水搅拌、砖头成型、烘干、烧制、晾晒等过程。每块砖卖价五角钱,月销10万多块,销售额在7万-8万元之间。

9. 消防设施

车寨村的消防设施是根据人群的密集程度设置的。防火一直是侗寨的头等大事,历史上车寨村曾经饱受火灾之苦,目前各个自然屯都建有完善的防火系统,每个屯都建有消防水池和消防栓。消防池通常建在山腰上,消防池也是蓄水池,供给平时的生活用水和消防用水。每个水池中都埋设了两根水管,生活用水的水管从水池的中部伸出,消防用水的水管从底部伸出,管身被埋在地下,利用强大的水压,水流可以从消防用水的开关喷射而出。陡寨一共有七个消防栓,基本上均匀分布于居民区。

车寨村的每个自然屯都建有防火通道以预防火灾。寨明屯在1948年曾发生过一起大火灾,全寨烧得只剩一家,现在的房屋建筑大多是火灾过后重建的。大吉路是寨子的一条"横梁",也是重要的防火通道,道边有七户砖瓦房。2010年全村施行"四改":灶改(把做饭的火塘改成砖瓦的灶台)、电改(室内室外改线,用管子套胶头线)、寨改(开始建设防火通道,以50户为单位进行分离,政府也规定在防火通道内不得搭建木房,对于搭建砖瓦房的家户,每家可以得到17600元的政府补贴)、厕改(目前全寨有三四十家有沼气室)。随着现代化的炊具(电磁炉、电饭锅等)的增加,村寨也在"四改"中更换变压器。

(七) 现代的公共建筑

1. 学校

车寨村共有两所学校,分别位于平寨屯和相思屯。平寨屯的小学始建于1957年,原先为木板房,现在是砖房,曾经在1986年重建。占地1000平方米,共有六间教室,现在只有三间教室在用，其余三间用于堆放杂物。学校设有一年级到四年级，五年级之后要到梅林乡的小学就读。学校还有一个餐厅、一间厨房和一个办公室，2013年8月，学校新盖了餐厅，但是设备还没有齐全，还未投入使用。

1979年建成的相思小学，位于榕江的南岸，靠近江边。最初是平房，1985年由政府出资29000元，群众捐款近10000元，共计花费38000多元，由教育局请湖南工程队改建成楼房。经过三十多年的风吹雨打，小学建筑早已经破旧不堪，学校只有一栋两层教学楼，有六间教室，现在有四间上课用，另两间教室空置。学校隔年招生，现只有一年级、三年级和五年级，有三名教师。

2. 村委会

车寨村的村委会位于寨明屯下的321国道边，毗邻榕江，交通便利，设施齐全。村委会是一座两层楼房，外设围墙。一层是"新文化书屋"，于2011年正式开始使用，空间较大，书籍桌凳齐全，也充当了村委的会议室。二层有一间办公室，主要是村委干部日常办公用；另设有"幸福家园"，分准父母室、人之初室、青春驿站、金色年华、老年天地五个功能室，为梅林乡村级"诚信计生""幸福家园"村级示范点。

（八）墓地

1. 寨明屯墓地

寨明屯的墓地有三块，分别是：温美公墓（新墓地），位于寨明的北部，邻近上山的必经之路；老墓地，在寨子的东边，有古代的墓碑石刻；平墓山，在寨子的西北边，也是寨明屯较为古老的墓地所在。关于这三块墓地有"牛地""猪地"之说，寨子东边的老墓地年代久远，早已无地给逝者安葬；北边的温美公墓是新墓地，也是"猪地"；寨子西边的平墓山是"牛地"。寨明屯的风俗是死者若要在猪地安葬，家人要杀一头猪，在牛地安葬则要杀一头牛。平墓山历史上也是相思屯和寨明屯的共有墓地，过去相思屯的老人去世，要渡河过来安葬，相思村民把逝者摆渡过来即可，寨明村民会在码头接逝者棺材上山安葬。

2. 相思屯墓地

相思屯墓地所在的山形似一只螃蟹，又称"螃蟹山"，坟地多选择在两头蟹爪之处，蟹头之处是主山脉，没有墓葬。墓地主要分成三大块：右蟹爪上的墓群又称为老坟山，潘姓正常死亡的老年人即寿终正寝者都葬在此处；潘姓非正常死亡的年轻人、女人难产而死或者没有成家结婚的都葬在蟹爪的左边；一周岁之前的婴儿夭折葬在螃蟹山的尾巴之处，不立石碑。螃蟹山的余脉上也分散有几块坟地，这些坟墓虽不位于螃蟹山上，但也要遵循一个规则：不能在主山脉上刨坟，据说主山脉气势太凶，死者无法驾驭，反而会给后代带来不利。

相思屯的墓地多以家族为单位集中成片，除非墓地周围没有土地，才会考虑选择其他地方，认为"生前家族兄弟房屋并排相连，住在一起，死后家族坟墓也要葬在一块，在下面家人之间互相有个照应"。同辈人或者夫妻的坟墓并肩而立，不同辈则前后排列。在过去，碑文上不雕刻已殁者的姓名，只刻上其儿子的名字。寨里的梁姓与薛姓老人过世后不能埋在潘氏老坟山上，他们另寻其地方埋葬死者。

3. 平寨屯、陡寨屯墓地

平寨屯和陡寨屯没有明显的聚族而葬的习俗，墓穴的选择由鬼师推算，不同的姓氏可以葬在一起。平寨屯有四个墓地，分布在陡寨屯的东面。罗家有一块墓地，位于葫芦地形最东边的枫树林，这里的墓碑不多；石家有一块墓地，位于葫芦地形中心地带的枫树林，距居民区大约两百米，大概有几十个墓碑；在居民区和耕作区的后山有两块相邻的大型墓地，每一处都有两百座左右的墓碑；位于东边的一块墓地是石、罗两姓共有，大概位于葫芦地形偏北部的一片枫树林中；还有一块是石、罗、李三个姓氏共有的，与石罗两姓的墓地相邻，位于其西边。其中一片墓区是平寨屯李姓祖先从平寨罗姓处购买，在墓区的四个角上各竖着一块刻有"界"字的石头，规定除了李姓可以在该墓区埋葬外，不允许别的姓氏埋葬在该地。除此之外，其他墓区没有明确的界限，各姓氏坟墓杂处该地。

表五—1　车寨村公共建筑统计

村寨	鼓楼	萨坛	桥梁	戏台	土地公	寨门	古井	蓄水池	码头	合计
寨明屯		1	3	1	3		4	2	2	16
相思屯							3	2	1	6
平寨屯	1	1			3	1	2	2	2	12
陡寨屯										

六、村落的外部结构

（一）村外及周边的田地布局

车寨村的四个自然屯沿榕江呈葫芦形分布（图六—1），其中寨明屯位于邻近321国道的一座小山上，朝向榕江，与相思屯隔江而望，沿着321国道往西北与石碑村毗邻，顺着国道东南方向便是平寨屯和陡寨屯，过平、陡寨屯大约十几分钟的车程即到梅林乡。翻过相思屯背后的山

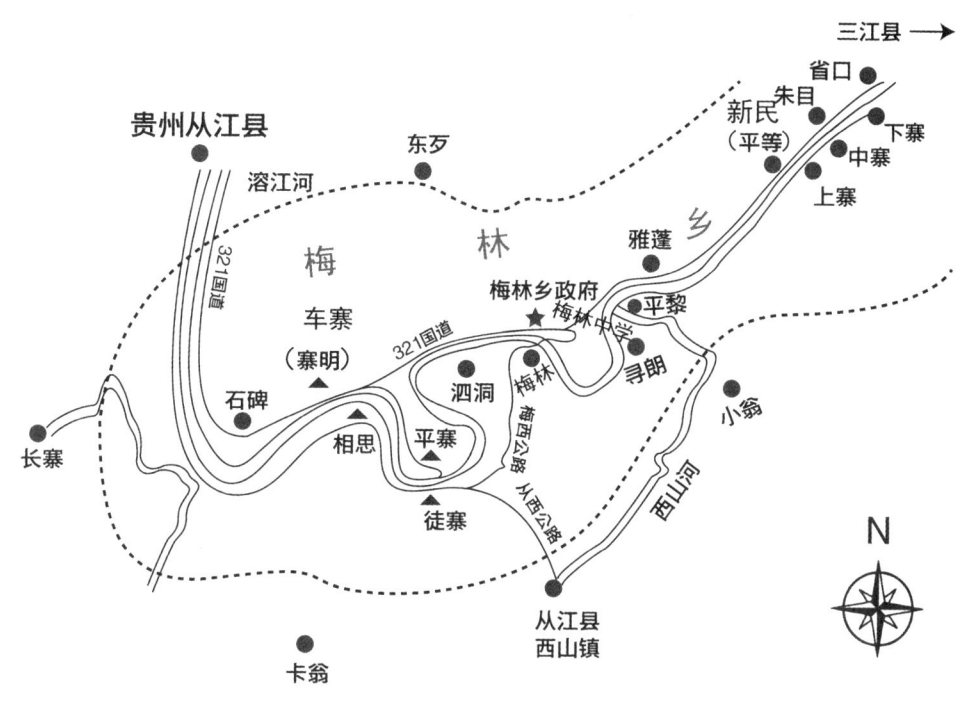

图六—1 车寨村的外部空间图

便是贵州省的西山镇地界,平时村民也去西山镇赶圩。国道开通后,车寨村民经十几分钟的车程即可到达贵州从江县城,该县城也成为车寨村民主要的贸易场所。

1. 田地

车寨村的寨明屯背山面水,周围多山,田地主要分布在两条小溪流经的区域(即主要分布在井六山和已达山),当地人称为贵水溪和贵合溪。小溪从与贵州省的交界山班响列发源,注入榕江,农田主要以此为灌溉水源。

相思屯南枕高山,北依榕江,可开垦的平地有限,耕地面积较少。田地主要分布在榕江南岸的平缓坡地中,村民还将平缓的山谷开辟为梯田,种植茶叶与油茶树。相思屯的田地分为两大块,即东面的井厚田与西边的上平田。相思屯的田地以稻作为主,经济作物仅种植少量茶树。

榕江不仅给平寨带来了滩头地,还分开了平、陡寨屯。平、陡寨屯的水田主要分布在陡寨屯,旱地在平寨屯。陡寨屯地势陡,且水源丰富,适合开垦梯田,平寨屯相对陡寨屯而言,地势平坦且临江,但是在过去没有抽水设施,所以没有被开垦成水田,同时也因为平寨屯的土壤适合种植蔬菜,所以当地村民也因地制宜开展蔬菜种植。总体而言,平、陡寨屯的水田在陡寨的东南方向和西南方向为多,耕地则集中在平寨的东南方向。

2. 林地

车寨村的山林多为杉树和松树等高大的树种,主要分布在村落两边的高山之上。一般来说，山脚、山腰的梯田里多种茶树、油茶树等植株较小的树种，山腰之上则主要栽种杉树等高大树木。村里的山林一般为个人或家庭所有，自家的山林主要栽种杉树、松树，也会种植少量茶油树，茶油树所产茶油一般自己食用。

3. 其他用地

车寨村各自然屯的墓地主要分布在寨子居住区的外围，墓葬区的位置是由风水先生看好的，不可随意更改。在村落居住区的外缘，新修建的从江至柳州公路两侧，近年还开设了一些加工厂或养殖场，如养猪场、茶叶厂[①]、砖厂和瓦厂等。

（二）村外的道路及交通网络

旧时，车寨村的对外交通主要依靠水路和陆路两种，水路为主。现在水运早已没落，对外交通主要依靠榕江北岸的321国道和从江至柳州公路。321国道上有通往从江县、三江县、桂林市等各地的大巴、中巴，外出方便。

1. 公路

321国道修通后，方便了贵州从江县、广西三江县至柳州的交通，也大大缩短了车寨至三江县城的距离，现只需两个半小时。车寨村民外出打工（一般去广东），可直接到国道上拦车。还有一条贵州西山镇至从江的公路，该公路由贵州政府出资修建。陡寨部分土地被征用，征地补偿标准为旱地林地6000元一亩，农田18000元一亩，目前，陡寨还没有得到征地赔偿。修这条路之前，从江往来西山需要绕路35公里，而且多为山路，很不方便。现在，路修好后路程大大缩短，仅18.5公里，方便了贵州从江、西山和广西柳州的联系。2009年开始修建，修路进程缓慢，至今仍未完工。

2. 水路

过去车寨对外交通主要靠水运，长寨河、滚朗河在石碑村交汇，纷纷汇入榕江（图六—2），木排从这两条小河顺流而下，到石碑中转入榕江而下。榕江水运便利，自古是黄金水道，天然的水运优势为出行提供了极大的方便。在321国道未开通之前，村民乘船去三江与从江赶集，出门远行也是通过水路至旧县治老堡、柳州，行程为一天的时间。利用水道运输木材等大宗货物远至梧州、广东等地，行程为期数月。

现在水运业衰微，榕江上的交通工具主要是小型渡船，供当地村民来往各屯之间使用；但是在5-6月发洪水时（一周左右），渡船就停了，河流汛期水深危险，在汛期村民很少出门，这给当地人出行带来了很大的不便。

---

① 有关这些养猪场、茶叶厂等厂房及产业情况将一并在生业与经济部分描述。

图六—2 车寨村外长寨河、滚朗河、榕江河三河交界

3. 乡间小路

车寨村的四个自然屯都有乡间小路通往田地以方便劳作。寨子通往田地的小路边都建有草棚，主要用来堆放草料、肥料，现在多数已经废弃。田地里通常搭建有凉亭，供耕田劳作时休息。人们烧柴一般用密椎（分红椎、白椎），从山里砍伐树木后，堆放在通往山上的小路边，等柴火放干以后再挑回家里堆放。

（三）本村与周边村落的交往和社会关系

1. 周边村落的分布概况

车寨村四邻石碑村、贵州从江县城、平寨屯东北边的泗洞村、梅林乡以及陡寨山背后的贵州西山镇。这些村镇大多沿江而建，在这些村落里聚居着侗族和苗族居民，村落面积与车寨村大体相同，车寨村与邻近的村落往来较为密切。

2. 周边村落的交往关系

车寨村与周边村落在生活、经济和文化上多有交流。各自然屯因地理位置和自然环境差异，在与周边村落交往关系的亲疏远近上也各不相同。寨明屯没有小学，小孩多去邻近的石碑小学读书；平寨、寨明屯的居民通常去梅林乡或从江县城购买日常所需；由于榕江阻隔，背靠西山镇的陡寨屯、榕江南岸的相思屯，购买日常所需多到西山镇，步行半个小时即可到达。

伴随经济交往的还有节庆仪式中的交流。每年的正月初八，陡寨屯与西山镇有对歌和芦笙会。平寨屯、寨明屯则是与从江县、梅林乡和富禄乡在节日文化上交流较多，比如，去从江参加斗牛节、芦笙节，到富禄参加"三月三"的花炮节等。寨明屯戏台前的广场上就有记录与从江居民文化交流的碑刻。石碑共有三块，一块无字，一块题有："自古只有友谊美，如今唯有团结亲。"一块题有："友谊长存，贵州省从江县丙妹镇大榕树村上寨赠，广西三江县梅林乡寨明屯留念，公元一九九三癸酉年春。"

3. 通婚圈

车寨村遵循内婚制，传统上村民不允许与外族通婚，否则会受到全寨的攻击与排挤。若是与外结亲，一般是与石碑、梅林等邻近村落，与外省通婚的极少。但最近十几年来，随着经济的发展，对外交流日益频繁，80后、90后的年轻人加入打工浪潮，与外界联系增多，也开始有一些与其他民族通婚的情况，且所占通婚比例日益增大。

表六—1 寨明屯通婚圈的调查数据

嫁娶\娘家	本寨		邻村		邻乡		本省和外省		总数	
	人	%	人	%	人	%	人	%	人	%
娶入	25	39	21	32	5	7	14	22	65	100
入赘	无		无		无		无			100

表六—2 平、陡寨屯通婚圈的调查数据

寨屯\地域	本寨	邻村	邻乡	省内、省外
平寨	85	3	5	18
陡寨	17	4	0	14

表六—3 相思屯通婚圈的调查数据

地域	本寨人/%	临村人/%	临乡人/%	本省/%	外省/%
嫁入	65%	21%	7%	5%	2%

4. 村外的集市与圩场概况

梅林乡属于省边境乡镇，距离贵州省从江县城只有8公里，而到三江县城却有98公里，车寨村民极少到三江县城购物。由于地理上的远近差异和321国道经过车寨村，村民赶圩地主要有西山镇圩、从江县城圩、梅林圩，还可以赶更远一点的富禄镇圩、贯洞圩、洛香圩。其中各圩期为：

梅林圩和洛香圩是农历每个月的初一、初六、十一、十六、二十一、二十六；

西山镇圩是农历每个月的初二、初七、十二、十七、二十二、二十七；

富禄镇圩是农历每个月的初五、初十、十五、二十、二十五、三十；

贯洞圩是农历每个月的初四、初九、十四、十九、二十四、二十九；

从江县圩是每个星期的星期天。

（1）梅林集市：前些年梅林十分繁华，是周围地区的大市场和物资集散地，贵州人都来梅林采购各种生活用品。自从江设为县城（县城之前位于融江）、321国道通车后，梅林中心市场的地位逐渐被代替，集市日渐衰落。

（2）贵州集市：车寨村民主要的赶圩地点是贵州从江县所辖的西山镇及贵州从江县城。西山镇与从江相比集市较小，但是西山镇集市的货物相对便宜，村民平常更愿意到西山赶集。西山镇的集市在早八点左右便有商家集聚，开始交易，下午一两点收摊。集市上主要贩卖一些日常农副产品，如瓜果蔬菜、家禽肉类，以及种子、肥料、树苗等。村民在集市上除了购买所需商品，还会把自己家种植的蔬菜、养殖的鱼虾、手工制造的服饰比如背带、花鞋等拿到市场去卖。

七、人群与社会组织

（一）人口及性别构成

车寨村由平寨、陡寨、相思和寨明四个自然屯组成，截至2013年12月份有505户，总人口2310人，其中各个寨屯的户数和人口分别是平寨115户500人、陡寨69户273人、寨明159户671人、相思162户839人。根据2013年车寨村村委会《农村牧渔业综合统计报表》，截至2013年12月份，全村男性人口1120人，女性人口1190人，其中全村劳动力（18岁至60岁）人口1178人，男女劳动力人口分别是590人和588人，而从事农业人数为635人。车寨村具体的人口、户数以及男女比例如下表：

表七—1[①]

梅林乡车寨村人口、户数、男女比例表				
总人口	户数	男性人口数	女性人口数	男女性别比
2310	505	1120	1190	94.12∶100

---

① 资料来源于2013年车寨村委会《农村牧渔业综合统计报表》。

从以上数据可以看出,至2013年12月份,全村的劳动力人口占总人口50%以上,劳动力的性别比均衡,人口流动稳定。在所从事的职业上,车寨村有一半以上的人口从事农业,但是随着市场经济的发展,越来越多的村民除了务农外,还从事着非农相关职业,年轻一代多外出打工,回来继承祖辈务农的可能性大大降低。男女性别比为94.12:100,车寨村的性别比是比较合理的,人口的增长在性别上呈现一种平衡的态势。

(二)个体与家庭

1. 性别偏好

从车寨村委的人口登记表上统计出,20世纪50—70年代出生的人口,一般家庭的人均子女数是6-8个;70-80年代出生的人口,一般家庭的人均子女数为3-5个;80-90年代,人均子女数则多降低到3-4个;90年代至今,一般家庭生育的子女数为2个。受到国家计划生育政策和市场经济等多方面的影响,车寨村民的生育观念也跟随时代大环境而变化。

车寨村盛行"不落夫家"的嫁娶婚俗,有着男子继承香火的观念,很少有招婿上门的情况,男子上门被当地的民众认为是一种很"没面子"、没尊严的事情。传统上车寨村的各自然屯普遍寨内通婚,随着时代的变迁,车寨村的通婚范围逐渐扩大,嫁入车寨村的具体情况如表七—2:

表七—2①

寨名\地域	本寨	邻村	邻乡	省内及省外
平寨	85	3	5	18
陡寨	17	4	0	14
寨明	25	21	5	14
相思	20	14	4	20

车寨村以农业为主,是一个典型的河谷农业和半高山农业并存的农业村落。农业生活对男性劳动力的偏向显而易见,家庭的继替也是通过男性来完成。目前很多婚育夫妇只生两个孩子,但民众观念中的"重男轻女"思想是极为明显的,比如,少数人对女孩子还持一种"读书无用"论。

2. 家庭类型与分家

时代和社会不同,家庭的类型也有所差别。车寨侗族家庭类型主要有核心、主干、联合三

---

① 数据来源于2014年2月《车寨村户籍登记表》,单位:人。

种。车寨村的四个屯中三种家庭类型户数分别如表七—3：

表七—3

寨名 \ 类型	核心家庭	主干家庭	联合家庭
平寨	58（约占50.88%）	47（约占41.22%）	9（约占7.89%）
陡寨	35（约占63.63%）	14（约占25.45%）	6（约占10.90%）
寨明	84（约占51.85%）	49（约占30.25%）	29（约占17.90%）
相思	68（约占36.17%）	96（约占51.06%）	24（约占12.77%）

由上表可以发现，除了相思屯外，其他三个屯的核心家庭数占据最大比例，主干型次之，联合型比重较低。传统农业需要大量的人口，往往促使人们形成一个大的联合家庭；如今，在市场经济条件下，人们更愿意组成小而灵活的家庭形式，这也促使大量的核心家庭出现。现在整个车寨村的主干家庭居于次要地位，但比重还是不小，这也说明了农业经济在村寨经济中仍然占有重要地位。

在婚姻类型和观念当中，嫁娶婚俗、对男性的偏重都反映了车寨村是以父系血缘为纽带的村落。在家族继替上，女儿嫁出去后还可以从娘家那里得到一份属于自己的责任田。分家是家族扩大的一种内在途径，车寨村在分家与赡养老人上主要分三种情形。第一种情形，如有两个儿子，当两个儿子都成家后，家里所有财产一分为二。房屋的分配为两个儿子采取抽签方式，谁抽到入住老房子，就补贴给对方一点家产作为补偿。父母的养老问题则是一个儿子负责赡养一位老人。第二种情形，如果一家有三个或三个以上的儿子，当其中两个儿子成家后，便开始平均分配财产与田地，两个老人也参与分配，占一份份额，兄弟之间分配房屋间数，客厅公用，老人选择跟哪个儿子住在一起，就把自己那一份财产交给那个儿子，其他儿子不得有异议，由所选儿子负责老人的养老送终问题。第三种情形，如果家庭没有儿子，那么老人可以选择一女儿女婿继承自己的家产与田地，为自己养老寻找依靠。

目前，车寨村民几乎都参加了养老保险，只要每人每年交100元，缴足15年，60岁以后就可以开始领取养老金。当前，领取的养老保险由最初每人每月55元增加到每人每月75元，合计每人每年900元。

（三）家族与姓氏

车寨村总共有十一个姓氏，其中平寨有石、罗两个姓氏；陡寨有李、罗、梁、陈等七个姓氏；寨明有潘、谢、吴、陆、罗五个姓氏；相思有潘、薛、梁三个姓氏。具体如下表：

表七—4

寨名	姓氏	户数（户）	人口数（人）
平寨	石	58	244
	罗	57	256
陡寨	李	8	39
	罗	3	10
	梁	5	25
	陈	2	9
	韦	3	9
	吴	2	6
	石	46	180
寨明	潘	143	604
	谢	6	25
	吴	1	5
	陆	3	12
	罗	6	25
相思	潘	185	825
	薛	2	8
	梁	1	6

从表格中可以看到，在车寨村的四个自然屯中，陡寨屯的姓氏最多，但是人口最少。其他三个寨子姓氏少，人口数量都远多于陡寨屯。据调查了解到，平寨的石姓与罗姓，目前有五个和四个家族；陡寨除了石姓跟平寨一样、李姓有两个家族外，其他姓氏都是各一个家族；寨明潘姓有祖上传下的三个"公"的家族，谢、吴、陆、罗也都分别只有一个家族；相思潘姓是从寨明搬迁过去的，目前有六个家族，薛、梁两个姓氏也各有一个家族。

车寨村家族内部有相互帮衬的传统。例如，房屋建造帮工，先找自家的同族兄弟来帮忙，其次才会选择姻亲。除此之外，清明节时车寨村的各个家族都有集体祭祖的习俗，祖先成为一个家族共同的记忆。其他节日时家族内部和各个家族、姓氏之间也要相互宴请。各种节庆与仪式活动都需要家族相互合作，否则难以办成。

（四）命名方式与亲属称谓

车寨村老一辈男性名字多是"潘老×"结构，因为在侗语发音"lao"是"哥哥"的意思，年纪较长，比如"bulao"就是大伯的意思；老一辈女性名字多是"潘培×"结构，侗语发音"pei"是"姐姐"的意思。以前村民只有一个姓，一个名，名多为单字，由外婆起名，很随意，后来为了响应上级号召，统一添加一个字"lao""pei"（汉字写为老、培），所以在侗族地区常见这种姓名结构，都是老年人的姓名。在亲属称谓中，妈妈的侗语发音是"nai"，爸爸的侗语发音是"bu"，在未结婚生子之前，他人都是称呼外婆所起的本名，一旦为人父母，称呼立即发生改变，多是借用长子女的姓名为依据。比如，奶（乃）××，意为"××的母亲"；卜（甫）××，意为"××的父亲"。一旦成为爷爷奶奶，称呼又一次发生改变，奶奶的发音是"sa"，萨××意为"××的奶奶"；爷爷的发音是"gong"，公××意为"××的爷爷"。车寨村民一生的称呼随着自己身份的变化而变化。

（五）语言与文字

车寨村居民以侗族占绝大多数，语言属侗语南部方言第二土语区。村内人日常交流时使用侗语，西南官话被村民作为第二语言，普通话只有跟外省人进行交流时才会使用。车寨村村民会侗语、西南官话和普通话的大约有70%；只会侗语和西南官话的约20%；而只会说侗语和普通话的约5%–10%。

1956年国家组织专业人员对侗族语言进行调查后，以南部方言为基础，以贵州榕江县章鲁话为标准语音，用拉丁字母为文字符号创造了侗文。在整个车寨村，只有平寨小学的两个老师曾经被派到侗语培训班学习过15天，而这两位老师也反映，由于难以推广开来，在生活中并未使用侗文。村民在记录侗语时，会使用汉字的近音字来表示，对侗文并不了解。如今，村民记录侗戏和侗歌的时候还是使用汉字中的近音字。在村寨中相关公告、建筑、石刻上，都没发现使用侗文的情况。

（六）医疗、卫生与教育

1. 医疗

侗语里称"侗医"为"常根"，侗族医药有"单方"和"双方"两种，即治病只用一味或者两味草药。车寨村民普遍认为"山上百草都是药"。当地也用一些偏方来治疗日常疾病，比如拿八角莲可以治蛇伤；在新生儿中常见的黄疸病，就用当地产的鱼香草来治疗；威灵仙草可以治疗风湿。很多村民都会拔罐和刮痧，其中刮痧包括刮水痧、刮油痧和刮羊毛痧等。

中年以上的村民所理解的"侗医"就是鬼师。鬼师懂得一些治病的方法和用药，此外还会通过巫术来"治病"。但找鬼师来治病并不是村民的首选，通常情况下遇到医院无法救治或者其他无法解释的突发情况才会找鬼师。比如人没有征兆地病倒，走路乏力或者精神不振时，人们才会认为是由恶鬼所致，请鬼师作法治病。

车寨村村诊所设在相思屯，只有一名乡村医生。医生叫潘云，他在家中开起诊所，政府为其配备了平板电脑，村民看一些小病就到他家就诊。在2005年，陡寨屯的一个姓石的赤脚医生搬到平寨，据说是因为房屋的地基不好，先后克死了一个小儿子和一个大女儿，才不得不搬到平寨的。他于2012年过世后，平寨和陡寨就没有赤脚医生。村民通常会到梅林乡医院或者到西乡镇或石碑的诊所看病。目前，平寨屯有95%的家庭参加了农村合作医疗，陡寨屯有55户参加了农村合作医疗，相思屯村民全部都参加了新农村合作医疗。在三江县内看病可报销85%，而去贵州从江县城看病则只报销65%，但是人们觉得去贵州从江县城更为方便。

在小病痛上，人们一般选择西医或者中医的"食疗"来处理，比如跌打扭伤，人们会首先考虑到中医，只有很严重的需要动手术的病症才会选择西医；而对西医无法治愈的疑难杂症或者其他西医效果不好的病就会选择中医。突发情况或者是西医和中医都无法治疗病症的则会选择"巫医"。

2. **卫生**

车寨村卫生建设围绕着广西提出的"城乡清洁工程"来进行。从1999年开始，车寨村开始建造沼气池；2001年，乡政府给建造沼气池的农户提供沼气炉、通气管等配件；2002年，除了提供配件外，还给愿意修建沼气池的农户送20包水泥；2004年后，乡政府给农户补助厕所改造资金400元，现在增加到800元。

沼气池直径约3.2米，高约2米，占地约20平方米，分别由发酵层、水层、气层、进料口和出料口组成。农户通过进料管道把人、猪的粪便和尿液排到沼气池的发酵层，粪便通过发酵产生甲烷等气体，气体在水压的作用下经过气层和管道通往沼气炉。沼气池的建造，不仅为农户提供了燃料，而且还美化了环境，改变了人们的一些不卫生行为和观念。经过发酵后的沼气渣可以用作肥料，更重要的是，人们不再乱堆粪便，蚊虫滋生的现象也减少了。

近年来，广西壮族自治区政府提出"城乡清洁工程"建设。2008年，平寨屯率先要求村民把生活垃圾集中起来，然后运到焚烧池进行焚烧处理。由于焚烧带来二次污染，从2013年开始，梅林乡政府给整个车寨村配发了垃圾桶，并且每两天派车到村里的各个寨屯把垃圾运到外面集中掩埋处理。此外，每个寨屯有两个到四个保洁员和消防管理员，消防管理员和保洁员每个月可领到450元和200元工资。

3. **教育**

整个车寨村有两所小学，一所在平寨屯，一所在相思屯。平寨屯和陡寨屯的小孩在平寨小学上学；相思屯的小孩在相思小学上学；寨明屯的小孩到临近的石碑小学就读。目前平寨小学只有三名老师，都是本寨人，其中一位是临时聘请的；相思小学有三名教师，其中两位老师是相思屯人，另外一位老师是平寨人，都有编制。由于师资不足、自然环境限制，这两所小学实行隔年招生，学校只设置到五年级。学生在五年级后统一到梅林乡小学就读，寄宿学校，每周由梅林乡小学校车接送。梅林乡有梅林中学，全校大约有300人，其中初一有三个班、初二两个班、初三两个班。教学资源的不足，长期影响了车寨村整体的受教育水平，村民的文化程度整体较为低下，具体如表七—5：

表七—5

教育寨名	学前儿童	小学	初中	高中/中专	大学/大专	文盲/半文盲
平寨	63	200	158	25	6	34
陡寨	38	86	77	20	7	45
寨明	100	362	84	22	21	82
相思	86	149	163	21	16	411

（2014年4月数据）

从数据统计来看，车寨村小学文化和文盲、半文盲人口就占了一半以上，初中文化程度人口也较少，高中以上文化程度人口所占的比重极少。小学文化和文盲、半文盲主要是中老年群体和小学生；初中文化程度主要是青年群体和在读学生；高中以上的是个别学习出众、在20世纪80、90年代初出生的人。调查中发现，20世纪80年代之前，当地民众对文化教育重视程度不够，加上环境和条件差，很多人只接受小学教育甚至无法上学，整体而言男性的文化水平要比女性高。80年代后，重男轻女的观念有所转变，女性受教育人数逐渐上升，同时受时代的影响，人们也开始重视教育，特别是"文化大革命"结束后，接受完整九年义务教育的人数慢慢增加。改革开放后，随着市场经济的深入，如今的父母越来越重视孩子的教育质量和环境。

车寨村农家书屋在村委办公楼的一楼，书屋桌凳设施齐全，图书主要由县里统一配送。书屋的图书分书籍类与光盘类，而书籍类又按小说类、养殖类、政治经济类等分类。育儿、药用蔬菜种植等应用类书籍借阅较多，而文学作品类书籍借阅人数则寥寥无几。其中妇女借育儿、种瓜果蔬菜类的书居多；青少年则借关于典故、字典、中小学满分作文之类的学习书本；中年人一般借阅关于致富路、养猪养鱼、种植大棚蔬菜等各技术技能的书刊；老年人则喜欢借阅一些关于药膳、刮痧医疗、药谱等养生的书籍。尽管书屋图书种类多，但因为村寨文盲、半文盲的人多，再加上村民忙于农事活动，所以也鲜有人过来翻看。

（七）社会组织与管理

车寨村的每个寨屯都有老年协会，会长相当于传统上的寨老，但不再是寨子的权力中心。尽管如此，老年协会对整个寨子仍有极大的影响力。比如，上级的相关文件精神指示会先经过老年协会的商讨再传达到村民，寨里的某些公共事务也先要经过老年协会的同意才由老年协会组织寨民实行。寨中热心的、公正的、口碑较好、热爱公益事业的老人才有资格当选老年协会的成员。老年协会的职责是负责寨子里的公益性事业，协助村委会修路、修码头、传达上级消息、宣传某项政策，帮忙村里的红白喜事，解决土地与林业纠纷、婚姻纠纷，维护本寨的社会治安。老年协会曾经在寨子里扮演过重要的角色，也为本寨做出了重大的贡献。如今的村规民约也是由村委会与老年协会协商议定，共九条，涉及村落清洁、环境保护等内容（图七—1）。

除各自然屯的老年协会外，车寨村委会是维护车寨村生活秩序的最重要的政府组织机构。目前，相思屯有老支书、妇女主任；寨明屯有主任、计生专干；平、陡寨屯有支书、主任。村委会的组织原则是每个自然屯至少要设有一名村干部，方便开展工作。

图七—1　车寨村平寨屯村规民约

八、生业与经济结构

（一）生计方式和经济结构

车寨村民的生活方式与生计方式还保留着比较浓厚的侗族特色，整个村寨主要还是依靠农业，其中以糯稻种植为主，近些年发展大棚蔬菜、茶叶种植、黑猪养殖、稻田养鱼等产业以增加经济收入。但对于年轻人来说，外出打工是挣钱的最佳途径。当前，村里外出打工的主要是18岁到35岁这一年龄阶段的人，其中大约90%选择去东莞、深圳。据统计，外出打工的人口占总人口的35%-40%。

1. 平寨大棚蔬菜

平寨地势平缓且为旱地，土壤和气候条件优越，比较适合种植蔬菜，素有"三江小平原""蔬菜之屯"和柳州市"菜篮子"的美称。平寨从1999年开始搞大棚反季节蔬菜种植，经过多年的引导和政府的扶持，到现在有30户参与到大棚蔬菜合作社中，已经建有76个蔬菜塑料大棚。平寨的大棚反季节蔬菜经过15年的发展已初步形成规模，主要还是以家庭为单位的个体生产，亩产值3万-4万元。目前，平寨的蔬菜种植面积有200亩，大棚蔬菜地占35亩，其余的165亩为露天蔬菜地，大棚蔬菜年总产值达100多万元。在种植上，农历二月份种黄瓜、露天辣椒、玉米、茄子和西红柿；三月份种花生、辣椒；六月份种露天和大棚小白菜；八九月份种和收小白菜；十月份到来年二月份之间大棚培育辣椒苗，具体如表八—1：

表八—1

种类	黄瓜	辣椒	豆角	玉米	茄子	西红柿	花生	小白菜	辣椒苗
种植时间	二月	二月、三月	二月	二月	二月	二月	三月	六、七、八月	十月至来年二月
亩产量	5000斤左右	3000斤左右	3000斤左右	1500-2000斤	4000-5000斤	8000斤左右	400斤	2000斤左右	-
价格	1.5-2元/斤	2-2.5元/斤	2元/斤	2元/斤	2-2.5元/斤	1.5-2元/斤	-	3-4元/斤	-

（注：花生主要用作自家消费，不算是经济作物；辣椒苗数量无法统计，价格波动大，且按照棵数价格来出售。）

2. 相思屯茶叶合作社

相思屯地势较为平坦，气候温暖湿润，极为适合茶叶种植。由于得天独厚的气候条件，相思茶叶的生产时间比一般的茶叶要早半个多月，所产茶叶色泽绿润，香高持久，滋味浓郁，素有"三江第一春,相思第一早"的美称。梅林乡是三江县的茶叶后起之乡,主要以"乌牛早、安吉白茶、龙井长叶"等绿茶为主,近年来梅林乡大力发展茶叶产业,茶园面积2014年增加到100亩。车寨村妇女主任潘爱珍采用"公司+基地+农户"的生产模式,在车寨村带动茶叶种植户100多户。这一模式为该乡实现茶叶产业化打下了坚实基础,带动不少村民脱贫致富。2012年上半年相思茶园茶叶总产值达250多万元。

随着茶叶种植规模的不断扩大,村民种植茶叶的积极性不断高涨,2012年8月20日,在乡党委、政府的大力支持下,以潘爱珍为理事的梅林乡相思生态茶叶合作社正式成立,全社共19人,如表八—2:

表八—2 相思屯茶叶种植图表

序号	姓名	种植面积	备注
1	潘爱珍	12亩	乌牛早
2	薛建中	12亩	乌牛早
3	潘老高	12亩	乌牛早
4	潘旺德	12亩	乌牛早
5	潘运华	5亩	乌牛早
6	潘文安	3亩	乌牛早
7	薛红斌	5亩	乌牛早
8	潘记良	1亩	乌牛早
9	潘甫让	3亩	乌牛早
10	潘建荣	5亩	乌牛早
11	潘甫新中	12亩	乌牛早
12	潘甫江艳	3亩	乌牛早
13	潘老年	2亩	乌牛早
14	潘文亮	3亩	安吉白茶
15	潘应中	1亩	安吉白茶
16	潘老所	3亩	安吉白茶
17	潘老德	1亩	安吉白茶
18	潘老新	2亩	安吉白茶
19	潘甫康	1亩	安吉白茶
总计		98亩	

3. 生态黑猪

车寨村民充分利用吊脚楼建筑一楼的空间发展畜牧业，黑猪养殖就是其中一项重要措施。村民一般都采用自繁自养方式，由于饲养的数量较少，加上黑猪本身抗病力较强，猪食就采用农家的粗食，这样既减少了饲养的成本，又使得饲养的猪肉保持着原生态的味道。

在相思屯与陡寨屯之间有一养猪场，养猪场内有4名员工，黑猪白猪总共有280头，4个沼气池，占地1300平方米。政府补贴50000元建设养猪场，2012年每头母猪补贴100元。猪场里主要饲养普通白猪和当地特色的黑/香猪，主要销售市场在广西梅林、贵州从江县城与西山镇，普通白猪肉一般在夏季卖得多，7—8元一斤，特色黑猪肉在秋冬季节卖得多，12-13元一斤。一般过年过节走亲戚都是送特色黑/香猪肉。猪饲料主要是0.6元一斤的米糠。目前猪场养殖白猪、黑猪与杂交猪三个品种，黑猪是特色品种也是猪场的招牌，因为黑猪市场价格高、销路广且疾病抵抗力强、繁殖力强，"好养，低成本，高回报"。在养殖过程中，夏季与秋季采取放养的方式，把黑猪赶到山头，让其自行觅食。

除了平寨的大棚蔬菜、相思屯的茶叶合作社和黑猪养殖场比较突出外，油茶、杉木、杨梅也是车寨村民的经济作物。由于杉木的生长周期需要二十年左右，且每家每户的种植面积不多，所以杉木很难形成大规模种植与买卖。

4. 稻田养鱼与榕江捕鱼

车寨村民有句俗话说："鱼大十八天，人大十八年，女大十八变。"禾花鱼是侗族人喜爱的食物，稻田养殖禾花鱼也是车寨村民的一种传统的生计方式。三月开始挖田的时候就把小鱼苗放在水田里专门为其挖的一个一尺深左右的积水坑内，先养半个月左右的时间，鱼苗长成之后就可以分散到各处的水田放养了。农家肥、水草腐化、土质里的化学元素都可以作为鱼的养料。清明时期放养的鱼苗，立秋后就可以长到二三两重，到霜降后，鱼儿就长到半斤左右了。村民会在收获的季节把禾花鱼做成腌鱼、酸鱼或者干鱼，除了自己食用，还拿到市场去卖。

除去稻田养鱼，临江而建的车寨村有着更便利的自然优势，各个寨屯的村民靠江吃江，在榕江捕鱼捞虾，形成了"二月吃虾米，九月吃鲤鱼"的习俗。榕江车寨段的鱼量和种类较少，但盛产虾米。每到农历二月，每个寨屯都会有村民夜里驾着自家的小船到下游段，用灯光吸引虾米聚集，然后用网捞把虾米捞起。此外，村民在日常生活中也会放网捕捉鲶鱼或者其他小鱼（图八—1）。放网捕鱼通常选择在傍晚，村民驾驶小船在江里放网，第二天或者隔两三天收网。渔网有网帘、网套两种。网帘主要横放在江中央，用泡沫和绳子固定在水面，鱼游动触网被缠住无法挣脱，收网的时候拉起绳子就可以收获；网套主要放在江边浅水区，用来捕捉小鱼，两三天收一次网。尽管渔网对捕鱼者而言是重要的工具，但车寨村所用的渔网都是从市场购买的，数量较少，这说明捕鱼对车寨村的村民而言只是一种"副业"。

图八—1　江中放网

（二）农业种植业

水稻是车寨村主要的农业，一年种植一季，通常在农历四五月份播种，八九月收割。在这一过程中继承了传统的劳作安排习惯，具体而言每个月份都有相应的农事安排。

表八—3　平寨屯农事安排表

一月	大棚作物管理、春耕备耕、春蔬下种
二月	秧田备耕、春种（玉米、辣椒和黄瓜）、采收春茶
三月	播粳米谷种、农田备耕、春菜种植（花生、生姜等）
四月	播糯米谷种、插粳米秧、春蔬采收
五月	稻田管理、春玉米采收、反季节小白菜备耕
六月	稻田管理、反季节蔬菜种植、茶叶地管理
七月	稻田管理、反季节蔬菜种植
八月	收割粳米稻谷、反季节蔬菜种植
九月	收割糯米稻谷、反季节蔬菜种植、秋菜播种
十月	收割糯米稻谷、秋菜种植、大棚冬季育苗、冬种备耕（绿肥、茶叶）
十一月	大棚育苗移植、冬种、山林管理
十二月	大棚管理、茶叶种植

其他三个寨屯因条件限制，无法像平寨屯一样搞大棚蔬菜种植，除了水稻种植外，经济作物的种植比较简单，只有杉木、茶油和茶叶。除平寨屯外，其他三个自然屯的农业生产安排周期如下表（表八—4）：

表八—4　寨明、相思、陡寨农事安排表

一月	准备春节
二月	挖地，种花生、玉米、杉木，采春茶
三、四月	挖田（修田埂）、耙田、清明后下秧、补种杉树
五月	插糯米秧、施肥
六月	耘田、打农药
七、八月	收粳米稻谷、下菜种、种菜
九月	收糯米稻谷
十月	给杉树除草、采茶油仔、柑橘
十一、十二月	农闲，外出到从江县城、西山镇打工

图八—2　禾剪

在车寨村，传统农业生产的主要工具有牛、犁、耙、禾剪、锄头、镰刀、柴刀等，随着生产力的进步，耙田机取代了耕牛成为当地人最重要的农业生产工具。耙田机分小型和中型两种，小型的以汽油机为动力，价格2000元左右；中型的以柴油机为动力，价格3000元左右。耙田机长约1.5米，宽约0.6米，带齿的铁轮作为其轮子，除此之外跟手扶拖拉机相似。梯田宽度小，只能选用中小型的耙田机。车寨村受自然条件限制，在收割稻谷的时候还是要按照传统的方法用人工一穗一穗剪下来。禾剪是收割稻谷的主要工具，主要由刀片和手柄组成，刀片口弯形锋利，长约4厘米，宽约3厘米，手柄是一段长约7厘米、直径约1厘米的竹子（图八—2）。

（三）林业、畜牧业

在20世纪60、70年代，车寨村山上的林地归集体所有，每隔几年砍伐一次，砍伐时间为8月，那时村子里的几十个男性上山伐林两个月，砍伐树木达一千多棵，放排十几张，每张排由一百多棵木头组成，木排沿榕江运输到富禄林业站，所得木材费大家按照工分来分配。从1980

年开始各个寨子分田到户，1982年分林地到户，山地由各户自己管理、种植与砍伐。

1980年分山地时，每人可得4-5亩地，自己种植杉树幼苗；2013年将最后一块公共山林分配给各户，每家分得20-30棵杉树，平均每人获得几分山地。杉林由家庭或个人所有，实行开放式管理，自伐自种。相对于农业，杉林的投资较少，也不需要太多劳动力，幼苗栽培前三年中，每一年只需在冬季的时候把杂草除掉，避免杂草吸收土壤的肥力，不利于树苗成长，到第四年，树苗已长成熟，以后就不需要人力除草。此外，杉林无需投资肥料、农药，而且每年都在升值，所以杉林是村民的"宠儿"。木材的卖价一立方不少于1200元。

在耙田机进入车寨村之前，牛是车寨耕田的得力助手，也是家庭的重要财富。在改用耙田机之前，平均每家有三四头牛，如今村里的牛已经卖了九成以上，养牛的家庭屈指可数。按照车寨传统，老人八十岁以上高龄去世后家里要宰牛给老人家办白喜事，并用牛肉款待吊唁的亲属。相比养牛，养猪受到的影响相对较小。现在几乎每家都养猪，但数量不多，只养两三头，一方面沼气池需要猪粪做原料，另一方面过年过节办事也需要猪肉，养猪既可以满足生活需要，也可以卖掉增加一点收入。村民还养殖鸡鸭，但数量也不会很多，主要是供自家消费。

（四）商业和消费

在车寨村的四个自然屯中，陡寨屯有两家小卖部。一家位于陡寨的聚落中心，前面是一小块平地，是村民主要的娱乐聚集场所。由于位置好，小卖部的平均日收入可以达到300元，年前和年后两个月的收入比起往常月份更是翻倍。小卖部销售的商品主要是一些零食和白糖、烟、啤酒、散装米酒、食用盐等。陡寨屯离贵州省从江县西山镇比较近，小卖部的货物主要是从西山镇批发部进货。从江县城也是第二个进货地，店里散装的米酒是从从江城进的货，每次大约100斤。另外一家小卖部在2014年2月份开张，位于寨屯的边缘，由于当时还没有营业执照，小卖部规模比较小。

相思屯一共有九家小卖部，老寨有五家，新寨有四家，进货渠道主要是从江县城。小卖部货物一般卖给本寨人，主要有日常生活用品、零食、啤酒，有时候也会买些鱼和猪肉来卖。

寨明屯共有四家小卖部，分布在寨明屯的主干道大吉路、寨汤路和屯机耕路边。小卖部分布遵循就近原则，服务周边居民，主要销售日常用品，通常是从从江进货过来销售。

平寨屯有四家小卖部，一家在渡口旁边，其他三家在鼓楼周围，和其他寨子的小卖部一样，主要从从江县进货，向村民销售一些生活用品。总的来说，四个寨子的小卖部都是大同小异的。

改革开放以来，车寨村民与外界的联系日益密切，在这个过程中，当地村民的一些食品选择也日益丰富起来，比如北方的面包、蛋糕、牛奶、发糕也被从江县的小贩运到这里叫卖，新鲜猪肉、蔬菜逐渐成为日常食物。

随着经济条件的改善,车寨村出现了许多现代生活用具和电器,诸如电视机、电冰箱、洗衣机、饮水机、手机等已经成为大多数人的生活必需品。仅就陡寨屯而言,拥有摩托车的家庭已经达到80%-90%。传统的嫁娶彩礼也发生了变化,现在女方的陪嫁通常要包括一副高柜、一台电视机、一台电冰箱、一台洗衣机、一辆摩托车等新式家用物品。

九、生活方式与风俗

(一)民族服饰

1. 传统服饰

(1)男性服饰

车寨侗族传统男性服饰用侗布制作而成,以黑色为主,在衣领、袖口、裤腿等处绣有少量的花样。侗族男性一般不用银饰,以侗布裹头。上衣有单衣和棉衣之分,均为对襟窄袖唐装样式,有内外两层,一般有七对布扣子,里层白色,外层黑色或深紫红色(图九—1)。男性裤子为深黑色直筒样式,多穿黑色布鞋。逢盛大的节日,男性会着花样较多的传统服饰,腰围有刺绣图案的腰带。

图九—1 侗族男子服饰

(2)女性服饰

侗族女性的传统服装有黑色和深紫红色两种。黑色多为日常和劳作穿着,节日或婚嫁时多穿深紫红色的服装。中老年妇女多穿黑色,年轻女孩多穿色彩较亮的深紫红色。女式侗服由上衣、肚兜、短裤、百褶裙和绑腿组成。黑色的女装一般在肚兜的领口、上衣领口、前襟和袖口处有绣花。新娘服装最为隆重和艳丽,脖子上要戴纯银制作的多层项圈,手上戴大小两对手镯,脚上要穿大红色布鞋,寓意步步高,鞋面刺有龙凤图案(图九—2)。

图九—2 侗族妇女服饰

（3）孩童服饰

侗族孩童有一种独特的服饰，当地人称之为"yi"，它是由一小块一小块的布块拼接起来的，先在每个布块上绣上各式花纹，如龙、凤与各种花卉等，然后把这些布块连在一起，做成类似披风的服饰，十分艳丽显眼（图九—3）。童帽上多插红花，颜色鲜丽、明亮。

2. 制作工艺

（1）布鞋（图九—4）

布鞋的制作主要分为做鞋底和鞋面两个部分。鞋底用20-30层的旧布叠加在一起，再用针线缝合，最底层是用二三层的新布。鞋面一共有五层布（绣花一层+外面一层+中间两层+里面一层），用浆糊粘在一起，两层布合二为一，手感变硬；以前是直接把糯米饭锤在布上，使其硬化。鞋面最外层用绸缎制作，鞋面通常是黑色、红色或者蓝色。一般年轻女孩穿红色的鞋面，上面常绣一些龙、花、鱼等图案；老年妇女穿黑色或蓝色的鞋面；男人则多穿黑色。

（2）侗布

侗布的制造过程十分复杂，首先把收获的棉花放在纺纱机上，纺成棉线。然后再用织布机，把线团织成白布。七八月份从田地里采摘一种能够染色的草本植物蓝靛，放在锅里水煮，添加石灰，煮好沉淀两三天之后，把黑色的染料倒入木桶里，此时可以把白布放入木桶里染色，加盐，一天染色数次，连续染一个月的时间，颜色才附着在布上，就得到了黑色的侗布。深紫红色的侗布是在黑色侗布的基础上，再用鸡冠菜一起蒸，布料晾干后就变成紫红色。紧接着把几十米长的侗布晾晒在河滩上或者一块空地上，把布折叠成几层的长方形，用木槌翻来覆去地在布上锤打，使其颜色更加光泽发亮，手感光滑、变软。

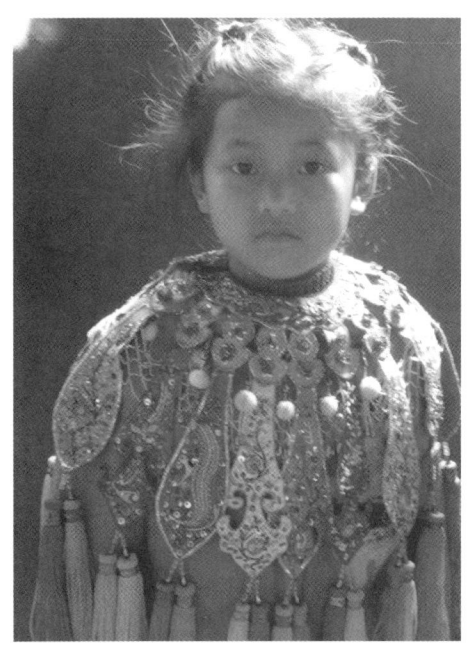

图九—3　侗族小孩服饰"yi"

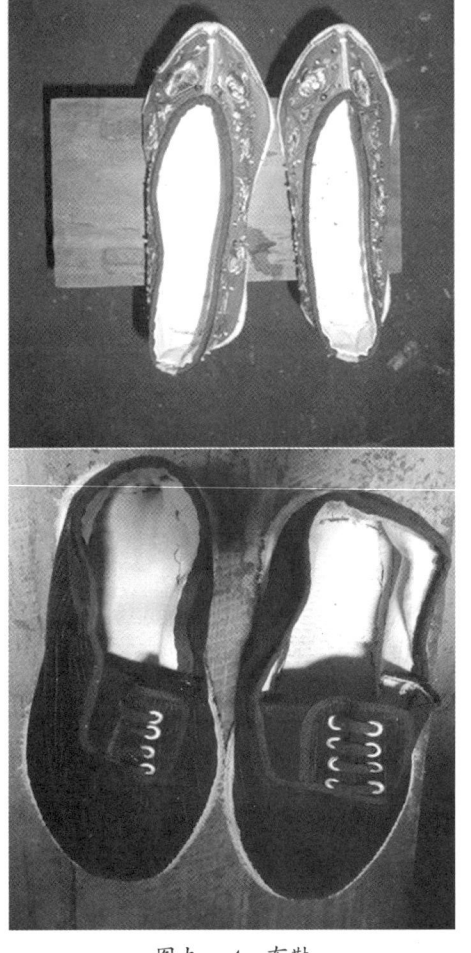

图九—4　布鞋

（3）百褶裙

做法一：把做百褶裙的土布，折成两半，然后从中间对折，一层叠一层，用手指压紧。折完后，再用针线把裙子的上下两端锁边，上面再缝一块宽6厘米左右的布做腰带，就可以把裙子系在身上。做法二：一件百褶裙有几百道褶子，这些均匀的褶子是用手折叠而成，然后用木板一层一层地压挤，使之定型，定型时间为一年。因此百褶裙的布质比较硬，容易弄坏。一件百褶裙是用十几块褶布拼接缝合而成。逢重大的节日，当地村民通常在穿百褶裙后，还要在腰上再围上一条以枚红色为主的丝质彩色腰带，在侧腰打结。

3. 装饰特点

孩童帽子上有蜻蜓、蝴蝶、南瓜与乌云等图案（图九—5）。女子饰品以银饰为主，一般是将头发扎成发髻，并插上几根银簪作为装饰。头上所插的针弹，当地人称为"gindan"，它是一种银质发簪，不仅起着装饰作用，走起路来，还会发出叮叮的声音，十分悦耳。银饰多为女子出嫁时从母亲那继承而来。有姐妹时，还须平分银饰。全套银饰包括银帽、银簪、银梳、耳坠、项圈、手镯和戒指。新娘出嫁时会戴上传家之宝"银项圈"，当地人称为"bai"，重达数十斤，由大圈与小圈两部分组成，一般大项圈有十圈，大概有八九斤重，小项圈有五圈，有七八斤重（图九—6）。银饰通常在盛装时佩戴，平时只是用发梳将头发盘起，或者用侗帕将头发包裹起来就可以了。

图九—5　小孩夏天的帽子（正反两面）

图九—6　银项圈

4. 传承现状

（1）传承困境

侗布制作过程繁杂，而且布料较硬，质地较厚，穿着不方便（图九—7）。平时只有村中的老人还保持穿侗衣、布鞋、肚兜、绑腿以及围头巾的习惯。除了重大节日，平日年轻一代穿着时尚，与汉族无异。值得一提的是，虽然车寨村民日常穿着与汉族无异，但村民每人必有一套传统

图九—7　织布机

服装。一般在结婚或盛大节日的时候，人们必须穿侗族传统的服饰。年轻人对制作侗衣的技艺已经很陌生，不管是布料的织成，还是绣花、裁剪等独特手艺都逐渐被遗忘。

（2）传承人

寨明屯有一位叫潘培许的中年女性，13岁开始跟着母亲学做女工，她技艺精湛，善绣龙凤、鸳鸯、花鸟，是寨子里数一数二的刺绣能手，村子里的人无不夸赞。邻村石碑村的人慕名而来买她做的鞋子，300元一双。

另有一位叫石培成的女性，相思屯人，2014年50岁，没有上过学，从12岁开始学习刺绣，没有人教授，自己比较感兴趣，常常看人家已经绣好的样品，自己慢慢模仿探索而成。在相思屯，一般人家结婚或生孩子后，会请她帮忙绣鞋、做衣服、绣背带（图九—8）。

图九—8　石培成亲手做的刺绣

（二）饮食习俗

1. 日常饮食

车寨主食以糯米饭为主，较少吃粳米。用餐时喜手抓糯米饭，极具民族特色。村民上山干农活一般也会带糯米饭。腌制酸品为常用菜，每餐必有酸，如酸菜、酸肉、酸鱼等。糯米饭不易消化，但是酸有助于消化，这也是侗族人爱吃酸的原因。饮酒以米酒为主，度数一般是20多度。辣酱蘸酱也是每餐的必备品。一天三餐的时间安排是：早饭10点左右，午饭是在14:00-15:00，晚饭时间是20:00-21:00。

2. 待客饮食

车寨村民热情好客，待客菜肴为具有侗族特色的酸鱼酸菜、"紫血"、生鱼片、油茶和牛瘪汤等。"紫血"是车寨待客的一道名菜，可以作为蘸酱，也可以作为正式菜肴。同时餐桌也必备酸鱼、酸肉。招待贵客的时候，一个家族一般会在一起吃饭。杨梅酒是招待客人的佳酿，酒味醇香而不浓烈，还略有甜味。一般喝酒的时候，有"换酒不换杯"的习俗，代表互不嫌弃，感情深厚，换杯时，酒要喝完。

3. 节日饮食

做春社的时候，每家会准备彩色糯米饭，一般都有三种颜色：黑、黄、白（图九—9）。黑色的糯米饭是用侗语称为"瓦扬冬"的一种叶子染成，黄色糯米饭则是用黄饭花所制。春社的时候按照习俗必须吃鸡蛋（图九—10）。在清明"挂青"的时候，请的客人越多越好，意为有面子。去挂青时，上山比较辛苦，会带着酒肉和糯米饭在墓地吃。六月六，吃粽子。六月初十，吃新米。寨明屯六月十五时要吃鸭子。八月十五的时候，寨子里一般会杀一头牛聚餐，也会去集市上买些月饼。过年时，要吃糍粑。

图九—9　春社时做的三色糯米饭

图九—10　春社节庆饭桌上的菜肴

4. 祭祀饮食

车寨每逢传统节日时按照惯例要在门前祭祖：香炉烧香，全家族祭拜，并摆上各种祭品，比如鸡、鱼、肉、酒、糯米饭等（图九—11）。腊月二十九晚上会摆上鱼、酒、肉祭祀祖先。大年三十的晚上，家里最年长的老人会用公鸡头在家里祭祖，意为把祖先接过来一起过新年。他们把各种祭品在香炉上绕一圈，以飨祖先，后辈才敢动筷，意为这些美味食物都受先人赐福，后代方能得福。六月十五的时候，寨明屯谢姓的长者会杀一只花鸭到谢家的土地公那里祭拜。

图九—11　祭品

5. 制作方法

紫血：在杀鸡、鸭等禽畜时，把其鲜血单独放出，加入芝麻、香菜等野菜和辣椒粉等各种香草料后，搅拌制成蘸酱。将鸡、鸭肉用白水煮沸切好，蘸着紫血吃，独具风味，极具侗家特色。

重阳酒：在九月九重阳节酿制。将煮熟的糯米饭放凉，加甜酒曲，天气热需置放一两天，天冷需放置三五天，散发出甜味后就放进酒坛里，加米酒密封发酵。通常最少要存放一年才可制成，其色泽是晶莹剔透的淡黄色，有甜味，口感好，但后劲大。重阳酒最久可以存放十年左右。

生鱼片：用田里的鲤鱼做成，首先把鱼鳞刮掉，去内脏，然后按照鱼刺的纹路，剔除鱼刺，把鱼肉切成丝状，放入茶油、酸菜、芝麻、辣椒、生姜、盐、味精与干橘皮等配料，搅拌后就可以食用了。

杨梅酒：杨梅酒味道酸甜，色泽清亮，呈红色，有点像葡萄酒的色泽（图九—12）。农历的四五月是野杨梅成熟的季节，野杨梅分青杨梅、红杨梅，土质不同，杨梅的酸甜程度也有差异。将采回家的野杨梅清洗干净，放高度米酒进去（30度以上的酒被认为是更好的），加入冰糖，放进坛子里密封，窖藏半年以上即可饮用。存放的时间越久，

图九—12　杨梅酒

杨梅酒的味道越纯正。

辣椒酱：首先将干的红辣椒放进油锅里炸，然后捞出来放入一个专用的盛辣椒的碗里，等辣椒散热冷了以后，加入盐，然后将辣椒捣碎，可放葱花或者香菜，还可以加入少量的味精。捣碎后，可以加入少量的热开水，或者是蔬菜汤，将辣椒拌匀即可食用。

图九—13　酸鱼

酸鱼：先将新鲜鱼破肚除内脏，切成块状或条状，再拿盐腌制，等到盐完全融化，再把糯米饭、辣椒、花椒放入鱼肚子里，加入适量的米酒。用一个小木桶装鱼，木桶的最下面一层撒上糯米饭，然后依次把鱼排放在木桶里，每层鱼之间都要撒上糯米饭。鱼放完后，最上面一层要撒上稍厚的糯米饭，再将竹叶皮盖在上面，最后用石头压住即可。酸鱼制作完成的时间不等，通常两三个月后美味的侗家风味酸鱼便可开罐即食，也可以放锅里用油煎炒后食用。有的人家密封两三年才拿出来食用（图九—13）。

百草汤：百草汤在当地也叫"牛瘪汤"，顾名思义，百草汤是用牛肚里残余的食物加上牛肚本身加工而成。百草汤这道菜略带苦味。每年中秋节，家家户户都会做百草汤。关于食用百草汤这道菜，当地人的说法是，牛之所以身体强壮，是因为吃了百草，"百草"就像"百药"一样，可以治各种病，所以喝百草汤可以强身健体。

（三）日常生活

1. 日常作息

车寨村民平时早上七点多起床，开始劳作，劳作到十点多，就回家收拾做早饭。早餐后，男性一般继续上山做农活，老人一般聚集在凉亭聊天，妇女有时候在家做女工。下午两三点吃中饭。吃过中饭，继续农忙。天黑时回家休息，看电视娱乐。待到八九点吃晚饭，晚饭是一天之中最丰盛的一餐。晚饭后有时候拉牛腿琴、听侗戏、唱侗歌、吹芦笙，或打牌、看电视闲聊。晚上十一点左右洗漱后便休息。

2. 日常娱乐

20世纪50年代以前的娱乐主要是行歌坐月、看侗戏、听牛腿琴歌等。60年代的主要娱乐活动增加了看电影一项，一般都是梅林乡政府组织到各寨按时放映《地道战》《白毛女》之类的电影。现在，孩童的日常娱乐除看电视外，就是一起玩耍游戏、跳绳、捉迷藏等。成年人则听侗戏、唱侗歌、吹芦笙，或看电视、打牌等。

（四）社会风俗

1. 行歌坐月

车寨村民男女婚恋有行歌坐月的风俗，当地人称作"坐妹"，是青年男女交友找对象的一种方式。行歌坐月的一般过程如下：青年男孩会拉着牛腿琴或是弹着琵琶在女孩的门外等候，双方对歌，然后进门开始唱情歌。一般唱到半夜的时候，如果对歌有感觉，彼此相中，女方会送男方自己绣的侗帕或织得最好的一匹布给男孩。男方会把自己脖子上的项圈送给女方，作为定情信物。村内有侗帕定情的习俗，行歌坐月到天亮时，女孩端洗脸水让男孩洗漱，男孩会在盆里放一块钱，女方会回赠一条侗帕。这通常意味着两个人彼此有意思，较为满意，有往下发展的可能性。如今行歌坐月已经式微，一般都是媒人介绍或普通的自由恋爱了。

2. 恋爱婚姻

（1）恋爱方式

20世纪60年代以前，侗族男子几乎都会弹牛腿琴、琵琶、二胡等乐器，还经常到女子家弹乐器对唱、交流，结识心仪的女子，然后交往订婚。车寨侗寨通常是寨内通婚，同一支脉血缘下不能通婚。

（2）婚礼过程

车寨村民通常在岁末年初举行婚礼。婚礼具体过程一般如下。

三十晚接新娘：

要根据生辰八字，推算出良辰吉时。大年三十晚上，新郎接新娘的时候，新娘的姐妹会悄悄跟随，不让新郎新娘发现，一般跟随到岔路口就自动返回。接新娘的时候，要走小路，送的时候不走回头路。新郎接新娘的时候，会提个煤油灯，一方面照明，一方面也是提示路人让路，或是自动回避，这样就意味着未来夫妻会比较顺利。新娘来到男方家门口，门前放着盛有几瓢水的水桶，家人全都出来，看着新娘挑进去，然后他们紧随新娘身后进门。新娘进新郎家之后，要象征性坐一下新凳子，意思是好"生孩子"。

初一看新娘：

大年初一早上，新娘就去井边挑水，新年挑新水寓意为新的一年财源滚滚，早早发财。这担水必须由新娘挑进家门，意为吉利水，同时也象征着挑起家中的责任。挑水时新娘会打扮得漂漂亮亮，周围的亲友和小孩都会来看新娘。

初二送新娘：

初二早上，杀猪、酒菜摆桌，家族弟兄家人一起吃饭。中午吃完饭，下午一点左右送新娘回娘家。在送亲的大队伍出发前，新郎家要派一个代表提着猪肝、粉肠到新娘家，告诉娘家人"我们回来了"，回娘家的送亲队伍浩浩荡荡。20世纪70、80年代送亲礼是"十三挑"，其顺序是：一头猪、两篮糯米饭（生熟）、大小粑粑各一个、侗衣、新娘、生鱼、鸡、鸭、棉花（图九—14）。而现在是四五十挑，东西增多，队伍长达五六十个人。送亲队伍快到女方家时，娘家要有十个人放鞭炮迎接。

初三后摆酒宴：

传统上，女方摆酒席都固定在大年初三，如果寨子里有几家同时邀请客人吃饭，对办喜事那几家来说会存在抢客人的现象；现在多采取抽签的方式，每一家选择一天摆酒席，依次往后排。

图九—14　送新娘

车寨有不落夫家的习俗。婚宴后无论是过节还是家中有大小事情，通常新郎都会通知新娘过来一起吃饭。逢年过节，男方都会送礼物给女方以表心意。新娘搬回新郎家通常是在一年中的春社时候，要"偷偷地搬"。通常在二月初七这天，新郎家要给新娘煮鸡蛋、鸭蛋、糯米饭。女方在这天要给男方家里做一天农活，也称作"起工礼"，女方搬入男方家长住在一起后，才算婚姻生活真正开始。

3. 诞生礼

（1）出生：生孩子一般都是外婆负责接生，也有家婆接生，但是不能在娘家生育。如果碰到有孕妇难产，要请鬼师到家里来设法化解。产后必须用竹篾片剪掉从母胎里带来的肚脐带，把肚脐带装在口袋里，拿到河边，系在石头上，让其沉下去，村民解释这样做是为了防止孩子吃奶反吐。如果孩子是在家外如医院等地生产的，抱进家门时母亲和婴儿都必须从火盆上跨过，去除全身邪气。最近十几年，年轻产妇一般都是去贵州省从江县医院或三江县医院生孩子了。

（2）报喜：孕妇产下小孩后，报喜时，用一张红纸包在柚子枝上，表示生男孩；稻穗与柚子叶捆在一起表示生女孩。对方会回赠一些鸡蛋、糯米或肉之类的礼物（图九—15）。刚生下的小孩没满三天不能穿衣服，只能用布包裹着。三天后，才可以穿衣服，孩子穿的第一件衣服一定要是外婆所做。

（3）满月酒：满月酒分为两个阶段，第一阶段在自己家里举办，只要孩子出生满15天，就可以随时在家里举办酒席，男方亲戚陆续送来糯米饭与红包，直到办酒席那天为止，外婆家一般送背带与小孩子的衣服、母鸡。男方在亲戚的篮子里放几块熟猪肉，作为回礼。第二阶段必须等到满月才能在外婆家举办，一般是孩子的哥哥或者姐姐把婴儿背到外婆家门口，再由一个小孩子背着新生婴儿到外婆家，母亲跟在后面，紧接着是一人挑着糯谷（第一胎300把糯谷，第二胎90-100把）（图九—16），一人挑着几条鱼跟随。晚上在外婆家摆酒席，外婆把稻谷又挑回到外孙家，并送煮熟的红鸡蛋。

图九—15　主家生了女孩在门口做的标志　　　　图九—16　小孩满月酒亲戚送的糯谷

4. 丧葬习俗

车寨村的丧葬形式是土葬。寨明、相思屯与平寨、陡寨屯的葬俗最大的区别是：寨明与相思不披麻戴孝，也不哭丧。而平寨、陡寨死者家属会穿戴孝衣，痛哭涕零，还请法师做道场。正常死亡的都要举行丧礼，但寨明屯潘姓下葬很快，一般一两天就下葬，而且有两个不同于周边侗族的特殊习俗：一是不戴孝；二是用青麻拴住两只脚的大拇指。

调查组在相思屯遇到两位老人的葬礼。出于尊重当地习俗，未拍照片，无图附录。通过访谈及观察，记录葬礼的过程如下：

（1）饰尸：在老人去世后，要由其女儿拿柚子叶泡水为老人清洗身体。清洗完毕，要为其更衣，穿上新做的侗族传统服饰，女性给女性死者换衣，男性给男性死者换衣，通常要穿两三层衣服。穿戴整齐以后，要用白布条将老人包起来，上身、胳膊、腿上各捆三条白色布条，用青麻拴住两只脚的大拇指。从下到上穿衣，嘴里含碎银，家庭经济困难的放一口饭或鱼也行。准备就绪，会请鬼师过来做法事。鬼师通常是拿一个水杯，倒上半杯清水，用手指蘸着清水，然后在逝者的身上象征性地洒一下，洒的时候念出口诀，大意是让逝者安息。

（2）入殓：饰尸一套程序做完以后，就要在由鬼师算好的良辰吉时送逝者入殓，通常在老人去世后第二天入殓。入殓前要将尸体从床上抬到地下，用三五根木板垫底。入殓时逝者由四位亲戚送进棺木内，逝者的儿女自动回避。抬进棺材时用一把油纸伞遮挡住死者的身体，脸上盖一块毛巾，不能让尸体见阳光，然后用一个青麻纺织的黑白相间的单子抬尸体入棺，入棺后取下脸上毛巾，马上盖上棺材盖。棺材里面提前铺放一些东西，在最下面铺三竖行纸钱，铺成鱼鳞状，中间铺一层棉花，最上面铺单层白布（三层、五层、九层不等）。接下来盖棺，棺材盖好之后，逝者的家人开始在棺材的小头烧香祭拜。棺材通常是摆放在逝者的家门口外面。

（3）报丧守灵：派与逝者同一个家公（祖先）的成年人去报丧，每个家族派一人晚上到丧家守夜，一起坐到天亮。人死了以后，如果子女还没回到家，不可以焚香烧纸，尸体还是停留在床上，等子女回来后，才把尸体入棺，然后才开始在棺材头旁边点香焚纸。

（4）出殡：出丧时间根据属相来推算，送丧的人都来自其他家族，与死者同一家族的都不去，送丧人出发后，死者家族的人开始杀猪待客。出丧前，女婿手拿二十斤米酒跟酸鱼（三、五、七条单数）从左到右一起绕着棺材转三圈，然后烧鞭炮，抬棺材上山。前面一人拿一把禾把轧制的火把在前面引魂带路，后面跟着一人拿钱纸边走边撒，抬棺者紧跟其后。在寨子内出丧路线要按老祖宗规定走，不能为图方便乱走新路。将棺材抬上山，出殡队伍不能踩在其他人家的宅基地上，以屋檐为界，只能行走在公共道路上。

（5）下葬：墓坑一般长2.6米，宽1.2米，深1.5米，据说墓坑挖得越深，子孙后代越聪明。入土之前先用燃烧的稻草火把在坑里晃一圈，燃放鞭炮，再把棺材平稳放进坑底。填埋墓坑时，先要用净土掩埋直至掩没棺材，方可用混土（即土里可掺杂杂草）将墓坑填好成坟，再用石块围住四周。石块由送葬的人从山下搬上来，石块堆积的层数须是单数（指立碑的那一面），再在坟顶插上树枝，挂上纸钱。

（6）服丧：守丧期一般从下葬日算起，一般是守单数日（三天……十五天、二十九天）。在特殊情况如农历腊月内去世，就必须在新年前上山下葬，而且守丧期也必须在正月初一前结束。在守孝未满月之前，不能去人家家里；置办丧礼费用等一切花费不能用自己家的钱，必须借用别人的钱来使用，等立碑结束后，才解除禁忌、归还借款。守丧期间，家中的长子不得洗脸、洗脚，也忌讳家里办喜事，如果订婚，还未娶亲，必须要等三年后才可以娶媳妇。建新房亦如此，守丧后要过三年才可再建或搬入新房。

（7）抚山立碑：一般等亡人过了"头七"再竖墓碑。竖墓碑时要杀一只毛色鲜红、已经会打鸣的公鸡，用鸡血粘鸡毛贴在墓碑上。墓上插墓标，上挂纸钱、吊花。墓碑上方向外倾斜被认为是好兆头，象征祖先安住之地的大门因为财富之多，门都关不上，也意味着子孙后代的繁荣。

（五）节庆活动

车寨村民除了过汉族的春节、清明节、八月十五等节日外，还过有侗族特色的春社、二月二、三月三、新米节等节日。

1. 春节

车寨村民从农历腊月二十开始着手置办年货，腊月二十七打扫卫生，腊月二十八开始舂米粑、泡糍粑，进行过年的各项准备。大年三十晚上守夜、吃晚饭时家里最年长者会用公鸡头在家中祭拜，接祖先回家过年。正月初一"不上山，不下河，车子不跑，船舶不开"。过年前提前砍好的枫树新柴要在初一当天烧，当天上午还要去萨坛祭拜。初一大家不能花钱，长辈也不发红包，垃圾堆放在房屋里不能倒掉，因为这些垃圾象征着新一年的财富，垃圾越多表示新的一年家里富足有余。以上这些举措意味着当年必然会财源滚滚、纳福聚财。

2. 二月二

在梅林地区每隔五年要举办一次"二月二"传统活动，其特色节目有"千张木排下榕江"，以此纪念包括车寨村在内的当地各族祖先伐木放排的历史盛况。主要由梅林乡政府与党委筹办策划，县政府拨款资助，参加者不仅有包括车寨在内的当地群众，还有来自五湖四海的游客，场面十分宏大、隆重。过去梅林乡尤其车寨这个地方是木材集散之地，榕江流经此地，河床平坦、水流缓慢，十分繁华热闹。车寨与上游的从江村民利用榕江的水运条件，砍伐杉木后顺江放排而下，直达梧州。放排人辛勤劳作，每次外出放排的时间为数月乃至一年左右。放排人历经木排上的漂流岁月，风吹雨打、挨饿暴晒，才换来少许的报酬以维持家用。"二月二"不仅是一次大范围的群众狂欢节日，更是一次商业贸易集会，市场上出售各种日常生活小商品与农具。

3. 春社

俗称"蛋蛋节"，也称"花米饭节"，一般在农历二月十八春社前一天举行。春社这天要吃鱼虾，车寨男性会到田里抓禾花鱼，女人会到河里捞虾。这一天更是属于侗家小孩的快乐节日，家人会为孩子准备丰盛的菜肴与红、黑、黄三色糯米饭，还会将水煮蛋染成蓝色、绿色、红色后派发给小孩。小孩把蛋装在一个家中母亲自制的挂饰里，不仅挂在脖子上，还喜欢把蛋拿在手上相互碰撞，彩蛋未破碎者赢，寓意获胜者本年身体健康无恙。

4. 清明节

清明节是车寨村民的重大节日，外出的人在这一天会回家祭祖。祭祖仪式在车寨被称为"挂青"。当天早上，村里便开始杀猪，一般是四家共杀一头猪，猪肉均分，杀猪后燎毛洗净，开膛破肚，整猪被拦腰截断，分成四等份，猪头、猪的内脏也均切成四等份，各户挑选好后带回家,开始准备祭品(酒、糯米饭、猪肉、鞭炮、彩色纸幡、香、红烛和纸钱)。

挂青一般在下午进行。祭祀祖先前,男性家属要先清理坟头前的野草与杂树,清理出一片空地来摆放祭品,再将一条细长笔直的枫树枝插在坟墓上,在树枝上挂上纸钱和纸幡,坟墓上洒满纸钱。准备就绪后,开始祭拜,在墓碑前点上红烛并插上三根或九根香,然后掛酒在地,将饭菜洒在祖先的坟前,家族中男子跪祭,家长对祖先说吉辞以求保佑。祭拜过后还要在坟墓旁燃放鞭炮。最后,家族亲人开始在墓地旁边聚餐,大家有说有笑,打破祭拜时严肃的场面(图九—17)。晚餐时全族会餐。车寨村各族的挂青仪式大致相同,唯独陡寨屯的李姓不挂纸幡,这是因为他们是客家人,按照客家习俗只需要在坟头上放一张红纸,用石土压住即可。

图九—17 挂青时在坟地旁边就餐

5. 六月初六

农历六月初六是天贶节,当地也叫粽子节,要包粽粑、杀鸭子,新婚夫妇要在这一天给村里每家每户送两个粽粑。当地农谚有"五月五皇帝磨刀,六月六龙王晒衣"的谚语,传说农历五月初五这天一般会下大雨,因为皇帝磨刀总是会用水,六月六这一天则多半是大晴天。

6. 六月初十

六月初十是新米节,天色未明时村民就开始煮糯米饭、准备酸鱼。清晨时寨里的小孩成群结队去榕江边,在江边堆石成塔,堆得越高越好,然后在石塔顶上插上自己家里做的彩旗。堆好石头后,孩子们就拿出自己带的糯米饭和酸鱼在江边聚餐。村民们也会到河边洗澡,在岸边聚餐谈笑。晚上,本寨的小伙子集体邀请寨上的姑娘去某一男性家里聊天吃饭,男女之间集体做客。村子里的长者去寨子边的大榕树下烧香祭拜，其他人则在自己家宅内烧香祈福。

7. 六月十五

寨明和相思屯都有过六月十五（侗话叫公多节）的习俗。节日的由来与谢姓有关。传说很早以前谢家有一位九岁的小孩在萨坛旁边看到鬼师杀鸡占卜，有一天他和村里其他小孩去山上放牛，在山上看到一只青蛙，便学着鬼师的做法，杀死青蛙玩弄，不料顿时乌云遮天，狂风大雨突然而至，雨停后大家发现谢家这个小孩不见了。晚上，小孩托梦给家人说自己已经升天当神仙去了，并说每年六月十五要拜祭他，如果天旱可以向他求雨。谢姓老人便修了一个衣冠冢在寨头，至今那个地方仍然被村民视为神圣之地（被认为是谢家的土地公神位所在），土堆上有一棵一直长不大的枫树。每年农历六月十五这天，谢家老人便来到此处杀一只花鸭，烧香焚纸钱来求雨。因为很灵验，后来谢姓、潘姓人家也在自家门口杀花鸭来拜祭他，流传至今。祭祀时，还要在门口烧掉拔下的鸭毛，烟雾上升寓意通达神灵。据说邻近贵州岜沙一带的苗族看到这个求雨仪式很灵验，这一天也学着寨明屯过这个节日。

8. 八月十五

八月十五中秋节也是车寨的"屠牛节"，这一天村民会把牛拉到榕江边，举行盛大的斗牛活动；斗完后要杀牛，将牛拉入榕江中淹死，全寨人一起分吃牛肉，还会做美味的牛瘪汤。现在八月十五也增加了吃月饼的习俗，也变成了"敬老节"，家中在外打工的儿女都会往家里寄送月饼，新结婚的新人也会给亲戚、老人送糖果以表示孝顺之心。

（六）传统技艺

1. 酿酒工艺

米酒酿制的详细步骤如下：（1）选取原料：选取30-50斤糯米或粳米。（2）浸泡：将选好的米洗干净，并且浸泡一天（不少于12小时），使米粒吸饱水。（3）蒸熟：将浸泡好的米放入蒸锅蒸熟。（4）摊凉：蒸熟之后的米饭要摊凉，最好让米饭保持微温状态。（5）加曲：在摊凉的米饭中放入酒曲、拌匀。（6）装桶发酵：拌匀之后要加入少量的水，装入一个桶里或坛子里，用手把米饭压实，发酵3-5天。（7）蒸馏：3-5天之后，可以看到坛子里的米饭周围有水，接下来将发酵好的米饭放到天锅里蒸馏。天锅是蒸馏的主要设备，结构比较简单，由一个底锅、一个甑桶构成。底锅是盛放发酵好的酒料的容器，甑桶直接盖在底锅上面，甑桶里内置一个出酒的管子，蒸馏的办法就是将底锅加热，利用酒精沸点比水低的原理，酒精受热之后首先变成蒸汽，凝结在甑桶的顶部，变成水珠，然后通过出酒管流出。（8）收酒：最后将天锅流出的酒收集好。

2. 乐器制作工艺

一、牛腿琴的制作：牛腿琴以形似牛腿而得名，拉弦是用竹子和马尾做成。琴面上有两个弦扭，还有一个"马子"用来扣弦，马子的两边打两个孔用来提升共鸣腔。牛腿琴的背面，通常还粘上一小块松香，拉弦之前将马尾在松香上擦一下，声音更好听（图九—18）。

图九—18　牛腿琴

二、芦笙的制作：芦笙一共由六根小竹子组成，其中三根竹子上开有小孔，小孔的上面装了一个小铜片，吹的时候铜片会弹起来，小孔可以用来调音，吹的时候只要用手指摁住小孔，芦笙就能发出声音。另外三根竹子用来调节手指的位置。芦笙的吹口是用木头制作而成的，上面有时会套有塑料软管，主要是方便表演的时候跳舞用。

3. 编织工艺

车寨当地老人善于编制一种竹制捕鱼工具，侗语发音"saizi"，放在河里能捕鱼虾，放在水田里能捉到泥鳅（图九—19）。其制作工艺是先去山上砍下毛竹，剖开成一条一条的竹丝状，底部用十根左右的细竹打底，一步一步地开始往上编织，由细竹用到粗竹，当编织到全部长度三分之一的时候，在竖条的每根竹篾上加一根竹篾，即

图九—19　捕鱼工具

竖篾的根数翻一倍，起到加固作用，使结构更加结实，最后慢慢向里面收尾。这种捕鱼工具有两个口，一头粗口是钻口，一旦鱼虾类、泥鳅与黄鳝钻入其中，就不能逃出；另一头是放口，可解开绳子，倒出捕获之物。

4. 刺绣工艺

刺绣的一般程序是先剪纸，然后用糯米饭将纸样粘在布上，再用彩色线条刺绣。侗族的织绣品有背带、钱包、鞋子、肚兜、百褶裙、花帽、男式衣服与女式衣服、小女孩的围衣、绑腿带等，图样花纹繁多。刺绣图案一共三层：一层布、一层硬纸、一层丝线。刺绣工具有针、彩线、剪刀、硬纸与铁指环。车寨妇女不需要尺子来测量衣服大小，她们用手掌来量衣服尺寸。绣花时不戴铁指环，怕磨损布面。配色的常规经验是红配绿，深色的底配亮色的花纹，年轻人的衣服一般是配红色底、绿色底与黄色底；老年人衣服多配黑色底与深蓝色底。配线是一项高要求的技术，它要求有充足的刺绣经验，彩色线是从布上扯下来的细线。

5. 造木船工艺

制木船的主要工序如下：一般会挑选那些有30年以上树龄的上好杉树做木材。越老的树越结实，造出来的船更耐用。选取的木材一般长二丈四，直径20厘米以上。砍下的木材要先放在山上晒一个多月，剥皮后就花钱请亲戚朋友把它们搬运到木材加工厂，切割加工成为可以造船的木板，再把木板放置在阴凉的地方风干。木板风干后便可以请造船师傅前来造船。一般来说，使用九块厚度为3厘米的木板就可以制成一艘船的船底，但是船舱内木板厚度要达到4厘米。木匠师傅花三四天时间，使用刮刨、钳子、铁锤等工具打磨、装钉、拼接木板，初步制成木船雏形（图九—20）。成型后用石灰和桐油拌好的泥巴或竹丝塞进船板的缝隙中，以堵住漏

图九—20　造木船

缝细口，避免木船漏水。最后在整个木船表面涂上一层柴油，晾干后再涂上一层桐油，用来防止木板被水腐蚀，确保木船的使用寿命，同时也使木船更加美观。一艘木船的制作成本，包括木材费、人工费、加工费、其他材料费等共需要2800元左右。船造好之后，船主会请鬼师选个下水的好日子。鬼师根据船主的生辰八字，按照天干地支来推算吉日。木船下水的时候造船师傅会在岸边做拜河神仪式，其间特别忌讳说"翻""跳""摇""漏"这些"不吉利"的话。

（七）民族艺术

1. 侗族民歌

（1）侗族大歌

侗族大歌是一种多声部合唱的民歌形式。相传，侗族大歌是人们模仿山上各种鸟类声音而形成的，一首完整的侗族大歌需要高低声部主唱2-3人，还需要集体伴唱。侗族大歌演唱多声部结合，时而低沉如幽咽，时而高亢婉转，时而声如洪钟，不同的情感随着声部的不同表达得淋漓尽致。20世纪50、60年代以前，在地里耕种劳累休憩之际，车寨村民会聚在一起唱侗族大歌。而今，侗族大歌一般都是在逢年过节或有集体活动时演唱，村民们穿着华丽的侗族服饰，集体演唱侗族大歌以示庆贺。

在平寨屯，每当夜幕降临，总有一些村民不约而同地自发聚集到鼓楼边一起唱歌娱乐。寨明屯的潘甫金德是柳州市侗族大歌非物质文化遗产保护传承人，他不仅会唱侗族大歌，还会唱侗戏，拉牛腿琴、二胡，弹琵琶。在相思屯，侗族大歌班正在村民的努力下得到恢复。晚上闲暇之际，侗族大歌爱好者潘爱珍会召集大家在一起练习唱大歌。大家最熟悉的曲目是描写侗寨风景的《高山景水》和演绎天籁之音的《蝉之歌》。

（2）牛腿琴歌

情歌的演唱需要牛腿琴的伴奏，在当地亦称为"牛腿情歌"。其内容主要是以侗族青年男女之间的爱情为主，琴声婉转优美，具有很高的艺术价值。歌词如：

一个爱字写起来简单/含义却像竹子编箩筐那么密/心里藏着很多话不敢说/但始终都要面对。

在江里男人像一条龙/女人像一条小鲤鱼/两者相依陪伴着/如果传说是真的/我们俩那该多美好。

（3）敬酒歌

唱敬酒歌是侗族人在餐桌上表达热情好客的一种方式。主人与客人的酒杯举起之际，侗族主家会敞开嗓子来上一段敬酒歌，客人如果有能力也回唱一首敬酒歌，相互对唱。歌词内容大多为主人问候客人远道而来的艰辛的问候语，也表达主人对客人的敬重和热情，歌词如下：

远方的朋友到来/没什么好招待的/心里却是乐呵呵/能敬你这一杯酒/是这辈子的荣幸/啦呼，呼啦。

（4）拦路歌

当一个寨子的村民到另一个寨子去走亲戚或做月也，对方寨子的人会拿一根竹竿拦住寨门，在竹竿上系上一个象征着门的草结，唱上一段拦路歌（图九—21）。拦路歌一唱起来，整个寨子都会知道寨子上来了客人，大家都会出来迎客，以示友好。

图九—21　唱拦路歌

（5）放排歌

榕江水运，上至贵州，下达广西梧州与广东。陆路未曾开通、水运发达的时候，车寨村民不得不背井离乡，离开自己的家人，去放排做生意。江面上的放排生活枯燥无聊，加上对亲人、情人的思念，使得排遣忧思的放排歌应运而生。放排歌不仅描写了放排生活的艰辛，还抒发了放排人的思乡之情和对爱人的恋恋不舍之情，悲情婉转，感人至深。寨明屯村民潘仁德有放排歌歌本，从中摘录部分歌词如下：

我是放排到这里来，唱歌给父老乡亲听。我是从小苦命的孩子才来这里放排，我放排到哪里都记得你,可能你要忘记我,你在家有朋友没什么操心,我在外面很操心。放排到水中间有点心寒,想起我放排下去(到广东),不知道哪个时候才能忘记你(不能放下你),朋友赶着催着也不情愿走。滩头波浪声像你声音,不知道怎么下滩(很没精神),眼睛好像要看见你……

2. 侗戏

侗戏是车寨村民喜好的一项娱乐活动。每个自然屯都会有一个戏班子,一般农历十二月份本寨戏班先在自己寨子里演出;从正月初十开始,戏班陆陆续续到别的寨子里巡回演出。演出结束,村民会送一些馈礼,在一根根毛竹上系上一篮子鸡蛋、糯米饭与毛巾,让戏班演员挑回去,这些竹子必须留有绿叶,不能摘掉竹叶,竹子四季常青,寓意友谊长存。戏班还会去贵州黎平等地演出,有时外出演出时间达两个月之久。村寨间相互的表演活动可以促进彼此之间交流,增进感情。侗戏剧目繁多,有《石蛋姑娘》《三郎五妹》《古怪姐夫》《唐朝故事陈光鲁》《刘志远》《石门龙》等。

3. 芦笙队与芦笙演奏

芦笙也是车寨村民喜爱的民族乐器。车寨村每个自然屯都有一个芦笙队,每个队吹奏的芦笙调子不同,以寨明屯芦笙队最为有名。在年末之际各自然屯或各村寨之间进行交流演出,寨民闲暇的时候也会吹芦笙自娱自乐。芦笙队由成年男性组成。芦笙的演奏方式分为两种:一种是大家围成一个圆形,吹低音的在里面,吹高音的在外面;另一种是排列式,高音者在前,低音者在后。芦笙阵的表演队形是全队围成四个圈圈,每圈的芦笙个数都是单数。还有一种队形是和其他芦笙队比赛时采用,即一字横向排列。"腊娥"要在最前面,起着领导和指挥的作用,带领整个芦笙队有节奏地演奏,音高压过其他队,则可胜过对方;第二排是"苟亚";第三排即中间是老大"梅劳",旁边是他的辅助"冬得";第四排是"苟定",旁边是他的辅助小"冬得"(这些侗语词汇皆为芦笙队中负责不同演奏任务者的名称)。

(八)民间故事

车寨有许多关于河鬼、山鬼、大力上人物、神秘的再生人的故事传说。民间传说故事更多反映出侗族对鬼怪、神灵的信仰,对再生轮回的遐想,体现出侗族人对日常生活世界之外的神秘想象。

1. 河鬼类故事

(1)传说石碑村有位老人以打鱼为生,夏天常夜宿河边纳凉。一天老人在渔船里睡觉,睡至半夜,感觉有人挪动他的身体。由于天黑看不见人,这时他听到一个小孩说回去叫他哥哥帮忙，他马上跑上岸边。自此，这位老人再也不敢在滩边露宿了，据说搬他身体的是溺水而死的小孩鬼。

（2）传说有人早起驾着小船在江面上打鱼，看见一对父子也在滩头打鱼，当时隐隐约约看不清晰，那父子二人若隐若现。但等他船靠滩头回头看，却没看到船只和人的踪影，滩上只留下一串奇怪的脚印，疑似河鬼在此地行走。

2. 山鬼类故事

（1）传说，在离平寨屯不远的地方"卡里"住有一个山鬼。这个山鬼只有三个脚趾头，走路的时候，脚掌是朝后的。一次，有个小孩带着小鸭子去田边玩，小孩把小鸭放到田里，过了一会，发现小鸭子少了好几只。第二天，小孩又去田边，发现田里正好有昨天少了的那几只小鸭子，而且田边的小路上还留下了几只脚印。当地人说，这是山鬼喜欢玩小鸭子，所以把它拿走了，玩腻了又退回来。

（2）据平寨屯有位老人讲，他见过"草串螺蛳鬼"。他小时候有天去放牛，看到河边的一根草很奇怪，于是就凑近了去看，看到一根长在地里的草，草上的叶长得很青，草中间串着五六只螺蛳。回家后觉得不舒服，开始发烧，他父亲正好是一个鬼师，就问他接触了什么东西，他就把看到那根草的事情告诉了父亲。父亲用杯子装了一杯水，喝到口中，然后喷洒在他的脸上，如此反复几次后，他就不发烧了。据老人的父亲说，他是看到了草串螺蛳，碰到了山鬼，所以才会发烧。除了有草串螺蛳的奇怪现象，据说有时候在河边还可以看到一根草上串着几条小鱼，小鱼不但没有死，还是活泼乱跳的。

3. 大力士类人物故事

（1）女皇帝传说：相传相思屯很久以前有个"女皇帝"，她的力气很大，可以轻而易举拿起几百斤的石头，她用榕江边的大块石头来铺路，一直铺到她自己家门口，还插石板在地里作菜园的栅栏。以前大寨欺负小寨，相思屯被梅林欺负的时候，女皇帝手抓几十斤的石块从相思屯这头扔到榕江对岸，有的石头扔到竹林，竹子都被砸断，吓退了侵犯本寨的人，保护了寨子的平安。

（2）王冕的故事：王冕是贵州贯洞人，想从贵州铺一条路从石碑直通车寨。他能够把石头当作牛一样赶着一块块地铺路。一天，一个背着小孩的女人看到他如此赶着石头就纳闷："你怎么赶着石头走路呢？"他又反问："这些不是牛吗？"女人答曰："你明明赶的是石头呀！"王冕低头一看，真的是石头。于是石头就停下了步伐，路也没有能继续铺下去。相传石碑村那里还有该路的遗址。

（3）贡胜的故事：一天贡胜在田里犁田，一群强盗觊觎他的牛，虎视眈眈地看着他。他倒是爽朗地说："你们等我犁完田再把牛送给你们。"强盗都很诧异。贡胜犁完田后，就左右手各抱一头牛走了。强盗看到如此大力气的人，吓得撒腿就跑。

4. 再生人的传说

车寨村民有笃信投胎转世的观念，有关再生人的神秘故事广泛流传。调查组调研期间收集到14则再生人的故事，择要举例如下：

（1）据说，梅林有个妇女，她投胎前是三江县一个当兵的，死了以后投胎到梅林。她告诉家人他老婆还在世，家人便带她去寻访，找见他老婆，对老太婆说他以前长什么样子，个子有多高，在哪里当过兵，当过副排长，他身上哪个地方有块黑痣都能说清楚。老太婆确认后，现在常从工资中拿出一些给这个媳妇。

（2）寨明屯有个2011年12月生的小女孩，才两岁多，她说自己前世是四川的一个老太婆，从四川一路过来坐火车，下了火车又坐班车。看到寨明老妇人的鞋子，她说是偷四川人的鞋过来，说她在四川有好多鞋。调研时小女孩特别聪明，能从1数到100，村里来的湖南货郎摆放了一些玩具卖，拿猫、狗、熊、枪各种玩具她都不要，她就拿了一支铅笔。还有吃的东西掉地上捡起来喂她，她不吃，别人喝的水她也不喝，她说有口水不愿喝。

（3）在平寨屯也流传着一个转世投胎的传说。一位78岁的老人还依稀记得8岁那年发生在她身上的故事。她小时候记得自己前世是相思那边的人，是个男儿身，是给做木材生意的老板放排到广东的工人。他在相思屯娶了老婆，可是没过多久就得病去世了，他老婆就改嫁到平寨。后来，他就投胎到平寨自己前世老婆的肚子里，转世变成了女儿身，变成了今世的她。在她8岁那年，一次跟着妈妈去平寨附近的寨明买米，走到寨明的时候，她远远地隔着一条河看到对面相思屯那边有一道亮光。第二天，她跟着自己的爸爸去相思找银子，到了埋银子的地方，别人都看不见，只有她可以看见有银子。她说银子就是她前世埋下的。

5. 其他故事

（1）蛇鬼的故事

过去车寨村民有不跟携带"蛇鬼"的女子及其家族通婚的禁忌。相传以前村子里有位漂亮姑娘，大家都喜欢跟她"坐妹"。一次，一个青年来坐妹，坐至半夜，借助月光越看那个女子越漂亮、越美艳，坐妹的男子看得如痴如醉，纹丝不动地盯着美女看。看着看着发现那个美女背上长出蛇尾来，但是，当时男子像被迷了心窍一样，并未惊异，还是执意跟她结合，后来家庭连遭祸害，诸事不顺。

（2）布谷鸟舂米的故事

传说，以前有位老奶奶从贵州来寨明屯做帮工，给人舂米，后来老人家去世就埋葬在老墓地，老人变成了一只布谷鸟，布谷鸟每晚啼叫，但是寨明的人是只闻其声不见其影，谁也没见过这只布谷鸟长什么样子。晚上"咕噜……咕噜……"的叫声像极了老人生前舂米的声音。据说这只布谷鸟的叫声与寨明屯这一年的收成密切相关，如果鸟的啼叫声清脆，则本年必然风调雨顺收成好，如果布谷鸟啼叫声是拐弯的、夹杂不正常的声音，则本年度必然会收成不好。寨明屯还有一块上面有圆形凹槽的石头，大家都认为那是老奶奶生前舂米的石头，没人敢动（图九—22）。

图九—22　布谷鸟舂米石

十、宗教信仰与禁忌

一方水土养一方人，车寨村民有句话描述他们自己的生活："上山打鸟，下河捞鱼。"居住在榕江两岸的侗族人世世代代生活在这一水域，靠山吃山，靠水吃水，他们对自然之物有独特的见解和认识。自然界中的一草一木一石都被他们认为充满灵性，在长期的生产生活中形成一套独特的神灵崇拜观念、行为习惯和相应的仪式实践。在他们朴素的宇宙观中，认为树木、石头、人都有灵魂，树木、石头被奉为神灵膜拜。村民还认为人是由肉体和灵魂组成的，人死后，灵魂会成为鬼和魂魄，继续投胎成人，而且会有前世的记忆。他们过去认为地震是榕江中的"恶鱼翻身"；认为磷火是灵火（鬼），特别在农历三月份很常见，老人家讲是"鬼照螺蛳"，认为这时候鬼在晚上出来到田里找螺蛳吃。为防止鬼神来犯，车寨村民衍生出一套独特的辟邪巫术和避邪物，同时为防止冲犯到鬼神，也产生出一套禁忌观念。

（一）自然崇拜

1. 古树崇拜

车寨村有句俗谚"有榕树的地方就有寨子"，看到榕树，就相当于看到村寨，如果夜晚船在榕江河上行驶，看到榕树就意味着有靠岸到家的希望。车寨村民认为山上的一草一木一石都有灵性，对所有古树有一种特别的敬畏感，不敢随意砍伐，更禁止砍伐，否则将遭到报复。当地人认为"树流血了，人也要流血"，砍树犹如砍人，砍树的人自己也会遭受不幸，如果有人剥树皮，那么他也会像树一样逐渐衰老干枯。

村民认为，墓地周围的枫树不能动，连枫树下面的小树也不能砍，属于"集体"所有，任何人不得占用，因为这些树作为风水树护佑着祖先。相传以前村里有人砍山上的枫树烧柴用，砍的时候树枝倒下来，怎么躲都躲不开，树枝跟着那人跑，最终将他砸伤了，自此，再也没人敢砍山上的大树。所以车寨村至今依然保存着很多千年老树。

当地有小孩拜古树当干爹的习俗。如果小孩体弱多病，家长就请鬼师算过生辰八字，根据结果拜人、石头或树为干亲，榕树一般为首选。鬼师做道场让这个孩子拜古树为干爹，在树旁放一个小竹篓，四周用黑布包围，竹篓里面插有纸钱与细小的树枝，还在树枝上系上一张张细长的纸条，下面垂挂着一束稻穗，树干下摆放着用树枝编制的花环，地上插有香烛，定期祭拜这棵古树（一般是初一、十五、逢年过节，用饭、猪肉、鸡和纸钱祭拜）。把大树拜为"干爹"是希望大树保佑孩子身体健康，平平安安，像大树一样茁壮成长而强壮。如果拜的干亲是人，则在正月初一送礼给干亲，干亲则会回赠小孩一套新衣服。

2. 草的魔力

车寨村民认为草有灵力，有些草可以治病，有些还可以辟邪。比如柚子叶可以挂在产房门口保护婴儿与母亲（图十一—1），做"解关"法事时常用竹子来驱邪。当地人出远门或上山时也会找鬼师要护身符，这种符用一片竹叶做成，出行者可以放在自己的口袋里，起到保平安的作用。

图十一—1　门口柚子叶

"草标"在村民的生活中更是有着丰富的作用和内涵：上山砍了柴，无法及时带回家，可以打个草标放在柴上面，以示物有所属；如果旱地、水田下了种子，在地头插上草标，以警示别人不要让牛进去，也不要放鸭进去；人穿梭于深山密林之中，打个草标可以作为认路标记，方便返回；妇女带幼儿上山干活时，会在背带里放个草标，用来辟邪；还认为在水田里打草标，草标会发挥巫术作用，可以防止养的鱼儿游走。

3. 石头崇拜

草有神奇的巫术作用，石头也不例外。车寨村民遇到小儿夜哭，除了请鬼师帮忙用红纸写下"天黄地绿，小儿夜哭，君子念过，百事安康"贴在十字路口处外，通常还会用到石头，鬼师一般会到河边捡三个白色的小石头，放在小孩的床下来辟邪。

河边的石头有此魔力，山上的石头更是富有灵性，人们不会乱动山里的石头，通常山上的石头不能随便搬到村子里使用。传说寨明屯曾经把山上一块很平整的石块搬到村子里，放到鼓楼坪旁边，村里的公鸡就不再打鸣，请鬼师算了后，发现是那块石头作怪，就把那石块搬回原处，一切又恢复正常，从此老人规定后人不要在那一带取石头用。主山梁上的石头是不能随意移动的，如果违反了，必然会遭遇不好的事情，即使动了，也要原封不动地送回去。修建机耕路的时候，主山梁的石头都不能撬开，只能在上面铺水泥。

相思屯村民崇拜一块大石头，其外形像一头猪，重达一千多斤，是传说中一个叫贡胜的大力士搬到寨子里来的。村民认为这块神人搬来的石头有灵气，如果有小孩生病，人们会在石头旁边烧香祈福，还会带着小孩定期去那里祭拜，期盼小孩平安成长。石头也被用来改风水，如寨子里房屋正对大路的门口都会在门边摆上一块石块，上刻"泰山石敢当""路凶石敢当"等字样来辟邪驱鬼。还有一些人家把白色石头挂在屋檐下镇家宅。

（二）萨坛与土地坛

在车寨村民的世界观里，除神灵之外，还存在着祖先与鬼魂，人们祭祀自己的祖先，也害怕受到鬼魂的侵扰。

在车寨信仰的神灵中，萨岁是地位最高的保护神，村寨会建萨坛，一般在建好地基后，从外地接来"萨"，哪个地方的"萨"灵验就请鬼师从哪里接。萨坛下面埋有一个倒扣着的锅，据说锅里埋着一种猪肝色的木头，没有枝丫、没有叶子，生长在阴暗的地下，不会霉烂。萨坛之地草长得越茂密越好。萨坛四周筑起围墙，萨坛旁有一块平整的石头，用来"讲款"。每年正月初一村中老人前来祭萨，早上来祭拜时要放炮、烧香，宰杀鸡、鸭，并用猪肉（头刀肉）来这里祈求村寨平安。随后村中老人带鱼、酒到萨坛旁边的石头上吃，同时商定村寨里一年的事宜安排。萨坛是神圣的地方，女人、外人不可以进去，更不能有亵渎的行为，否则必然会发生不好的事情。在车寨村寨明屯、平寨屯各建有一处萨坛。

土地公在村内的影响也很大，寨明屯的村民说寨明屯以前有三处土地公，最早到寨明安家的谢姓有两个，分别在寨头寨尾供奉着，寨子西南边土地公的神位由于后来修321国道被毁弃，现在寨明屯北边的土地公神位在每年六月十五都要杀花鸭来祭拜求雨，另外一个土地公神位在腊龙路和三忠路交汇处，由谢姓和潘姓共同供奉。

（三）鬼魂观念

车寨村民大多相信鬼神的存在，认为人死后还有灵魂，阴间的鬼魂会再次投胎转世到阳间来，而且有些鬼魂再次来到阳间时还留有前世的记忆。

车寨村民认为山上与河边都有鬼，但水井边因为有土地公的保护没有鬼。鬼魂总是在天气闷热、阴天、大雨即将来临之际出来，并且还伴有哭啼声。以前山气很厉害，山上经常闹鬼，坟墓里的死者在夜晚就会变成山鬼，到处游荡，他们在山上唱山歌、踩歌堂，类似活人一样娱乐，有时哭爹喊娘，只闻其声，不见其影。如果有人夜晚走山路，就有可能碰见鬼。岸边的鬼大多数是小孩子溺水身亡变成的，死后就成小孩鬼，他们急于寻找替身，方可投胎做人。

中青年人死亡被认为是一件特别恐怖的事情，青壮年的鬼魂最可怕，阴气最重。死后鬼魂到处飘荡，会在寨子里闹，使之不正常，他们称为"夜游鬼"。阳衰之人可能随时撞见，通常这天晚上全寨的人都会紧闭大门，不敢出门，恐怖笼罩着整个寨子。并且有这样的死者的时候，榕江里也会有回声。家人一般会请鬼师做道场，不仅替死者超度亡灵，消除戾气，而且也让村民安心。

而遇到老人寿终正寝去世后村民不害怕，气氛比较活跃，主人家杀猪请吊丧之人吃饭，不需要请鬼师作法。村民认为自己的祖先一定会保佑自己的后代，所以并不存在害怕畏惧的心态。家里有人突然发病，如果怀疑是公卜鬼（祖先）作祟，就拿件新衣服连同香烛纸钱烧掉祭拜祖先，让他们保护后代安宁。如果怀疑是外面的饿鬼作祟，就到岔路口，对饿鬼说"你放开我们的孩子，给你一点鱼、米粥"，放在路口让他吃，他就不会侵扰凡人了。

（四）祖先崇拜

车寨村民崇拜祖先，认为阴间的祖先安宁，阳世的子孙才能安宁、繁衍。过去有少数人家在家中设神龛安放宗亲灵位，现在很少看到。但大多数村民无论是逢年过节还是平常在家里面吃饭时，如果有鱼肉有酒喝，家长就会轻叫一声"祖父祖母来吃饭了，有肉有饭吃"。腊月三十这天晚上吃饭前，家长会在火塘前的柱子旁边，拿糯米饭和鸡头、猪肉、酒、鱼等供奉祖先。

图十一—2　清明挂青

相比简单的家祭，清明挂青（图十一—2）是更隆重的祖先祭祀仪式，除了对祖先的缅怀，更重要的是亲人之间的团聚和情感交流。挂青这天，同一个家族的成员在祖先墓边聚餐，分享那些用来祭祖的食物，当地人认为这体现出家族团聚其乐融融的情感。挂青回来之后，每个家族还要大备酒菜，邀请亲朋好友聚餐。

（五）风水实践

除了在"村落传说与历史"部分提到的村落地形风水传说和改风水的实践外，车寨村民结婚、起房子与下葬时都会请地理先生看风水、选日子，风水的理论依据是主家的八字与五行的相克相生关系。车寨村陡寨屯有一位叫石庆荣的地理先生，有一些测算日子的书籍和罗盘，村里建房选址、上梁仪式和红白喜事择日都会请他帮忙。除此之外，村民还会到石碑村或者贵州从江请鬼师。

建房子设大门时，大门方向要按照房主的八字测算选择开设的方向。例如如果是土命，房子大门就要朝西，西方属金，土金相生，如此等等。上梁时会写"姜太公在此"的字样贴在屋梁上。如果大门正对着道路，路口冲气、煞气凶重，必须用石头镇压，主家就会用"泰山石敢当"和门楣悬镜（图十一—3）来辟邪。村里有人起新房时，主家如果怕别人家起的新房对自己家不利，就会在门

图十一—3　门楣悬镜

口挂起一面镜子,用镜子挡住来自新房给自家带来的压力,镜子要正对新房子的方向。

调查组在车寨村全面调查统计了"泰山石敢当"的分布,在寨明屯共发现"石敢当"11个,在平寨、陡寨屯发现"泰山石敢当"41个。相思屯有一户人家房屋西面面向一条小路,路口冲向自己家,于是在路口之处竖立一块石碑"南无阿弥陀佛"(图十一—4)(据说此户人家之前豢养家禽不兴旺,立下此块石碑,希望六畜兴旺,富贵双全,人财两发)。

"泰山石敢当"根据材质不同分为三种形制:

第一种为直接书写在墙上,共计1处,墨书"泰山石敢当"(图十一—5);

第二种为长条木板,共计31处,书写"泰山石敢当(左右写"大吉大利")"字样(图十一—6);

第三种为青石碑刻,共计20处,刻着"敕令泰山石敢当""路凶石敢当(左右写"大吉大利")"立于正门拐角处(图十一—7)。

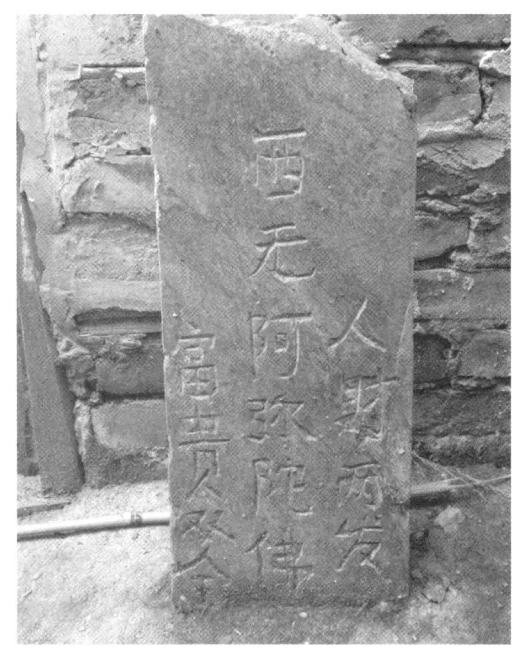

图十一—4 风水石碑

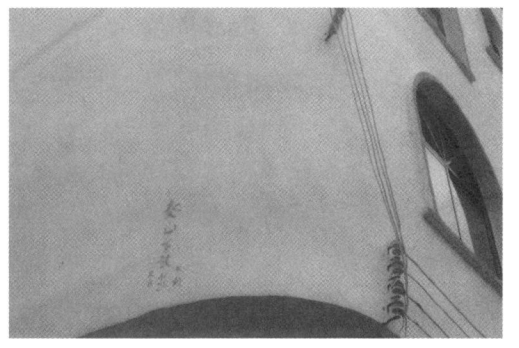

图十一—5 现代建筑上的石敢当

图十一—6 木质石敢当

图十一—7 石刻石敢当

车寨村民在墓地的选址上不太讲究风水，但对墓碑的放置方位比较重视，墓碑最好要向外倾斜一定角度，认为这寓意着祖先安住之地的大门因为财富太多，门都关不上，可保佑子孙后代的繁荣。墓碑的形制也相当讲究，碑上要题写诸多寓意美好吉祥的词汇，如墓碑左侧多刻有"青龙山环抱"，右侧刻有"白虎水朝来"，横批"万古佳城"；另外还有很多美好祈愿的词汇如"百世其昌""佑其后人""芳绣桂兰""慎重追远""瞻望父（母）兮""万古不朽""人云其吉"等也多用在墓碑上（图十一—8）。

图十一—8　墓碑

（六）鬼师及其仪式实践

当地侗族有"不成公（爷爷）不能做鬼师"的习俗，男性要有了孙子（女）当了"公"之后才开始学做鬼师。学做鬼师要拜师学艺，平时跟随师父学习，但师父未去世之前徒弟还不能真正开始做法事，直到师父去世后才能做。鬼师做的仪式主要有如下几类：解关、做鬼、安屋、安神龛、安魂等。

1. 解关

车寨村民认为人一生要经历很多关卡，造成病痛或家庭灾难，必须请鬼师解关。人的一生共有三十多个关卡，如夫妻不生育做架桥解关、孩子出生后要做满月关、十五岁左右要做成人关、结婚后夫妻两人命相相冲相克相害时要做解夫妻关、孩子夭亡后要做解天狗关，等等。

2. 做鬼

侗族人认为鬼主要分为几类：公卜鬼（祖先鬼）、掉魂鬼、死伤鬼（非正常死亡者，又称半路鬼），其中以死伤鬼危害最大。鬼师一般采用撒米问卜的方式确定是什么鬼在作祟，事主带一碗米到鬼师家，鬼师便拿来一盆水，把一根香插在米碗里，然后数十五粒米拿在手中，在香头上面顺时针绕三圈，念一些咒语，把米撒到水中，依次做三次，根据水面上浮着的米粒的分布来确定是哪一类鬼作祟。

3. 安屋

新屋建成以后，或家中不太平时，需要做此仪式化解。摇铃请神，请山龙地脉。仪式地点在屋中的主梁下面，祭品摆地上，为鸡鸭各一只、一块猪肉、一碗猪血；再用十三根竹子，上挂纸人，分别插在堂屋的四方地上；另还要四把禾把，上面各插一纸人。

图十一—9 竹制的花篓

4. 安神龛

新装神龛或家中不太平者做安神龛仪式。安神龛要看主人的八字与神龛是否相合，不是每家都安。家中有了小孩也可做该仪式，据说可免灾病，届时要杀一只公鸡为祭品。

5. 拜树

此也为解关仪式的一种，一般是孩子身体不好时选择古榕树来拜。要用竹子和剪纸做成一个花篓放置于榕树下，鬼师念拜树咒语（图十一—9）。

（七）禁忌

1. 女性禁忌

孕妇怀孕期间被认为是危险的，产后被认为是不洁的，因此在怀孕和坐月子期间有诸多禁忌：

（1）孕期禁忌

①在家里不能乱钉钉子，就是隔壁拆房，也不能拔掉连着孕妇家木板上的钉子；

②孕妇不能背装有螺蛳的背篓，丈夫也不能上山打蛇，否则小孩出生后喜吐舌头；

③孕妇不能去看别人造船，孕妇的丈夫也不能去看，否则小孩出生后头上会有很多痂；

④孕妇不进别人家，不参与别人的喜事，如喜酒、满月酒、乔迁之喜等；

⑤忌在娘家生产。

（2）产后禁忌

①坐月期间不能吃河里面的东西（鱼虾等），通常吃鸡、猪肉、鸡蛋；

②产妇坐月期间不能外出走动，亦不能踩别人家的地基，走在屋檐下；

③产妇及产妇的丈夫都被认为是污秽的，不能去他人家里，并且不能参加祭萨之类的祭祀活动。

2. 仪礼禁忌

（1）小孩诞生后，家有产妇坐月，用一根柚子枝挂在大门门楣上，以示生人勿入；

（2）迎娶新娘时，忌讳路遇他人，一般采取回避方式；

（3）孝子服丧期间，不能去别人家里，不能吃树上的果实，也不能吃茶油、青苔等，忌家里建房和家人结婚；

（4）做客吃饭时，忌将饭碗打破，表示不吉利，如打碎须立即说"岁岁平安""落地生根"等吉利话方可解除晦气。

3. 鬼师禁忌

鬼师不能吃狗肉。鬼师做解关法事之后，在家中门口挂柚子枝、剪纸等做成的禁标，悬挂于门楣上方，三天内不准外人进入。

4. 生活、生产禁忌

正月初一不上山、不下河，吃饭不吃菜（特别是白菜），家里的女人拿火把到菜园烧一下，到初三才可以进菜园劳作；初一这天烧提前砍好的新枫树做饭，也不动刀（菜刀、柴刀），可以用剪刀分剪食物；初一不出（花）钱，不给红包，亦不扫地，不能倒垃圾，以免钱财外流；

做门忌：春不做东门，夏不做南门，秋不做西门，冬不做北门；

造床忌宿歌安床并忌：心昴奎娄箕星参，危宿逢亡总不安，造床若反此星宿，十个孩儿九个亡；

行船忌灭没日：大月初一、初七、十一、十七；小月初二、初七、十二、二十六。

5. 凶梦禁忌

（1）侗族人忌讳做梦梦到穿新衣服，老人去世要换穿新衣，梦穿新衣意味着有家人要去世；

（2）忌梦到喜鹊，喜鹊毛色带白，如人戴白孝，认为这是家里有人要去世的预兆；

（3）梦到牙齿掉，亲人将有灾难或者生病去世。

6. 动物禁忌

（1）忌看见蛇蜕皮，目睹者必须立即当场脱下自己外面的衣服，速度要快，必须赶在蛇蜕皮结束之前完成，唯有这样，才能去晦气，否则会大病一场或者死亡；在家里看到蛇是一件可怕的事情，意味着要有倒霉的事情发生；忌上山看到蛇交配，认为是不吉利的，下山后不能进自己家也不可进别人家，只有绕着厕所走三圈后才可消除不吉。

（2）忌讳出门遇到喜鹊从船头或车前飞过，认为喜鹊身带白色而不好。例如，病人出院乘船下河，喜鹊从船头飞过就意味着不祥；如果要远行，出门看到喜鹊也要转头回家，改日出行；开车时，如果单只野鸡、喜鹊从路边飞过，开车司机要停车一分钟，否则会出事情，如果是两只就没什么事情。

（3）忌猫头鹰在家屋附近叫，认为猫头鹰在哪家房屋附近叫，哪家可能有人过世。

（4）忌在河里碰见大鱼，如果在河里看见四五十斤的大鱼被认为不吉利，会给人带来煞气，目睹者必须当即跑开。

十一、村落的价值评估

车寨是较为典型的大江大河型侗族村寨,在自然与人文景观上凸显出与大多数溪峒山谷型侗族村寨不同的特点。车寨仍保留着较为完整的与江河关系密切的传统生活方式与民俗信仰,在日常生活中仍有大量民俗艺术展演活动。这些都令车寨在侗族村落文化景观的保护与展示上独具价值。

(一)典型的大江大河型侗族村寨布局

车寨内部有四个自然屯,分布在榕江两岸,寨内建筑与榕江景色和谐交融。江畔榕树掩映,榕树林与木屋、鼓楼、码头等交映成趣,大小木船与木排也成为车寨景观的组成部分。车寨村落文化景观不仅包括通常意义上的村寨建筑本身及周边田地山林,更因包括了榕江本身与江上各种交通工具而显示出恢宏大气的一面。车寨在具备大江大河型侗寨特点的同时,又在风水传说与经济生活等层面与四周山地及山区苗族居民有着密切关联,故其村落文化景观同时包括了周边山区,山、水、人相结合,更好地体现出自然与人文和谐交融的侗族文化特征。

(二)与江河密切相关的传统生活方式

车寨村民历史上以放排、航运、商贸为重要的生计方式,其生活方式上体现出众多的与江河相关的元素,如车寨独有的"二月二"祭江祭排节、体现古代越人"男女同川而浴"之遗风的六月初十新米节、杀牛祭江河的八月十五"屠牛节"等。在车寨民俗信仰中还存在着与江河有关的"河鬼"信仰、大鱼崇拜等。这些元素至今仍作为村民日常生活的组成部分而存在,极具展演性与感染力。

(三)河歌侗戏,娱人娱神相得益彰

车寨侗歌内容丰富,有对唱和独唱的爱情歌,有热情好客的敬酒歌,尤其以描述放排生活艰辛的放排歌最具地方特色。侗歌抒发了侗族村民对待爱情与生活的感想,体现出独特的民族风情与艺术魅力。车寨村至今仍保存着古老的侗戏表演传统,侗戏不仅具有娱乐功能,更在传统信仰中被视为祭祀江河与鬼神祖先的仪式活动,侗戏的表演与传承蕴含着诸多信仰与民俗元素,可作为侗族传统文化的主要表征手段加以保护发展。

(四)精湛的建筑和造船木工、渔具制作以及刺绣技艺

车寨每个自然屯都有一个寨民自发组织的木工建筑队,为寨子内建房而备。侗族木屋不用一铁一钉,全部都是木木嵌套而成,而且房屋外围的装饰也都是手工木雕而成。每一个建筑队都有自己的老木匠师傅,代代相传,把侗寨传统建筑技术传承下去。此外,车寨中老年男子多有传统的木船制造和渔具编织手艺,如编鱼篓、簸箕、捕鱼工具等。中老年女子大多有纺织刺绣的传统手艺,会自制侗衣侗裙,在土布帽子、鞋子表面绣花装饰,所绣图案种类繁多、活灵活现,绣花手艺十分精湛。

十二、村落的保护与管理概况

(一)保护与管理现状

总体而言,车寨背靠山脉,面向榕江,有着得天独厚的自然条件和深厚的历史文化底蕴,村寨传统文化景观的保存状况总体良好。

1. 寨内拥有市级非物质文化遗产传承人

寨明屯潘甫金德老人是柳州市评选的侗族非物质文化遗产传承人,他会唱侗戏、拉牛腿琴、拉二胡,还会弹琵琶、唱侗歌。老人家中收藏有抄录本的侗戏《柳志远》剧本,也是侗戏为数不多的有"请师"(唱戏前的祭祀仪式)资格的业余演员,懂得侗戏的请师口诀。老人自己会制作牛腿琴和琵琶等侗族传统乐器,制作工艺精湛。类似潘甫金德这样的侗族老人在车寨为数不少,对推动侗族文化的传承发展有很大的帮助。

2. 村落景观与文物的保护工作得到重视

目前车寨村太平桥及乾隆年间修桥所立功德碑、新修太平桥功德碑、寨内光绪年间告示碑刻保存完好。寨内各戏台、萨坛、凉亭及鼓楼与鼓楼坪保存良好。寨内其他建筑群特别是谷仓群和禾晾群极具侗族传统文化特色,也得到保护和修缮。

车寨村分布着三百多年的榕树林和上百年的樟树林,这些树林生长在榕江两岸,美化了村落景观。车寨村民把这些百年老树看成是有灵魂的神树,有拜古树为干亲以求健康无灾的习俗。对树木的崇拜既反映了侗族人民古朴、原始的思维,也反映了车寨侗族文化与自然之间的和谐关系,也从侧面保留了自己寨子的历史记忆。村规民约规定,禁止买卖村中古榕树。

车寨村民有浓重的风水观念,如寨明屯的老虎地、相思屯的螃蟹地、平寨的龙脉等,这些与风水有关的地方形胜及相关的神话传说与榕江一起在村民眼里既是自然景观,又是蕴含着当

地居民对地方历史和传统文化的地方性理解的文化景观。

3. 初步形成一套有效的管理体系

结合三江县的实际情况，2014年2月1日三江县申遗办下发《关于下达〈侗族村寨文化保护意见〉的通知》，提出了保护侗族村寨文化的十点意见。同年4月又对侗族村寨申报世界文化遗产监测站的工作职责做出十二项规定。根据本寨实际情况，车寨村内已经按照《意见》安排了保洁员和巡寨员，对于村寨环境保护与火灾预防已经有了一定的预防措施。2014年3月30日在鼓楼坪召开了群众大会，分别就村寨防火、山林防火、道路交通安全、稻田养鱼、卫生清洁、关于申报世界文化遗产等方面做了落实和动员工作。车寨村民对本寨申报世界文化遗产信心饱满，且表现出对本民族文化传统保护和发展的强烈意愿。

（二）影响村落保护的原因

1. 现代建筑破坏村落和谐景观

传统的木制干栏式建筑在侗族传统村落文化景观中有着极大的价值和意义。随着现代化的深入，车寨村许多传统的民居建筑受到明显的破坏。例如，村民外出打工有了更多的收入后开始建造现代化的楼房。四个寨屯内现在均修建了一些现代房屋，与村寨传统建筑风格不协调，影响到整体建筑群落的和谐感。这也意味着长此以往，侗族传统的房屋建造技艺将会失传。

此外，寨子内的卫生状况有待改善。车寨村与附近村落的垃圾处理站建在榕江边，使大量生活垃圾涌入河道，江面上漂浮物过多，未能及时打捞处理，影响到江景的美观。村民生活中焚烧后的垃圾没有专门处理的地方，堆放在江边与寨外也造成了环境的污染与景观的破坏。

2. 外来文化的冲击十分显著

20世纪80年代车寨陆路交通顺畅之后，大批中青年男女外出务工。他们不仅仅带回了各色新鲜物品，更深受外界文化的影响。大量青壮年外出打工，使得原来的族内通婚已经发生变化，年轻女性外嫁，大量男性青年难以婚配，出生率低，老龄化现象严重，造成文化传承的断层。

此外，传统的民族服饰、节庆习俗、生活方式也都因为现代化生活方式的引入受到不同程度的侵袭。部分青年男女不愿意穿甚至嫌弃民族服装，摒弃本民族风俗，在生活方式与价值观念上发生了极大的改变。

3. 侗族传统文化与技艺后继乏人

车寨的侗歌与侗戏主要由中老年人传唱，传统的纺织、刺绣、手工、建筑技艺也基本上在中老年群体中传承。青年大多外出打工，受现代思潮的影响，已经不愿意再传承传统文化和技艺，这成为车寨传统文化与景观如何有机维系的重大问题。

(三)改进保护措施的设想

1. 有效而合理地利用政府与其他途径拨付的保护资金

应有效利用保护资金以改造村寨垃圾处理站、雇佣足够的卫生清洁人手。更为重要的是,对寨内现代建筑加以传统形式的包装改建,对愿意采用传统元素建造新房的村民给以一定数额的资金补贴和扶持。

2. 激发村民的文化自觉意识,发挥村民的主体性,使其成为村落文化景观保护工作的主体

让车寨人尤其是年轻一代村民认识到侗族传统文化的价值是文化景观得到保护与发展的关键。尽管外出打工、求职求学成为愈来愈多的车寨年轻一代的人生选择,但车寨村落景观仍然是一代代车寨人生于斯长于斯的精神家园,是叶落归根的生命归属地,是在外漂泊打拼时遭遇现实生活挫折与文化震撼时的心灵港湾,是人生各项礼仪的举行之地。侗族文化仍然可以在年轻一代车寨村民遭遇人生挫折时,利用其信仰、仪式、艺术与口述传统中的生活智慧来为其排忧解难、慰藉心灵,车寨景观及其所蕴含的文化传统仍然可以为年轻一代提供自身身份与认同的基础。只要让车寨村民尤其是年轻一代认识到以上价值,相关技术性与细节性问题就能迎刃而解。如何激发车寨村民的主体意识和文化自觉意识,其责任与希望正在从事调查与研究之我辈。

附录:主要访谈对象

石庆荣,男,84岁,侗族,地理先生,住陡寨屯。

石培念,女,78岁,侗族,务农,住平寨屯。

石国民,男,74岁,侗族,务农,住平寨屯。

石显文,男,79岁,侗族,鬼师,住石碑村。

潘成隆,男,70岁,侗族,务农,住寨明屯。

潘文美,男,69岁,侗族,原车寨村村主任,住寨明屯。

潘文亮,男,59岁,侗族,车寨村党支部书记,住相思屯。

潘仁高,男,52岁,侗族,车寨村村委副主任,住寨明屯。

潘爱珍,女,35岁,侗族,车寨村妇女主任,住相思屯。

石培成,女,50岁,侗族,务农,刺绣传承人,住相思屯。

潘老金,男,81岁,侗族,务农,住相思屯。

石秀林,男,41岁,侗族,车寨村书记,住平寨屯。

李主任,男,45岁,侗族,车寨村副主任,住陡寨屯。

石秀生，男，58岁，侗族，梅林乡民政处处长，住平寨屯。

石成军，男，49岁，侗族，平寨小学校长、老师，住平寨屯。

潘卜金德，男，侗族，市级非物质文化遗产传承人，住寨明屯。

潘桂英，女，侗族，车寨村计生专干，住寨明屯。

调查组组长：杨树喆　冯智明

调查组成员：梁　膑　彭　翀　杨斯康　谢耀龙　李婉婉
　　　　　　周　洁　辛海蛟　甘金凤　赵家丽

简　报　总　撰：冯智明

第二篇
广西三江高定村调查简报

一、概　述

高定村（以下简称"高定"）是广西壮族自治区柳州市三江侗族自治县独峒乡下属以侗族为主体居民的行政村，同时也是侗族人民在南岭山脉繁衍生息而自然形成的一个侗族村寨。高定位于贵州、湖南、广西三省（区）交界的三省坡大山脚下，地处侗族历史居住区的腹地，既保留了较多的侗族传统文化内涵，又与大多数地处溪河坪坝环境中的侗族村寨有所不同，体现出生活于南岭山脉中高山型侗寨的独特魅力。

三江县地处桂北，古属夜郎牂牁之地，介于黔东湘南之间。高定位于三江县西北部独峒乡北部山区，距乡政府5公里，距三江县城60公里，东与牙寨村归盘屯相连，西邻贵州黎平县洪州镇，南与牙寨村、林略村相接，北与干冲村及湖南省通道县独坡乡相毗邻。村寨之间有古老的石板路相通，新修的二级公路自东南向西北经高定寨门而过，将高定与独峒乡政府所在地独峒镇联系在一起，这也是高定通往外界的唯一一条公路。高定总人口2483人，646户，全寨居民都是侗族，但寨中被称为"伍苗"的部分居民据说原为苗族，与寨中侗族居民长期共居一寨，早已说侗话，并自我认同为侗人，只是在丧礼上仍有些微差别，保持着自己原为苗人的记忆。寨中居民以"伍苗"和"伍通"为两大族，过去以一条南北向的小溪为界分别居于寨子东西。故老相传，高定始建于约公元1725年，由该两族祖先所建，此后陆续有莫姓、王姓、"伍大"、"伍六雄"、"伍央"、李姓、卢姓、杨姓、"伍丰"等共十一姓祖先来到本寨。1950年以前，本寨居民已达两三百户，"文化大革命"时发展为四百户，一直发展到现在的规模。高定过去长期由村民自治之侗款自主管理。20世纪20年代，高定正式列为三江县国民政府的一个行政村，属独峒乡管辖。全寨编为9甲（实际人口应为20甲），并任命有村长、保长、甲长，村长由村上的一名款首担任。中华人民共和国成立后，三江县于

1949年12月18日成立县人民政府，高定因人口较多，故将此自然村屯单列为属于独峒乡的一个行政村。1956年合作化时，高定作为一个高级社，属独峒区干冲乡管辖。1987年独峒公社改为乡，高定大队即改为村公所，同时设立村民委员会，下属10个村民小组，并有老人协会作为协助村委会工作的辅助机构。

高定僻处大山深处，长期交通不便，居民主要以务农为生，近年来始有种植业与外出劳务为生计辅助，也因此令高定保留了较为丰富的侗族传统文化习俗与完整的村落景观。高定坐落于一个东西朝向的山谷中，位于山谷西南的寨门与山谷东北的花桥（即通常所谓之风雨桥）分别被高定村民称为寨头与寨尾，勾勒出村寨日常生活空间的边界，在此空间内涵括了"一庙一林双寨三径七楼七井"的村落景观。"一庙"是指位于村寨东南端的"飞山"庙，供奉侗族村寨保护神飞山公杨再思。"一林"是指山谷北山坡环绕的古老樟树林，树龄多在百年以上，是高定侗寨的风水林。在寨民眼中，高定侗寨由活人所居住的"阳寨"与祖先居住的"阴寨"构成，后者系指山谷东北方向樟树林外与阳寨有一条小溪相隔的小山坡上的集体墓地。墓地里埋葬着寨内各姓祖先，墓碑统一朝向阳寨的方向，墓碑上的铭文最早刻于清代道光年间。高定侗寨内部有一条新修水泥路与多条石板路，石板路中有三条历史悠久的小径——"三径"，山谷东侧樟树林边一条名叫"大寨"的石径长达253阶，石径边上可看到过去石砌寨墙的遗址，现在栽满梨花，石径东侧为高大的樟树林，远处可见祖先所居之"阴寨"，意境颇为幽远。侗寨以鼓楼为村寨心脏，高定亦不例外，全寨共有"七楼"，高定风水最佳之地耸立着被称为"楼妈"（大鼓楼）的鼓楼，是全寨公共活动的中心，供全寨仪式与聚会之用的戏台与芦笙坪就在"楼妈"鼓楼之旁。全寨还有六座鼓楼环绕在"楼妈"的东西南侧，式样各异，其中有罕见的独柱鼓楼，也有新式的凉亭状的起别鼓楼。巧合的是，高定七座鼓楼附近，皆有水井（侗语称为"闷"）相伴，七楼伴"七井"，点缀在全寨六百多座木楼中，共同构成高定侗寨的公共活动空间。

高定村民生死于斯，亦借此方水土获得生命意义与情感寄托。樟树林与飞山庙维系着高定村民与天地之间的联系。古老的樟树在村民眼中不仅赏心悦目，也是本寨龙脉上的片片龙甲，其中一棵树龄六百年的老樟树更被视为守护寨子的精灵，衍生出有趣的村落传说。村民常常在老樟树上缠绕自织的黑红两色土布（图一—1），祈求老樟树将旺盛的生命力借给家中的老人与孩子，让他们像樟树那样健康长活于天地间。每年大年初一与三月初三，全村各户都要祭拜飞山庙，各家的男性长者聚餐于飞山庙中，不仅是为了祈求飞山公的保佑，更为了维系村寨中各"补腊"（房族）与"冬"（家族）之间的和睦与团结，体现出高定作为村寨共同体的认同。高定村民相信阴寨中各姓祖先的灵魂（花）在村寨鬼师的仪式帮助下，经过后人的祈求，可通过花桥重新投胎为人，回到阳寨中生活，死后再次回到阴寨中等待生命的流转。村寨周围的小溪是分割阴阳两界的标志，也蕴含着生命力、财富与幸运，花桥通常建在寨子小溪的最下游，以保证寨中的福气不至外泄。寨子周围与寨中的道路不仅供人畜行走，也被相信是天地之间各种精灵鬼神行动的空间，为此，在高定的大小路径旁都建有很多神龛，供奉安抚"路边神"——各种非正常死亡的灵魂，以保证村寨的平安。溪流、道路、桥梁也因此与阴寨一样成为高定村民沟通人与鬼、生与死、后代与祖先阴阳两界的媒介。在高定传统社会生活中，"楼妈"鼓楼是全寨各姓氏共同拥有的村寨标志，其余六座稍小的鼓楼则分别为各姓氏建立，作为本姓氏的标志与公共活动的中心，全寨围绕着"楼妈"鼓楼而建，寨内各姓氏则围绕着自己的鼓楼聚族

图一—1　缠有黑色土布的老樟树

而居，虽然这样的空间划分近年来已发生较大改变，但仍然是村民心目中理想的生活空间。鼓楼过去只对男性开放，鼓楼附近的各处水井则是高定侗寨女性活动的场域，女性不仅在水井边洗衣担水，水井边更是她们日常情感交流与人际活动的天地。男性与鼓楼、女性与水井间的联系也为高定侗寨提供了族与族、人与人、男与女交往互动的空间和隐喻。

高定以上述村寨景观为舞台，创造并延续自己的生活方式与意义体系，既有与其他侗族村寨共有的元素，也体现出自身的特点。如附着于寨门的走寨活动"月也"、与花桥相关的求子仪式"添花架桥"、对飞山庙的祭拜、对风水林的敬畏以及附着在溪流、路径之上的各种信仰，都与其他侗族地区大致相同。但高定历史上以共同建造"楼妈"鼓楼为契机，将原为苗族的"伍苗"氏族接纳入本寨以求得友好共存的历史却很有特点。寨内各姓氏一方面共同认可"楼妈"鼓楼的崇高地位，同时也通过建造本姓氏鼓楼来彰显本族地位，从而形成一寨七楼的景观，在侗族地区实属罕见。阴阳双寨及鼓楼与水井的共存关系也体现出高定所蕴含的精神文化较为独特和深刻的层面。寨内山谷北面的"大寨"与由大寨分化衍生出的山谷南面的"小寨"在居民与鼓楼数量及鼓楼式样上的微妙差异，也隐晦地折射出高定历史上存在过的宗教禁忌与人生观上的独特分类及等级婚制度。本次调查力图在全面记录高定村落自然与人文景观及生活方式的基础上，对上述独特的文化内容及居民在自然与人文环境中的行为表现加以描述，

力求呈现出高定完整而独特的文化景观全貌。

本调研小组对三江县高定的调研分两个时间段，第一时间段为2014年3月9日至3月15日，第二时间段为2014年4月1日至4月6日。调研小组共7人，由广西师范大学文学院海力波教授带队，组员为党延伟、谢雪琴、陈容娟、杨斯康、徐田保、李哲六名同学，六位小组成员均为广西师范大学民间文学教研室在读研究生。本报告由小组7名成员分工合作而成，最后由海力波教授统稿。

在历时近半个月的调研过程中，为了准确而全面地了解高定的自然地理环境，深入体验与认识多姿多彩的侗家人文景观，调研小组全力以赴，每天奔走在寨内寨外。大家珍惜每一次走访寨民的机会，认真地做好笔录、拍照、录音、摄像等工作。在近半个月的调研中，调研小组几乎走遍了高定的所有地方，不仅在"一庙一林双寨三径七楼七井"留下众多足迹，村外的山林、田地、河流、墓地等地方也都留有大家的身影。通过本次调研，小组成员收获的不仅仅是大量关于高定的第一手资料，更多的是对高定自然与人文的深切感知与认同。

本小组调研工作之所以能顺利开展，离不开高定当地村民的高度配合与热情款待以及高定村委会和老人协会的全力支持。此外，整个三江调研组的组长，广西师范大学文学院院长杨树喆教授也曾多次到高定与调研小组商讨调研事宜；在高定现场的一些工作中，三江县文联杨尚荣主席以及其他工作人员也给予了调研小组很大的帮助，特此一并致谢。

二、地理环境与资源

如概述中所言，高定坐落于三省坡脚底，西邻贵州黎平县洪州镇，南与牙寨村、归盘屯、林略村相连，北与干冲村及湖南省通道县独坡乡毗邻。高定作为一个行政村隶属于三江县独峒乡，位于县城西北部，距乡政府所在地5公里，距三江县城60公里。

高定的具体地理坐标为北纬25°59′09″，东经109°28′19″，平均海拔为552米。从纬度来看，高定距北回归线不过3°，接近热带，气候类型属于中亚热带南岭湿润季风气候。由于高定山崇谷邃，寒气易生，又略具高原气候的特点。有谚语道"一雨便寒晴便热，不论春夏与秋冬"，高定的清晨多有雾气，日暖夜寒，早晚温差较大。雨季多集中在春冬两季。每至九月，便有严霜铺地，到冬寒时节，则偶降瑞雪。

高定地处山坳间，寨内主要为山坡、丘陵地貌，道路蜿蜒曲折，地势落差较大。整个村庄被山峦环抱，山上竹林、杉木林苍郁一片，古树参天，壮美如画。最美的是一座座吊脚楼与七座鼓楼的交相辉映，高低起伏又错落有致。站在村外的高地远远地望去，建于半山腰上的木楼一层层映入眼帘，飞檐重叠，错落有致。寨内山坳中间还有一条小溪天然地将寨子分隔成东西两部分（图二—1）。

图二—1 高定俯瞰图

高定的土壤多属灰化红色泥土，间杂粘质沙土，适宜种树，侗茶、杉树等树种比较容易在此地长成，村民栽种的经济林木主要有樟树、杉木、松树等。村外的山林上多野兔、野鸡、麻雀、野猪、穿山甲、斑鸠等野生动物。以前有猎枪的时候，村民常上山打猎，从2010年开始禁止打猎收缴猎枪之后，打猎的现象在村里慢慢消失了。

高定面积9.6平方公里，其中耕地面积1100亩，林地面积600亩，荒山面积200亩，油茶面积1000亩，茶叶面积950亩，水田面积830亩，旱地面积25亩，人均耕地面积0.39亩。种植的农作物主要有水稻、花生、青菜、芥菜、萝卜、木薯、红薯、马铃薯、黄豆、绿豆、油菜、玉米等。当地人种植的农作物随季节而变，如春季多种植黄豆、萝卜、生菜、白菜、玉米等，夏季主要是大白菜、黄瓜、花生等，秋季则有胡萝卜，而冬季多为马铃薯、菜心等。

高定的农业生产主要依靠对水田和旱地的合理利用。水田和旱地各有用途，高定村民力求田地各尽其利。旱地主要用来种植油茶、茶叶、棉花、金银花等作物，其中油茶、茶叶、棉花为他们的主要经济作物；水田以种植水稻为主，一年一茬，一般还会在稻田里养殖禾花鱼（鲤鱼），供自家食用。以上所述的这些农作物，基本上能满足高定村民一年四季的食用需求，使他们达到真正意义上的"自给自足"。

三、村落历史与传说

（一）高定的历史沿革

高定始建于1573年，寨民的祖先据传由播阳、本县寨准、湖南及贵州黎平等地不同支系陆续迁徙而来。高定旧址位于现寨址东北方向，也就是距现寨址一梁之隔的"岑寨考"（意为旧寨址），后来才搬迁到现在的居处。

在新寨址选定之前，当地已经有几户苗族人家居住。据说他们原来住在附近一个叫"干务"的地方，此处至今仍有"苗家屋场"之称（距高定约2公里）。苗族入住高定之后，高定居民的祖先陆续从其他地方迁来，与苗族居民居住在一起。由于人地矛盾与生活习惯差异等问题，苗族的几户人家（几兄弟，其父名叫"坦"）曾三次被侗族赶走，被迫到孟江河下游一个名为"三转"的村子居住。奇怪的是，据说每次苗族兄弟被赶走后，侗人种的稻谷未等成熟就会枯萎掉。因此，他们又三次把苗族兄弟请回来定居，并以寨中长流的一条水沟（自上而下）为界，侗族房屋建在水沟西侧，苗族房屋则建在水沟东侧，任其各自发展。一条水沟之隔的侗族、苗族人，实际上生活在一个共同的地理空间。随着交流与联系的日益频繁，两者的界限与文化隔阂完全被打破。后来，侗族迁入村寨的氏族及户数逐步增多，加上相互通婚等原因，苗族兄弟的语言和习俗逐渐受到侗族同胞的影响，最终成为当地侗族的一部分。不过，苗族同胞及其后裔也已经在高定繁衍为上百户人家的大族，仍然保留着自己祖先原来是苗族人的历史记忆，至今苗族的后代仍自称为"吴家苗"，某些葬丧习俗及节日祭祖活动仍保持苗族的部分传统。两族兄弟成了一家人后，开始共同建造大鼓寨即现在的中心鼓楼，做起芦笙，每年进行芦笙比赛。他们相安而处，互相通婚，繁衍子孙后代，共同发展成为今天的高定。一寨两族互相通婚、共建家园，成为民族团结的一段佳话。

高定在历史上一直处于以"侗款"自治的状态，直至20世纪20年代，高定始被当时的国民政府正式列为三江县政府下辖的一个行政村，属当时的独峒乡管辖。全村编为9甲（实际人口应为20甲），并任命有村长、保长、甲长，村长由村上的一名款首担任。中华人民共和国成立后，三江县于1949年12月18日成立县人民政府，高定成为独峒乡下属的一个行政村。1956年合作化时，高定作为一个高级社，属独峒区千冲乡管辖。1987年独峒公社改为乡，高定大队即改为村公所，同时设立村民委员会，下属10个村民小组。

（二）村落传说

1. 建寨传说

高定现寨址据说是由一只仙鹤引路择地而建。旧址在距现寨址一梁之隔的"岑寨考"，即现寨址东北方向的祖坟墓地。据说，旧寨当时仅有几户人家，在此地居住多年，人口增长几乎停滞，家畜也难养活。有一天，那几户人家仅剩的一只母鹅也无故找不到了。过了一个多月，有人在今天高定中心鼓楼的位置发现这只母鹅，恰好母鹅正与一群仙鹤做窝下蛋。事情传开之后，大家认定仙鹤做窝下蛋之处为风水宝地，纷纷迁到此地居住建寨，在此基础上发展为现在的高定。又说侗家人认为鹅窝是个祥瑞之地，不能为私人所占用，所以建了一座中心鼓楼作为全寨的公共场所。关于高定村名的来源，在当地存在两种说法：一种认为村寨来时落脚之处在半山腰（高处），而且地势不平（较陡），因此把村子命名为"高定"（其意为高而陡的村寨）；一种认为现居地是经过仙鹤引路而选定的，故称为"高定"（其意为高明的神灵早就确定的居地）。

2. 飞山庙和飞山公的传说

（1）飞山庙的建庙传说

在高定有个飞山庙（图三—1），上面供奉着飞山公——杨再思（图三—2）——一位从靖县（湖南靖州）请来镇宅安民的神。

图三—1　飞山庙

图三—2 飞山公——杨再思

据寨里的老人讲，杨再思为民国时靖州人，家中有四兄弟。其父亲是湖北人，在贵州黎平做过官，与当地一位侗族姑娘结婚并生下杨再思。由上述可见，杨再思身上流有侗族的血液。相传，在广西、湖南、贵州三省交界处有四个结拜兄弟联合起来保护村寨与村民，以防外人的骚扰与侵犯，其中一位就是杨再思。在国民党统治时期，国民党的军队来到三省交界处，肆无忌惮地欺压当地的黎民百姓，这四兄弟便联合起来抵抗，不幸的是杨再思被打死了。为了便于后世祭拜和悼念这位为保护村寨而牺牲的英雄，同时求得他的保佑与赐福，于是高定村民修建了这座飞山庙。

杨再思作为侗族地区被广为传颂的英雄人物，其生活年代与英雄事迹在侗族地区有不同的流传版本。高定的传说只是其中之一，聊备一说，不能作为定论，但亦可由此看出高定当地在国民政府时代匪患猖獗的历史记忆，杨再思其实就是为保护村寨与盗匪奋勇搏斗而牺牲的寨民的化身。

（2）飞山庙的搬迁传说

飞山庙旧址位于现在的高定小学。据传大约在20世纪20年代，在飞山庙旧址旁住着一大户人家，有五兄弟，田产丰富，以至于遭受到寨老等人的嫉妒。寨老认为那户人家是依仗飞山庙的好风水才人财双收，故将飞山庙迁到高定小学所在山坡的半山腰，地势略低于五兄弟的家，企图断了飞山庙对五兄弟的庇佑。可是，飞山庙搬迁之后，五兄弟家中情况并无异样，富裕依旧，这令寨老愈加不满。一天，寨老发现五兄弟家中将女人的衣服挂晒在窗外，由于五兄弟的房屋正好位于飞山庙的上方，五兄弟将衣服晒在窗外就相当于将衣服晒在飞山庙顶上一样。当地人认为女人的衣服是不干净的，将其挂晒在飞山庙顶之上，是对飞山公的大不敬，会导致飞山公不灵而不再保佑村民。所以，全村人都威胁五兄弟分家拆屋，改变其家高于飞山庙顶的格局，以免再出现在飞山庙顶上晒衣服的情况。五兄弟迫于全村人的压力，无奈分家拆屋，之后渐渐地不再像之前那么富裕了。当地人认为这是五兄弟对飞山公不敬的后果。

（3）因对飞山公不敬而受惩的传说

高定村民对飞山公尤为推崇，认为谁若有不敬就会惹祸上身。以下就是两个关于对飞山公不敬而受到惩罚的传说。

其一，相传村内有一位阿公，住处离飞山庙比较远，平时并不特别崇拜飞山公，所以很少前往拜祭，还常和其他人说拜跟不拜没什么两样。后来，这位阿公建房时无故晕倒了，请来风水先生一算，认为是他不尊敬、不祭拜飞山公所致。听取风水先生的建议后，这位阿公杀鸡拜神，第二天便安稳无事了。

其二，相传以前有位年轻人不信飞山公，甚至还对其口吐狂言。有一天，他来到飞山庙前用枪射击旁边的一棵樟树，枪却意外开膛伤到他的手臂。当地人都认为是因他对飞山公不敬而受到惩罚。

（4）飞山公保护村寨村民的传说

高定附近以前常有盗贼出没，所以建有寨墙将整个村寨围起来，强盗来了将寨门一关便安全了。

1949年前，贵州黎平县地亲屯有一帮土匪到林略烧杀抢掠，之后这帮土匪又打算到高定继续作恶。高定村民听说有土匪要来的消息后，纷纷前往飞山庙烧香祭拜，磕头上香，祈求杨再思保护村寨村民。危急时刻，一位八十多岁的陌生"婆老"（老婆婆）出现在飞山庙，号召大家当土匪到来时都围在寨墙边，等她喊冲出去时再一起冲出去。后来，强盗们真的来了，高定的乡亲们在婆老发话后打开寨门，统一行动，团结一致，土匪有的被活生生打死，有的慌乱而逃。当地人普遍认为婆老是飞山公杨再思派来拯救村寨的，婆老略施技法让全寨人看起来更多更强，从而最终击溃土匪。

3. 山兄弟的传说

高定历史上有关山兄弟的传说有很多。当地人描述的山兄弟是住在山上的一种似人非人的动物，像猴子一样，脸长得像人，又矮又小，像小娃仔那般高，不穿衣服，全身有毛，不懂人话，走起路来用脚尖跷着走，脚尖却是朝后长的，往前走时看起来却像在往后撤。

据说，高定以前有一块田，常有山兄弟出没。有一次，这块田的主人把里面的水放干，决定回家吃完饭再来捉鱼,不料回去后发现之前的鱼全部消失不见了。这位主人备感蹊跷,于是匆忙地赶回村里请教鬼师,鬼师指出是因为他忘了在田里放草标来标记那是他的鱼,而经过此处的山兄弟以为鱼是野生的,所以把鱼抓走了。按照鬼师的建议,这位主人在田里放了一个草标,烧香供拜,向山兄弟表明那是他的鱼,请求山兄弟把鱼放回来。这位主人第二天再去放水,看见鱼全都回来了,当地人认为是老实的山兄弟把鱼还回来了。现在高定村民在放水收鱼时一般会用草标标记一下。

以前还有位阿公常年住在山上的一个帐篷里。某夜,山兄弟上山打猎归来,见阿公正在睡觉,便偷偷地拿阿公的锅头来煮猎物。阿公被吵醒后,悄悄爬起来,正好瞅见山兄弟揪自己鼻涕当盐巴放到锅里煮。阿公心想:"拿我的锅头,用鼻涕当盐巴,太龌龊了。"第二天,阿公用竹篮来做锅头,并弄了泥巴糊上去,又拿锅灰抹得黑黑的,像真锅头一样。到了晚上山兄弟又拿锅来煮东西,结果锅被烧成了灰。山兄弟以为自己把锅搞坏了,第二天赔了一口新锅给阿公,以后再也没去过。

4. 转生人的传说

(1) 人转生为人的传说

高定村民相信某些非正常死亡的人死后会带着上辈子的记忆转生投胎为人,关于这种有人记得上辈子事情的传说在高定至今存在。当地人认为人的灵魂会在空中飘,并无固定停留的居所。转生人是人的灵魂带着记忆转生投胎,而这些记忆会对转生后的身体产生不好的影响,比如容易产生病痛。针对转生人这些不好的影响,相传有"吃红鲤鱼"这种医治良方,吃过红鲤鱼后,转生人会慢慢遗忘上辈子的记忆,身体也随之变好。

高定现有5-7位转生人,某位吴姓老人便是其中一位。据他所述,13岁时他回到上辈子的老家里(寨子里的车站附近),说得出他生前父母的姓名,上辈子的田在哪个位置,生前在何处放有他的物品等,而且所说之事均符合事实,因此大家都相信他是转生人。这位老人还讲到上辈子的家里有三兄弟,他是当中最小的一位,转生后他还回去和他们一起居住、玩耍,后来两个哥哥死了,而他们的后代都是女儿,当她们出嫁后家里便后继无人,所以现在那个家庭已经不存在了。该老人就有年幼时记得前世往事因而身体不好,后来吃过母亲煮的红鲤鱼,忘掉前世记忆,身体转好的一段回忆。

在高定村民的观念里,正常死亡的人一般不会成为转生人,他们认为老死、病逝的人继续存活的念头已不是那么强烈。而非正常死亡的人比较容易出现转生,因为在他们看来这种人本还不该死,而且他(她)继续存活的念头比较强。至于灵魂转生为男还是女,灵魂自己控制不了。

(2) 牛转生为人的传说

以前,高定有一个人在耕作时经常使唤和鞭打牛。每到晌午,他就到田边阴凉处吃饭、歇息，而牛却在烈日下饿着肚子。那只牛死后转生为人，起名"阿花"。阿花仍记得上辈子的事，常对身边的人说某某人心肠不好，对牛如何残忍，比如牛累了饿了，吃一点点秧苗，都要被他狠狠地抽打一顿。

（3）猪转生为人的传说。

高定的一位村民前去贵州买米，一位店员看到他，朝他喊："我的主人来了，叫他进屋来。"这位村民摸不着头脑，便问："我怎么是你的主人？"店员回答道："以前你把我养了二十年。""你叫什么名字？"村民还是一脸惊讶地询问。店员有些无奈，回答道："我没有名字，是一头老母猪。"原来店员认为自己前生是那个人养的一头老母猪。

5. 大树变美男子的传说

相传，高定有一棵古老的香樟树，是守卫寨门的寨神，他会变成美男子，晚上去邻村与漂亮的小姑娘相会，天亮才回来。不久，小姑娘们跑到高定来打听这位美男子，而村里的人却说压根不存在这个人，找不到那位美男子。聪明的小姑娘们想到一个计策：晚上碰见美男子时在他身上做了个记号。天亮后，她们根据做的标记去高定找美男子，结果发现那记号在一棵古老的香樟树上面，一模一样。于是，姑娘们认为美男子是这棵老樟树变成的。高定村民得知此事后把那棵香樟树"阉割"了，即把樟树上的一根大枝条砍了下来。从此以后，那棵樟树精就老老实实地守在寨门口，再也不能乱跑出去了。

四、村落的基本单元

（一）村落房屋结构

高定的建筑以干栏式木房为主，一般住房为三层结构。近几年，为了加固房屋，减少火患，房屋一层多采用砖石围护。20世纪40、50年代之前，高定房屋的一楼通常是厕所和牲口圈；二楼为大厅，同时设有火塘，火塘旁边一般有两三个房间用来居住，家中老人一般住在火塘旁边；三层

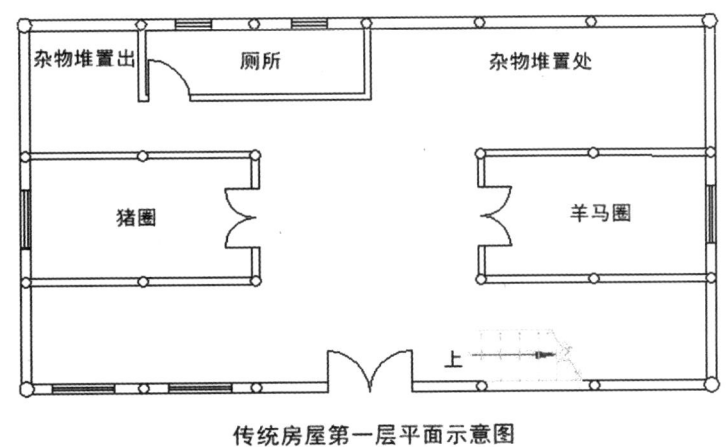

图四—1a 传统房屋平面示意图第一层

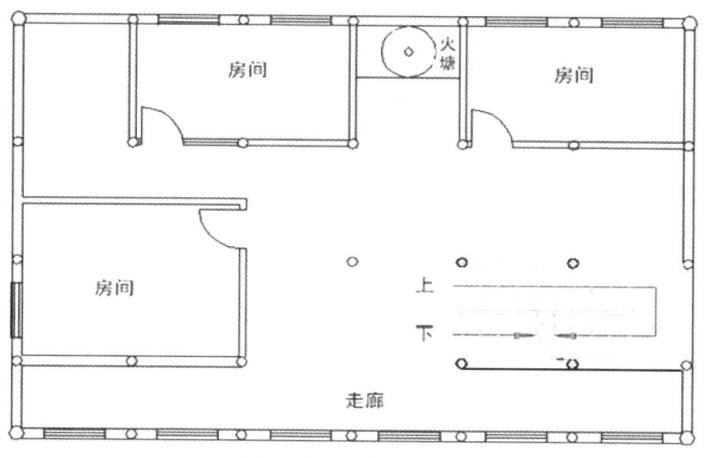

图四—1b　传统房屋平面示意图第二层

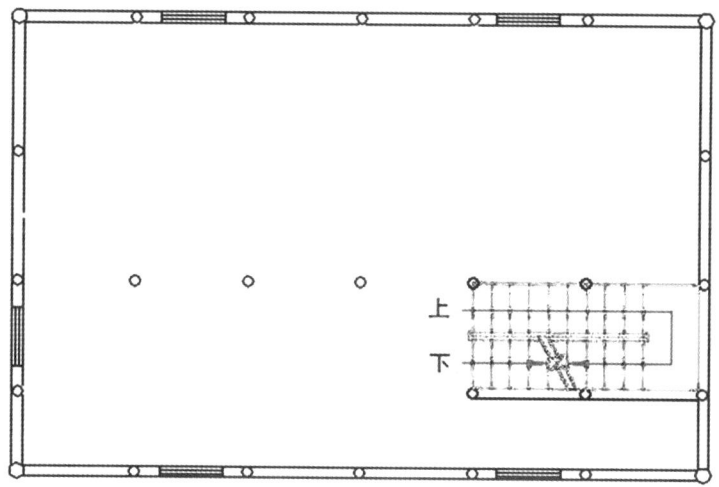

图四—1c　传统房屋平面示意图第三层

由于技术问题，楼层太矮，不能住人，用来堆放一些杂物（图四—1a、图四—1b、图四—1c）。随着建筑技术的进步及人们居住需求的提高，50年代开始有人改建三楼，一二层结构不变，最上层加高后开始设有房间。高定村寨房屋的宽度多在3-3.5米；长度一般在7-10米；每层高2米左右，有的加高到大约2.5米。现在新盖的房屋一般有四层，一楼做厨房，二三四楼住人，牲口养在房屋外面。以前房屋的窗户只有门板，60年代开始，玻璃窗户才开始多了起来。

图四—2　火塘

在传统的高定侗寨，通常一家有几个儿子，家屋建筑中就会有几个火塘（图四—2），每个儿子一个"拱"[kuŋ214]。"拱"是侗族传统家屋建筑中一个重要的概念，也是衡量家屋建筑的基本标准。"拱"是指从一层到顶层垂直而上的一个建筑单位，包括底层的牲畜栏、二层的房间与房间内的火塘，直至顶层的阁楼。父亲要为每个儿子准备一个"拱"的居住单位，供其结婚生子，这是高定侗寨传统上尽为父之道的最重要的表现，也体现出侗家人对待男性后嗣一视同仁的继承观。

（二）建筑材料与工艺

高定的房屋建筑材料多采用杉木，近几年才开始采用砖木、水泥。以前建房所用的杉木多从村寨周围的山上砍得（村民自己种植的），粗细不等的杉木各有用途。后来，山上的树林被规划，杉木不可再随便砍伐，村中建屋的杉木就得从湖南和贵州买来，一根的价格平均在500元左右；水泥和砖头要到乡上购买，由于山路交通不便，运到村里后的价格往往比市场价格贵一倍，这也是高定至今仍以木质干栏式建筑为主的重要原因。木质房子不易保养，过四五十年木头就会逐渐受损，因此侗家的房子一般隔两三年就要全部修整一次——烂了扔，坏了补。家中老人身体欠佳、生活贫困或者只有女儿的，长时间没有男人管理房屋，屋子就容易因为漏雨等原因而烂掉。通常如果有木楼倾斜变歪，就用另外的木头将其顶直。现在很多侗族家庭仍用木板做楼板和隔墙，走起路来容易晃动，且噪音较大，隔音效果也不理想。但木楼冬暖夏凉、少有蚊虫，且造价相对较低，至今仍颇受村民的青睐。

高定村内建房子时通常是亲戚和乡邻来帮忙，一般不需要雇佣工人建房，这种劳动方式被称作换工，是人们相互帮助的一种生活方式，一般不会计较太多，也不会讲价。建房子的时候，一般表兄表妹会送红条挂在房梁上，祝盖房顺利，大吉大利。以前房屋的窗户没有玻璃，只有窗板，且有一扇和两扇之分，一扇的窗户朝上侧翻，两扇则是对侧外开；20世纪60年代开始有玻璃窗户；80年代高定开始房屋重建；到90年代开始有铝合金窗户，并且开始用砖石来搭建一楼，这样可以有效地防止火灾，也令木楼更为坚固，可以防止木楼经常发生的倾斜倒塌等问题。改装后的木楼以砖石为基，外形上更为稳固，二、三、四层仍为木质结构，屋檐边缘用白色水泥勾勒出线条，窗户多为铝合金形制，黄色的砖石、绿色的木材、乌黑的瓦檐、白色的水泥轮廓与银色亮丽的铝合金窗户相辉映，令木楼在外观上色彩更为丰富鲜艳，将传统与现代建筑元素有机融合为一体。

（三）主要空间

1. 厨房

高定一般人家的厨房（火塘）设置在二楼，厨房中设有石砖砌成的灶台，以前做饭会使用上山砍来的木柴，而现在居民除少部分家中保留了原来的做饭方式之外，大多数人家开始使用电磁炉、电饭锅、液化天然气罐等现代化的做饭工具。不过，村民家中基本都保留着灶台。近几年新建的房子因为一楼不再设有圈房，所以一般会在一楼设置厨房。

2. 卧室

高定村民在房屋设计中多把卧室设在二、三楼。传统的房屋里面，家中老人会住在二楼的火塘旁边，而其他人住在二楼的其他房间；三楼在改建之后，一般也会设置卧室，二、三楼一起住人。卧室内没有厕所和洗漱间，每间卧室设有一扇单扇房门通向客厅。以前受空间限制，卧室面积较小，现在随着居住房屋面积的增大，卧室面积也相应变大，村民居住条件得到改善。

3. 圈房

高定的旧式房屋大都在一楼设置圈房，用来饲养鸡、鸭、猪、牛、马等家禽和牲口。近几年村中新建的房屋多不设置圈房，村民家中有饲养牲畜的会在房屋的外侧专门设置圈养的地方，鸡、鸭多散养在家门外。现在高定的牲口饲养以养马居多。

4. 院落

高定的房屋皆为独栋式建筑，除去近几年搬到寨门外的一些人家，因房屋面积比较大偶有设置一个小庭院之外，一般人家都没有自家专用的院落，杂物会堆置在一楼或空闲的房间，衣服会晾晒在家中专有的阳台上，蔬菜瓜果等一般会种在山脚下自家的菜园里面。

5. 粮仓

高定的粮仓多建在居住房屋的旁边，也有个别人家的粮仓没有和房屋建在一起。以前的粮仓主要用来储存粮食，现在很多粮仓已经废弃，很多家庭已经没有粮仓，少数粮仓会放置家中的杂物和为老人准备的棺材（图四—3）。

图四—3　粮仓

（四）典型民居

1. 1949年前民居

高定1949年前的房屋建筑如今只剩下三座，分别位于五苗楼附近、鼓楼旁边和楼务楼附近。房屋一般有三层：第一层主要用来养猪、马、牛等牲畜；第二层用来住人，并设有火塘；第三层因楼层太矮，用来放置杂物。因当时村中还没有玻璃等材料，几座房屋的窗户均只有窗框。由于建筑年代久远，木质房屋易腐烂等原因，几座房屋均已破损较为严重，楼务楼旁的房屋已经无人居住，其他两座房屋在修葺后仍有人居住（图四—4）。

图四—4　1949年前民居

2. 五六十年代民居

高定50年代的房屋逐渐有了玻璃窗户，到60年代玻璃窗户在高定的房屋建筑中逐渐增多。自50年代起，就有村民开始改造房屋的三层，三层被加高，除了堆放杂物之外，还可以用来居住。到60年代村内房屋的三层基本都已被改造，而其他楼层的结构和功能保持不变。近些年，随着新建的房屋越来越多，高定五六十年代的房屋建筑也不多见了（图四—5）。

3. 七八十年代民居

70年代的高定房屋并无太大变动，80年代村中房屋开始重建，村民对原来的旧房屋做了相应修整。以村中某位吴姓老人为例，其房屋是七八十年代典型的房屋建筑：房屋共有三层，第

图四—5　五六十年代民居

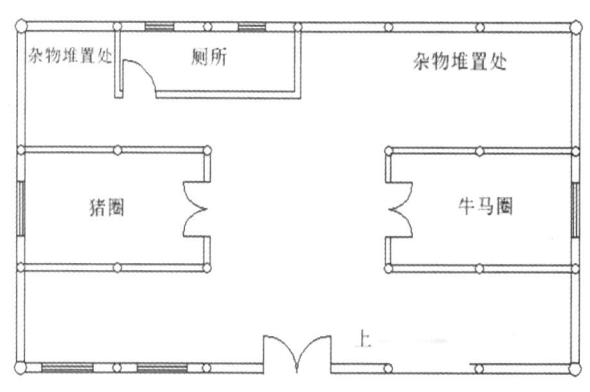

图四—6a　七八十年代房屋平面示意图第一层

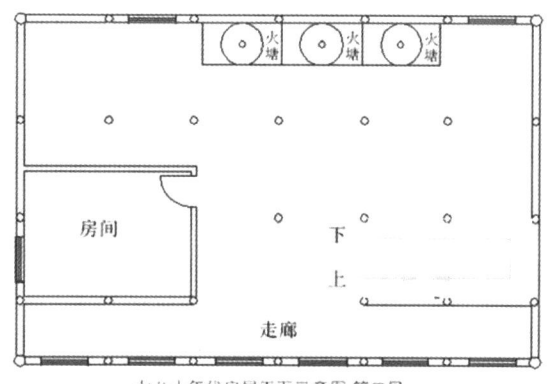

图四—6b　七八十年代房屋平面示意图第二层

一层主要用来饲养牲畜及堆放柴火等杂物；第二层空间一半是走廊，一半是火塘，共有三间火塘（老人有三个儿子，所以家中设有三个火塘）；第三层一共有六个房间，均可以住人（图四—6a、图四—6b、图四—6c）。

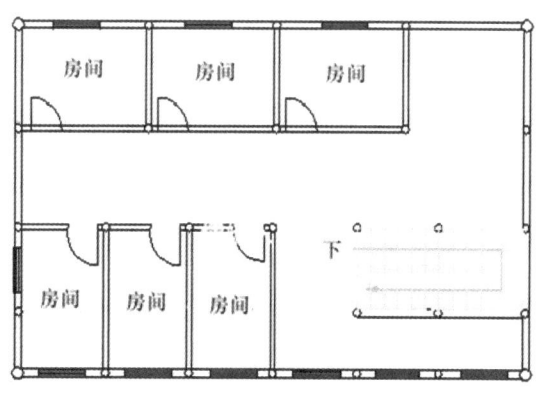

图四—6c　七八十年代房屋平面示意图 第三层

4. 90年代民居

相对于高定之前几十年的房屋建筑，90年代的房屋最突出的特点就是房屋的窗户加入了铝合金构造，以及房屋的一楼开始用砖石来加固。加固之后的房屋不易歪倒倾斜，并且可以更好地防火。走在高定的主干道上可以看到，道路两侧房屋的一楼基本都已经是砖石结构，这一类房屋建筑在现在的高定是比较多见的。因高定在90年代初才开始通电，所以90年代的高定村民家中很少有比较现代化的家用电器等（图四—7）。

图四—7　90年代民居

5. 21世纪初民居

21世纪初的高定房屋主要特色就是在窗户构造上增加了很多花纹，并且一部分房屋开始建造为四层。在这些房屋建筑中可以看出，很多房屋的一楼不再设置圈房，而是建成厨房，家中饲养的牲畜很多安置在了住宅的外面，房屋其他楼层均可住人。村民家中也开始使用一些现代化的家用电器，如彩色电视机、电磁炉、冰箱等（图四—8）。

图四—8 21世纪初民居

6. 近几年民居

近几年的高定房屋建筑已经发生了很大的变化，新式建筑房屋外表多是由钢筋、水泥和石砖建成，也有部分人家依然在建造房屋时保持90年代的建筑风格。新式房屋的家具摆设已经完全现代化，沙发、彩电、现代餐桌等一应俱全。房屋大门与老式侗寨的木门不同，多使用安全防盗门。房屋一层为厨房，其他楼层均可住人。新式房屋的建房成本要远高于老式的木质房，尽管如此，相对于老式的房屋，村中的年轻人更喜欢新式的房屋结构，并且新式房屋比较防火，所以近几年高定新建的房屋多为此类样式（图四—9a、图四—9b）。

图四—9a 近几年民居

图四—9b 在建民居

五、村落的内部结构

（一）村落布局

高定是一个大的自然村，从整体布局而言，大致由冲美岭、支配、支大、嫁物支、冲套、爹归、高寨、支塔、陪边等小区域组成。侗语里，支是山梁的意思，冲是指低地。高定依山而建，几座山脉分别为良塘韦、石鹰山、梁岑寨及盘辈。其中梁岑寨从西向东延伸，西部地势偏高，东部地势偏低；另一山脉良塘韦自西北向东南延伸，山势较为平缓，两山中间的山坡与低洼盆地即为高定寨址；盘辈为寨尾风雨桥外的南北走向山脉，石鹰山坐落于寨门附近，四座山脉交相呼应将整个高定环绕起来。村寨的祖坟与居民居住区分开，位于高定现址的东北方向，现在墓地所在位置亦为旧寨址。在村寨现址和祖坟之间，有成片的古樟树林，当地居民存在信奉樟树的传统，所以古樟树林得到高定村民很好的保护。在高定的东北方向，有一条小溪自西北向东南将村寨分为两部分，小溪的顶端即为古樟树林，而小溪的末端就是寨尾。

高定的耕地多分布在村寨周围的山坡或者山脚下，与山上的树林一起，成片地将高定环绕。村里的娱乐休闲场所除了鼓楼和水井旁外，主干道两侧的车站和小卖部等也是村民聚集闲谈的去处。寨内还有几个公共鱼塘及村民自家的私人鱼塘，鱼塘中各色的鱼儿游来游去，也是村寨的一道风景。现今，村寨的独立粮仓已经在逐渐减少，留下的一些粮仓多挨着居住的房屋建造。

（二）寨墙和寨门

以前的高定是设有寨门和寨墙的。原来的寨墙围绕整个高定建造，现在在通往古樟树林的配支路一侧仍有一段200多米长的寨墙残留。从遗迹来看，寨墙高约50厘米，宽约20厘米，由内外两道石墙砌成，中间夯土，上栽刺木，荆棘丛生，起到天然防护的作用。

高定的寨门以前有三个，如今飞山庙和小卖部的位置是高定第一个寨门；古樟树林的位置设有一个寨门；村寨中长有"樟树精"的位置也设有一个寨门。现在的高定只有一个寨门（图五—1），紧挨着高定生态博物馆，离传说中的护寨樟树精不远。寨门位于整个高定的东南方向，坐东北朝西南。现今的寨门建于2010年，寨门碑刻中记载了高定寨门的功能及其变迁："侗族村寨，寨门之设，历史悠久。古之侗寨，四周设围，或为石墙，或为栅栏，交通路口，设立寨门，派人守卫，防御匪患，保寨安民。星移斗转，社会变迁，今之侗乡，和谐安康，兴旺繁荣，无匪患之忧，无盗贼之扰，寨门之设，美化村容，客来客往，门下送迎，侗家礼节，文明重情。"

图五—1 高定现在的寨门

（三）村中道路结构

高定共有三条历史悠久的石板路：一条名叫支大，经过起别鼓楼；一条名为大寨，在村寨的戏台和中心鼓楼旁边；另外一条为配支，从学校旁边的路口直下通往飞山庙。村内的水泥路由寨门一直通到飞山庙，于2008年底开始修建，2009年初竣工。水泥路的修建导致沿路的房屋需要搬迁，其中由寨门到村寨车站这段路所搬迁的居民有10户，从车站到飞山庙这一路段搬迁居民15户，再加上因修建防火通道所搬迁的户数，一共有53户搬迁到现在村寨的寨门外面。高定内还有通往各家各户的各式各样的小石路，这些小石路从主干道上与各个居民住房相连接，方便了村民的出行。

（四）给水和灌溉系统

在侗话中井又被叫作"闷"。高定共有七口优质水井，井水四季常流，冰凉可口，略带甜味，可供村民平时直接饮用。村中妇女还会到井边洗涮衣物，也会挑水回去以供家用。高定七口优质水井均为方池形水井，其中六口水井的四面由青石板镶砌而成，石板高约30厘米以起到蓄水的作用；池底也铺有石板，在池底的中心会凿一个泉眼，以便自然水的流出；水井上均修有石拱，用来防沙尘和落叶污染水源，一些水井的石拱上刻有花纹或者文字。七口优质水井分别为：学远井、闷定支、闷楼、闷楼务、闷塘袍、闷井、冲林井。

（1）学远井（图五—2）。学远井位于整个高定的东部，村内车站广场的后面，是高定现今唯一一口有凉亭的水井。水井的四周皆为居民住房，为方便村民使用，井内常年放有水瓢。学远井碑刻如下：

学远井

"学远井"水量充沛，口感清甜，大雨不浑，冬暖夏凉，乃高定之好井。因年久失修，井水近十年来村人不能饮用，十分可惜。二〇〇七年冬，久旱加罕见冰灾，村中十井九枯，"学远井"始为村人重视。为修建"学远井"及凉亭和水井公路，通过吴胜儒、吴桂贞等人牵线搭桥，县政府、村委和热心公益事业的仁人志士积极筹措款物，投工投劳，终于戊子年三月初九日建成"学远井"及凉亭。吃水不忘挖井人！为表彰公德，特树碑勒石，让村人永记。

图五—2 学远井

（2）闷定支（图五—3）。闷定支位于高定防火路临近寨尾的左侧，即高定的偏东北方向。水井也被常年使用，水质清澈甘甜。水井石拱两侧均刻有文字，因年代久远，所刻文字已模糊不清。

图五—3 闷定支

图五—4 闷楼

图五—5 闷楼务

图五—6 闷井

（3）闷楼（图五—4）。闷楼位于中心鼓楼的东侧，除了青石板和石拱之外，闷井的两侧还分别加有石墩。因为年久失修以及水源问题，闷井现已废弃。

（4）闷楼务（图五—5）。顾名思义，闷楼务属于楼务氏族的水井，水井位于高定的东北部，在悦和楼的后方。闷楼务也因为水源问题已经停用。

（5）闷塘袍。闷塘袍位于高定的中心位置，起别楼的西侧。水井水质良好，被村民常年使用。

（6）闷井（图五—6）。闷井距离学远井很近，位于学远井的西南方向约200米。附近居民饮用者也很多，水质良好。

（7）冲林井。冲林井位于高定的东部位置，常年有水源。

除了以上提到的七口水井，高定还有冲套井、闷冲盘同以及一些居民自家挖的私井。高定村民的生活离不开井，井是高定侗寨的一大特色。

1996年，高定开始修建人畜饮水系统，即架设自来水管，从高山上引来泉水。整个系统包括人力物力等总投入约12万元，其中8万元来自政府资助，主要用于设备的购买。

高定的灌溉系统也是比较完善的。大唐坳水库于1969年开始修建，1973年完工投入使用；1973-1975年修建了北渠、南渠、东渠三条水渠。现在高定村民需要向水利局买水来灌溉种植在旱田上的作物。

(五)公共广场

1. 中心广场

中心广场处于高定的中心鼓楼前,是高定村民共有的休闲娱乐场所。广场的左侧是高定的戏台所在。整个广场地面由鹅卵石铺成,中心处有一外圆内方的铜钱形的石块,寓意吉祥富贵。高定做月也活动会在该广场与其他村寨联欢,村里一些芦笙比赛或者节日表演等活动也都在中心广场举行。日常生活中,也会有老人聚集在此聊天、娱乐。

2. 车站前广场

在高定车站与车站一侧的小卖部之间,有一片空地,即车站前广场。高定村内有多辆村民自有自营运的面包车,这些面包车因多为柳州所产的五菱牌,而被村民亲切地称为"小五菱"。几乎每天清晨,在高定车站,都有小五菱停泊,等待运载村民外出至县城或独峒镇,人来人往,很是热闹。而车站前广场主要是一些年长的婆婆聚集的场所,一些年轻的女人也会带着孩子到这个广场与老人聊天、听侗戏、侗歌以及娱乐。每到黄昏时分,外出村民从县城或独峒镇回到寨子里,带回外界的消息与货物,在车站广场驻足交谈,也有商贩带来新鲜的肉类与蔬菜贩卖。车站广场附近的村民也开设了若干商铺,令车站附近成为高定人气最旺的场所(图五—7)。

图五—7 车站前广场

（六）公共建筑

1. 鼓楼

高定共有七座鼓楼，鼓楼群有四角攒尖顶、八角攒尖顶、四角歇山顶等多种造型。有十三层飞檐的雄伟壮观的独角楼，也有三五层飞檐的玲珑秀丽的凉亭或鼓楼；有全村共建的鼓楼，也有氏族单独建立的鼓楼。村中鼓楼是男人休闲娱乐的场所，一般女人不在鼓楼中休憩；中心鼓楼是高定村民共建的，平时供全村村民一起使用；其他鼓楼归不同氏族所有，平时也归其使用。鼓楼的外墙大都刻有鼓楼序和功德碑，以解释建造鼓楼的缘由、意义以及为建造鼓楼作出贡献的个人和单位。每个鼓楼里面都设有火塘，一般一层一个火塘，以供大家休憩时，围坐在一起取暖。鼓楼里面一般都有长方形的木质座椅，来让大家躺卧坐靠等。鼓楼的房梁上一般会记载下建造鼓楼的木匠的名字和建造鼓楼的时间。鼓楼中每层的墙上基本上都写有一些侗歌的汉语歌词，平时大家在鼓楼娱乐时，会一起听侗歌或者侗戏。

（1）中心鼓楼（图五—8a）。中心鼓楼位于高定的偏北部，为高定村民所共建，是高定的公共活动中心。中心鼓楼四面双层，九层飞檐，鼓楼长宽皆为9米。鼓楼的前方就是中心广场，村里有月也活动、节庆日活动都会在中心广场上举办；鼓楼的东侧是高定唯一的戏台；鼓楼中心广场的对面是高定的篮球场。中心鼓楼里面左侧墙壁上，挂有多年来高定一些传统活动和节日庆典的宣传画册，例如，百家宴的照片、芦笙踩蹚欢乐的照片、侗族老人织侗布的照片、神秘的讲款活动照片等。在中心鼓楼的一楼还放有一个大鼓（图五—8b），用于平时召集村民到中心鼓楼处集合。

（2）独柱鼓楼（图五—9a、图五—9b）。独柱鼓楼位于整个高定偏西北位置，在中心鼓楼的西南方向。独柱鼓楼因鼓楼中间由一根大柱支持而得名，因为属于吴姓伍通族，又称伍通楼。独柱鼓楼重建于1990年，四面双层，十三层飞檐，长宽皆为8.5米。鼓楼主柱直径足有80厘米，主柱上有8根呈放射状的横梁与鼓楼四周的8根边柱相连，砥石厚重稳固，边石精心雕刻，既美观又结实。高定独柱鼓楼被列为三江侗族自治县文物保护单位，柳州市中级人民法院也曾捐钱用于鼓楼的修缮。鼓楼的墙壁上挂有"三江之最"的牌匾（图五—9c），来表示独柱鼓楼"独柱"之特色。独柱鼓楼里面的墙上也挂有村民农忙打谷子、收割稻谷以及侗布染制的照片等。鼓楼四周墙壁上写有芦笙的曲谱和有关的侗歌歌词。独柱鼓楼碑刻如下：

图五—8a　中心鼓楼

图五—8b　中心鼓楼内的大鼓

图五—9a 独柱鼓楼

图五—9b 独柱鼓楼的独柱

图五—9c "三江之最"的牌匾

五通氏族鼓楼序

侗族鼓楼，渊源久远，侗语初名堂（互），为氏族公房。营造之时，仿杉木之形，埋巨木立地，为独脚楼。家庭产生，村寨创立，一族一姓，分群定居。原之公房，变为公共建筑。楼内置鼓，楼外设坪。聚众议事，祀祭祖先，迎宾庆典。歌舞娱乐，起款断案。多种功能，共建一身。鼓楼之形，随之变化。榫卯橡梁，飞檐斗拱，巧妙结合，架起高楼。干栏之美，富殿之丽，宝塔之姿，楼阁之貌。越楚文化，交相辉映，融为一体，自成一格，为中华民族建筑艺术之奇葩。

高定大寨，历史悠久，村边千年古树，记载其漫长年轮。寨中鼓楼，初有一座，其后逐渐增多，形成鼓楼群落。如今七座鼓楼，三座为村寨公有，四座为氏族专有。村民属归不同的氏族鼓楼，虽同姓亦可通婚。氏族鼓楼者，史籍称为罗汉楼也。五通氏族鼓楼，原为廊式，虽也宽敞，却欠雄伟。五通族人，百户有余。楼与氏族，实不相称。九零年春，族众共商美举，议定修建新楼。族人培富、宝才、启山等，提议仿古之形，建造独脚楼。梓匠仕康、文旺等，绞尽脑汁，再三设计，方案始成。众老人拍掌叫好，族人踊跃争光，集资献材，投工兴建，其余氏族鼓楼，也率众人前来相帮，或捐资献料，或出力服工，男女老少，惟力是尽，本族八旬老人，公培棉、公根颜、甫梅青等，仍领头参加营建。巍巍高楼，数月乃成。独柱撑起十三层楼，世之罕见。此楼之价值，非在其高，而在其仿古之形也，美哉壮哉！

是为序。

（3）悦和楼。也称楼务楼、伍大楼，始建于1921年，位于中心鼓楼西侧，独柱鼓楼北侧，属于楼务氏族。悦和楼四面双层，五层飞檐，四根大柱，长宽皆为6.5米。楼内的墙壁上刻有："学如烟海航专线，书似云山攀险峰。观书始知学识浅，操笔才感头脑空。有关国家书常读，无益身心事莫为。"这些指导语，激励后人要常读好书，做好事。悦和楼的墙壁上也同样写有一些芦笙的曲谱和侗歌歌词。悦和楼碑序如下：

楼务碑序

楼务落成增添高定庄景，栋梁飞架标志文明侗乡。

鼓楼建筑乃是陪衬风景使之锦上添花，我闲息娱乐的公共场所。楼务建于我村大寨首这万圣地，地利人和，人杰地灵。吸引合寨老中青人昼夜到此谈古论今，享其人间之乐。

旧楼务始建于一九二一年，至今已七十五年了，由于多年失修，四侧皆霉烂。本楼老人于九五中秋节晚，召集全楼群众商议修建鼓楼事宜，大家一致认为修建鼓楼乃是弘扬民族文化，造福子孙后代的大好事，赞成全面修缮。

自九五年八月二十五日始开工，获外地、村部合寨各氏亲友人力物力捐助。本楼群众能工巧匠均到工地砌地基，造楼架，捐资、献料。大家同心协力，奋战一个多月，一座四柱垂空修建如新的五层秀楼就耸立在我村大寨首。壮哉！

七座鼓楼相辉映，三省侗乡最闻名。

本楼人仓颉撰

公元一九九五年农历九月二十九日

（4）伍苗楼。伍苗鼓楼于1985年重修，属于伍苗氏族。鼓楼四面双层，七层飞檐，四根大柱，长宽皆为9.5米，有露空天井。伍苗鼓楼碑刻如下：

楼碑序文

自古以来，鼓楼是侗乡苗寨之标志，是美化山村之配景，是古稀花甲聚集闲聊之处，是宗族民众相商议事之所，是青年后生乘凉娱乐之场，是侗家苗寨芦笙比赛之地。原先此楼，精工细作，雄伟壮观。在"文革"年间，农村中的名胜古迹、古董文物皆列入四旧对象打击。此楼被砍去五层，破坏得七零八落，破烂不堪。年久失修，无人看管，日晒雨淋，瓦角桁条九成霉烂。

八二年政策落实，承包到户，生产发展，生活改善，民强国富，市场繁荣。体现出社会主义之优越，显示着共产党领导的英明。贫则思富，富则思享，人之常情。全族老幼皆欲修整此楼。得党政多方支持及邻省物力资助，本族、本地民众捐工献款支援，就此兴修起来，于八五年农历七月十四修成。

这次刻碑，只是记上补修时的资金数。关于此楼原先起建，据今回忆，只记得四条主柱是吴雄彪、吴福荣、吴信屎、吴朝国等四户乐捐，其他的，由于年长月久，记簿失传，无法刻上。

此楼修成，皆赖临近村屯的良朋好友、五亲六戚掏补解袋，捐工献款多方协助。对于乐善好施众位深思，无可酬答，唯有刻碑致谢。

补说乐捐寿木，付昌、付斌、显明、安喜等各一根。

公元一九八七年春节立

（5）起别楼（图五—10）。六面一层，六柱，三层飞檐。鼓楼由六根柱子支撑，底端呈六边形，每一边皆为2.5米。起别鼓楼碑刻如下：

序　言

"起别"是高定的一支小寨，户数不多，因此其鼓楼便起得比较矮小，为三层瓦檐。几十年来由于风雨侵蚀，部分木构件已朽坏，鼓楼的形状也严重歪斜，癸巳年初，老人商议决定在旧址重建鼓楼。此议一经公布，全体村民踊跃捐款献料，梓匠吴学巳领头施工，经月余时间，新楼建成。鼓楼虽不很雄伟，但却穷其玲珑，慢慢品之，也有其独特的风味，鼓楼不论大小，均为村寨之魂。

首士：吴俄才　吴学巳　吴学金　吴曲江　李申华　李青山　杨永清　吴国玉

二〇一三年农历四月十七日

（6）伍六雄鼓楼。伍六雄鼓楼位于高定车站旁边，四面双层，四柱，七层飞檐，长宽皆

9米，属于伍六雄氏族，现在该鼓楼基本废弃。伍六雄共有两块碑刻，碑刻如下：

碑刻1：

乐善好施，功德无量，流芳百世

兴建六雄鼓楼序：

鼓楼是公共建筑设施，侗家特有标志文化象征，为人们欢聚场所。古往今来，为人众瞩目。

为增置原制继承传统，我等集资募捐，竭心尽力兴建六雄鼓楼一座。又得政府多方援助，实为乐事。金柱竖起，玉檐高啄，巍峨壮观，有胜地缥缈之感。

丙寅岁中秋勒石记芳名酬答好意感沐鸿恩。如今聚首一堂，激起心底里感情由衷地高兴自豪。公元一九八六年八月十五日立。

碑刻2：

名垂千古，千秋传颂，随缘乐助

序言：六雄鼓楼建于1986年，建后不久，由于楼基下陷，楼体倾斜，楼柱穿方等均受极大损坏，为了保护高定鼓楼群的雄姿永存，经六雄族全体决定，对本族鼓楼进行改建，并于2002年4月着手动工，除了本族捐工捐资外，还得到社会各界的大力支持，纷纷乐捐，使得鼓楼改建工程顺利进行，并于2008年8月竣工。为了表达谢意，今勒芳名竖碑，让世人瞩目，缅怀子孙后代。

图五—10　起别楼

（7）支大鼓楼（图五—11）。支大鼓楼在生产队的时候也叫二队鼓楼，于1987年6月1日重修。四面双层，三层飞檐，四柱，长宽皆5米，有露空天井。

图五—11　支大鼓楼

2. 风雨桥

以前在飞山庙的现址旁边有一座风雨桥，但"文化大革命"时期被破坏。1984年在飞山庙东北方向约五百米处修建了一座小风雨桥，是高定现存唯一一座风雨桥。这座风雨桥位于小溪的下游，寨子的尾端，寓意能把村中的财运、好运挡住而不外流。如今，这座风雨桥使用得并不多，通过风雨桥可以到达高定东部山下的田地中，农忙时去田中耕作的村民会经过此桥（图五—12）。

图五—12　风雨桥

3. 井亭

高定共有七口古优质水井，以及其他三四口村民自挖的水井，其中中心鼓楼旁边的闷井、悦和楼旁边的井皆因为水源干枯而停用。高定车站旁边的井为学远井，是高定现今唯一一口有凉亭的古井。水井是侗族女人常待的地方，女人们除了在井边挑水洗衣之外，也会聚集在井边闲聊、休憩。

4. 戏台

高定仅有一座戏台，位于村寨北部，中心鼓楼左侧位置。戏台的构造比较简单，只有一层。平时戏台不开放，有节庆活动、文艺活动比赛或者县乡到高定做活动时才会投入使用（图五—13）。

图五—13　戏台

5. 庙宇

高定有一个飞山庙，用来供奉飞山公杨再思。1753年飞山庙始建于现高定小学之处，后来搬移到距飞山庙现址西北方约一百米处的小山坡，1920年左右迁到现址。随着寨内人口的增长，外出念书和务工的人逐渐增多，越来越多的人前往飞山庙祭拜，以求得飞山公的庇佑，故而寨子的老人协会在2006年农历六月十二日修建了一个木楼，来扩大飞山庙的空间，以供祭拜人员的聚留。飞山庙木楼的横梁上写有："灵神暗庇老少福寿千秋乐，飞宫明建男女齐全万代安。"寓意希望飞山公保佑高定村民健康长寿，人丁兴旺，世代安居乐业。每年三月三，高定寨内的年长男性以及老年协会成员，会聚集到飞山庙，集体祭奠飞山公，祈求飞山公保佑。飞山庙碑刻（图五—14）如下：

序 言

庙——是供奉祖宗，神佛之地。庙堂——是供奉祭祀祖宗及诸神神位之庙宇。为之，宗敬神者，则由衷敬拜也，求神赐福，及取高尚，富贵荣华，导致禄位高升。然而，我庙自立定请飞山大王安神之日起，而神佛灵灵，兴工作业，保我凡人，庇佑后启，拜佛祭祀，凡人廣麟而胜之。"文革"动乱年间，此庙受毁不堪，阴神——飞山大王难以安居作赐，慧佑凡人。中央政策佛教庙重兴，唯奉此政，为使其神如往安宁就位，经众士协心同心，重修此庙，资助投工出力，乐善好施，勋劳永存。为此永传后人，特立此碑，铭记千秋，流芳万载，妙哉！呜呼噫唏！

公元二○○六年七月十四日立

图五—14 飞山庙碑刻

6. 鱼塘

高定村内鱼塘众多，除了中心鼓楼和旧学校旁边的两个为公共所有外，其他皆为私人所有，遍布于寨子的各个角落。鱼塘内大都会架设一个四方的小草架，架子上放些许干草，冬天到来时，鱼便可以在小草架下面的水域取暖（图五—15）。

图五—15 鱼塘

7. 防火通道

高定人现在对防火尤为重视，寨内建有较为系统的防火通道，用道路将密集的木房隔开，并沿路设有消防水管、消防火栓、消防水池等应急设备。一旦发生火灾，全村竭力救火，都会把手中事暂放一旁。所以，村中发生大火灾的可能性较小，只有一些小火灾。高定最后一次火灾发生在1918年，那场火灾后只剩下两个货仓与一个油坊，所幸无人伤亡。相传，1918年除夕前一天，村里有人发现小偷偷牛后大喊"抓贼"，可小偷却大喊"着火了，救火啊"，对火灾危害之大深有体会的寨民听到后，心想救火无疑比抓小偷更重要，于是马上集中起来去救火而不去抓贼。后来大家才发现着火是假而小偷是真。到了第二天晚上也就是除夕夜，有户人家真的起火了，然而由于昨晚刚被骗，村民对于救火之事已有些麻木，以为这一消息又是假的，因此都没有动身。直到火势渐大才意识过来，不过为时已晚。为避免这种事情再发生，现在村内的大喇叭一般不轻易使用，通知和开会用小喇叭，急事才用大喇叭。

8. 其他公共建筑

高定有一所小学，三所幼儿园（图五—16a），七家卫生所；有二十几家小卖部，出售的日常生活用品比较齐全，小卖店大多到独峒乡独峒镇里进货；有一家菜铺（图五—16b），主要销售蝌蚪、黄鳝、蘑菇、猪肉等，其中蝌蚪、黄鳝多为店主从贵州进货回来，是高定寨民喜爱的菜肴；村内设有一个村公所，有两层的半砖石半木质楼房一座，用于平时村务办公；在寨内高定小学旁有寨民开设的一家网吧，其内有20台电脑，为防止村内的小孩沉迷于网络，网吧只在寒暑假和节假日才对外开放。此外，高定目前有两家茶叶加工作坊，一家因为年代久远偶尔会投入使用，一家于2014年农历二月才开始营业。

图五—16a 幼儿园

图五—16b 村民买蝌蚪

（七）墓地

高定的墓地又称"阴寨"，即故去的祖先所落脚的寨子，墓地所在的位置正是原来高定旧寨的地址，新寨和阴寨之间被小溪和水田隔开。墓地位于寨子的东北方向，建在山腰上，整体上坐北朝南。据村中老人讲，墓地始建于明朝，目前墓地中还可以看到不少清朝时的墓碑，年代最久远的落款为清道光二十年。这片墓地作为高定的集体墓地，埋葬着寨内不同姓氏、不同年代的高定先辈，并无明确的分布规

图五—17　墓地

律。在村民看来，阴寨同样是寨子的组成部分，与村民所生活的阳寨共同构成了高定侗寨（图五—17）。

除了阴寨之外，高定还有一些坟地分布在其他山上。例如，村民敬仰的石公老的墓地就被安置在一座山的半山腰，距离高定约有半个小时的车程，坟地坐西北朝东南，面朝小河，背靠大山。另外，在高定寨外公路的南侧也有一小片坟地。

现摘抄部分墓碑如下：

（1）先考吴总德之坟，孝男吴老少、吴相钱，光绪二十年十二月十八日。

（2）清□□恩公吴聪才灵位，孝男根三、艮包，孝孙盛开，玄孙农生，光绪乙未年正月吉旦吉时。

（3）故恩考吴公讳盛学大人之墓，孝子吴浓才，孝孙吴国安、吴国荣、吴国恩，曾孙吴任江、吴任钧、吴任力、吴启玉、吴启光、吴求义，重孙吴财武、吴□□、吴□景、吴□□、吴玉山、吴玉彪，再曾孙吴宏苗、吴宏早、吴晓□、吴宏□、吴□□、吴□谊。吾祖父吴盛学于吉年吉时仙逝。自幼以书为伴，勤奋好学，曾赴湘默学校□□，学识渊博，故有秀才之美称，精通世故。早时测定社会发展规律预言，长此以往，有折富济贫一流。迄今，可然兹日社会。斯人一身正气，为人诚实，和睦邻里，胸怀大志，自办私塾，培育人才，为国贡献。严公才德之恩后继有人，均在国家院校毕业，为民为公服务，众所赞扬，为保严公恩德，特立此碑纪念。

（4）恩深先考李保祥之墓，孝孙李庙朝、李青良、李兴中、李老庙、李兴雄、李兴宏、李兴华、李□席、李青红、李朝成、李青山、李铭、李强、李席春，曾孝李阿园、李香敏、

李勋、李全景、李阿胜、李小松、李可乐、李可、李香子、李景锋、李东海，孝孙李云、李求娟、李娟女、李云苏、李述珍、李娟木、李娟曲、李波，曾孙李焙艳、李艳业、李念纯、李纯儿、李小宁、李晓□。1960年9月故，1997年清明立。

（5）故恩考吴公万才之墓，出生于乙未年，1996年告终，享年78岁。孝男□□仕周虎，孝孙：春敏、大生、全玉、全刚，女：刚术、吴娟、云迪，孙：东兴、好东。2003年6月4日辰时立。

（6）先妣吴人吴氏老孺之墓，孝男吴仓胜、吴仓仕、吴仓仁、吴午现、吴仓明、吴文前、吴文贵、吴吾安、吴仓启、吴仓利、吴求亥、吴求现、吴包犀、吴庙求，孝孙吴转雄、吴转荣、吴转玉、吴转辉、吴忠吉、吴转兴、吴转茂、吴神浓、吴金保、吴行亥、吴春环、吴光平、吴元兵、吴环望、吴包光、吴未良、吴高勇、吴元南、吴元东、吴金环、吴庙权，曾孙吴刚红、吴明刚、吴曲坡、吴爱国、吴爱明、吴仕文、吴友明、吴金平、吴包庆、吴包九、吴兵红、吴成台、吴刚辉、吴元帅、吴世明、吴红坤、吴明杰、吴辉岳、吴辉鹏、吴辉群、吴成辉、吴红富、吴立业、吴校波、吴明波、吴生丰、吴生伟、吴生华、吴建军、吴建明、吴桃建，玄孙吴万德、吴万成、吴万鹏、吴函宇、吴宇强、吴万强、吴璟函、吴璟鑫、吴成泽、吴成东、吴金生、吴强顺、吴万攀、吴万聪、吴万川、吴万州、吴万财、吴万昆，吴鹏顶，来孙佳佐。2013年清明立。

六、村落的外部结构

（一）村落及周边田地布局

地处绵长的南岭山脉之中，又在贵州、湖南、广西三省（区）交界的三省坡大山脚底，高定独特的自然地理环境使它成为典型的高山型侗寨，与诸多处在溪河坪坝环境中的侗寨大不相同。

高定坐落于山坳间，整体地势落差较大，山坳中间还有一排连塘，将寨子隔开成两片。所谓的"一庙一林双寨三径七楼七井"，以及寨内各式各样的景观，纷纷沿着山坳向山坡顺势而上。村内沿防火通道前方，还有一条自西北向东南的溪流，缓缓地伸向村外。

站在高定寨门上放眼望去，田地零散分布在村外高低起伏的山上，很多为梯田；梯田之上为杉树林，零星散布在寨子四周的土山上，依山势高低起伏，形态各异，点缀在广阔的天地之间。

1. 田地

高定地处山区，人多田少，人均仅有不到半亩的耕地。不过，勤劳智慧的高定村民靠山吃山，尽其所能地在相对平缓的坡地开荒种田，也有部分村民开辟了少量梯田（图六—1）。

图六—1　田地

根据耕地的水利条件，当地村民将田地分为水田与旱地。水田一般在河流附近，或接近水渠，多用于种植水稻；旱地则在山脚、山腰上呈不规则分布，主要种植茶叶。在高定，基本每家每户都有茶园，一般都有两三亩，少者一亩。茶叶为村民的主要收入来源（外出务工者除外）。在旱地，高定村民也会种植棉花、金银花等经济作物。

此外，在一些可供开垦的平地上，高定村民还会种植萝卜、芥菜、红薯、马铃薯、青菜、玉米等作物，用以满足日常生活所需。

2. 林地

高定林地面积达六百多亩，村子周围山林簇拥环抱。高定的林地分布具有一定的规律，山脚之下多是油茶树等植株较小的树种，而山腰之上则栽有杉木、松树、榕树、樟树等较高大的树木。尤为值得一提的是高定北侧山坡上的大片樟树林，其中一棵樟树的树龄长达六百年之久，其他的也基本在百年以上，被视为高定的风水林。据村里老人回忆，1958年左右村里有两三千棵樟树被砍伐。现在的高定，林地被按照人头分到各家各户，最后多为村民自家建房所用。他们种植的树木多数能在二十年左右长成，大者大用，小者小用，每年都会有人去砍，但需要有准砍证；砍完之后，要再栽上新树苗。

林地在高定被视为宝贵的自然资源，乱砍乱伐、偷盗、卖树等行为是绝对不允许的，一经发现都要受到相应的惩罚。

（二）村外道路与交通

自建寨以来，高定对外交通就主要依靠陆路，虽然高定村外有几条河流，但常年水运不通。居住在山上的高定寨民长期外出不便，只能自己开辟山间驿道，出没于荒山野岭之中，出趟远门都需要翻山越岭。

随着与外界交往的日益密切，高定与附近其他村寨之间才有道路相通，不过大多为土路或石板路。高定通往外部世界，主要通过东、西、南、北四条道路：第一条，可以从东边通往本县的八江乡，可直达县城；第二条，可以从南边通往湖南通道，可直达靖州；第三条，可以从北边通往本乡的独峒村，到达三省坡地区的主要集市，亦可直达县城；第四条，可以从西边通往贵州黎平县洪州及水口等地，同时可直达黎平县城。这四条主要的道路，均用青石板铺砌而成，或用鹅卵石镶砌成台阶，长者有数十里，短者也有七八里（与临近的村寨道路相连接）。高定村民外出或上山劳作，常年以这四条道路为主要通道。近几年，高定修建了一条二级公路，自东南向西北经高定寨门而过，全程硬化水泥路面，将高定与独峒乡政府所在地独峒镇联系在一起，这是高定通往外界的唯一一条公路。虽然整段路比较蜿蜒曲折，路面狭窄（两辆车可勉强通过，有大车则需让行），拐弯处、上下坡较多，但它确实大大便利了高定与外部世界的联系。

随着道路的相对畅通，村民外出逐渐频繁起来；同时，得益于保存完整的侗族自然文化景观，也有越来越多的参观者和游客从外地慕名而来。如今，在高定村内防火通道路首形成了一个小车站，车站平常停有几辆私人面包车，主要来往于高定与独峒、三江之间，到独峒乡每人单趟5块钱，到三江县单趟需要20块钱。目前，高定总共有15辆面包车，车的价钱基本在3万元到5万元之间，面包车拉客的话最初要交给村里一些管理费，现在不再需要。

近年来，村内年轻人基本都有摩托车，加上新修的公路，到附近村寨或者乡里比以前方便很多。

（三）本村与周边村落的交往和社会关系

高定东接牙寨村，西及贵州黎平县洪州镇，南与牙寨村、林略村相连，北与干冲村及湖南省通道县独坡乡毗邻。与高定临近的这几个寨子亦为侗寨，相比而言，居民近两千五百人的高定属于较大的侗寨。一直以来，高定与邻近侗寨存在一定的来往，关系都比较融洽。

1. 通婚

高定与邻近的村寨皆为侗族村落，他们可以通婚结亲，属于同一个通婚圈。高定的通婚圈形式有三种：一是寨内不同祖先的氏族之间通婚；二是与归盆、巴团、林略、独峒、平流等附近村镇通婚；三是外出务工人员在外面结识而成婚。以前，当地人认为"好男不外娶，好女不外嫁"，能在本村内找到对象是一件光荣的事情。只有嫁不出去的女孩子才会嫁到其他地方去，男性娶到寨外的老婆也是不好的。现在村里人的眼光开放了，没有以前那么多讲究，娶到邻近村的女孩或者嫁到邻近村都习以为常。通过婚姻这层关系，高定与邻近村落之间往来也比较频繁。

2. 重大联谊活动

每逢节日或是村内外有重大活动，高定与周边其他村寨交流的机会自然也就多起来。高定往往与附近寨子事先商定，统一意见后，邀请对方村民到本村来，或到对方村里去，进行某种集会或活动。

（1）月也

逢双年三月，高定都会与附近某个村寨一起搞一次月也（详细介绍在本文第九部分中的节日习俗板块），时间长的话能持续一个星期，最短也得一个晚上。做月也，按照约定邀请邻近某个寨子的青年男女到本村来，双方赛芦笙、对侗歌等，待上一两天后，再到对方的寨子做客。林略、干冲、邑团等是与高定常做月也的几个寨子。月也被视为侗寨之间的主要结交方式，表面上呈现出一种群体性的公开谈恋爱形式，实质上不仅具有村落间联姻方面的内容，而且含有村落联盟的某种影子。

（2）芦笙比赛

侗族人喜爱吹芦笙（图六—2），地道的高定村民自然也不例外，而且村里还自发组织了芦笙队。他们不光自娱自乐，或是表演给本寨村民看，亦在节庆或农闲期与附近的寨子搞芦笙比赛，比赛的具体事宜由双方协商而定。在芦笙比赛当天，双方寨子的代表身穿民族盛装，会集于某个村寨的芦笙场，吹笙踩堂，奏响村寨间的和谐乐章。有时，独峒乡也会举行芦笙比赛，高定会派本村芦笙队前往参加，展示高定村民风采的同时，借机加强与独峒乡及其他村寨间的来往。对于流着同一侗族血脉的他们来说，芦笙比赛只是同胞间往来的一种途径，无所谓输赢好坏，重要的是在整个过程中能够互相包容，互相认同，互相理解，并在以后能够继续保持这种稳定和谐的关系。

（3）文体活动及其他

当今的高定村民，越来越注重精神生活层面的满足，闲暇时间或搭戏

图六—2　芦笙

台、唱侗戏，或摆百家宴，或组织篮球赛、气排球赛等。当然，他们更多的是与周围的侗寨一起联欢，你来我往，传递快乐，共享生活。

高定与其他村寨之间还存在一些偶然性较强、容易受个体主导的往来。比如两个寨子的村民共在外地某个工厂打工并保持联系，或者都有学生在某所学校念书并常有往来等。

高定通过上述重大联谊活动与其他村落间进行往来，不仅能够加深与其他侗族村民之间的认同感，增强侗族村寨间的友好与团结，同时也切实丰富了双方寨民的日常生活，有时候甚至可以为解决某些纠纷提供良好的契机。

（四）圩集等集会

1. 石鹰山圩场

侗人把约定俗成的集市交易称为"圩日"，一般三天一次，集市所在的位置叫作"圩场"，到集市上进行交易、办事就叫"赶圩"。高定自建寨不久就存在赶圩习俗，延续至今。

石鹰山圩场与高定一山相隔，具体处于高定生态博物馆东南方的石鹰山上。由于圩场相对较远，且山路难行，村民一般选择大清早出发，多几人结伴，一个小时左右方可到达。一些路途遥远的村寨寨民则不得不半夜赶路，翻山爬坡，有的卖家肩挑或背负着圩场上要卖的物品，异常艰辛。

圩日那天，十里八乡的山里人都会前去，人来人往的圩场十分热闹。首先，圩场上卖有五花八门的物品，很多都是在村里小卖部买不到的，如包括金银装饰在内的各种精美手工艺品，种地所需的品类齐全的农副产品，纯手工且实用性高的家庭用品，独具侗族酸辣口味的各色食品，款式不同、手感各异的民族服饰等等，村民们可根据自己的需求尽情地挑选。

圩场不仅供人们进行物品买卖，也是进行牛、羊、马等牲畜交易的绝佳场所。据说，该圩场为湘黔桂三省（区）交界处最大的牛市交易场之一。届时，高定以及来自三省（区）交界处各村寨的买主与卖主汇集到圩场一处，依照他们传统的方式讨价还价，最后达成交易，并由此建立互惠互利的经济往来关系。

2. 独峒乡集市

每月农历逢二、五、八，高定村民可以到独峒乡上赶集。从高定到独峒乡，骑摩托车需要大约一个小时，开车半小时左右。

集市一般从早上六点就有商家准备摊位，至八点所有摊位都已开始交易，赶集的人渐渐地多起来。集市上物品十分丰富，种类比较齐全，有瓜果蔬菜、家禽肉类等食品，有服装、鞋帽、银饰、染料、五金等生活用品，有碟片、收音机、VCD、DVD等电子产品，也有种子、肥料、农具等农作用品。赶集的人绝大多数来自附近的寨子，你前我后，场面尤为热闹。一般到下午一两点才收摊。

（五）款组织

侗语的"款"和汉语的"款"，其含义基本相同，都有"互相盟誓，真诚结交"之意。款起源于何时已难以追溯，但它作为侗族所特有的古老社会组织长盛不衰，直至中华人民共和国成立以前，在一些较偏僻的侗乡山寨仍有保留。侗寨高定，就是一个曾经有款无官民做主的世外桃源。

据相关侗族资料介绍，款以地缘和亲缘为纽带，由部落与部落、村寨与村寨、社区与社区之间通过盟誓与约法而建立起来，是带有区域行政与军事防御性质的联盟。

高定村民所认定的款同样具备上述的性质与特点。据村里的老人讲，按照地理范围及规模的大小，他们将款分为小款、中款和大款三个层次。其中，小款是最小的款单位，为一个由多个家族组成的自然村寨，属于民间自治最基层的社会组织；中款则多由几个自然村寨或者一个主寨联合附近的几个寨子组成，他们有固定的活动场所——款坪，这一层次的款在约定的区域内签订规约，以方便解决内部的社会矛盾及民事纠纷；大款由若干临近的中款联合结盟而成，历史上并不多见，需要大范围内重大事件的触发，由于临时性较强，所以大款没有固定的地域范围与活动场所。不论小款、中款还是大款，都有其款首。基层小款首从寨老中推选出来，而众多的小款首经过选拔而产生中款首。大款首相当于一定区域内的行政长官，由小款首、中款首共同推选出来。

由上述可见，高定属于小款，独峒乡里有中款，三江县有大款。历史上高定曾与周围的几个村寨结盟形成中款，即地缘组织，以此保证几个村寨的和谐与安稳。据高定的老人讲，高定小款每年开两次会，分别在3月和8月举行，即开春播种和秋天收成时，地点一般在中心鼓楼。全县每隔三四年开一个大款会，制定全县的规章制度，高定的款首每年都要参加。

此外，高定的每个房族还有一个更小的款头，历史上的高定长时间无国家政府管理，村规民约由村里的款首及各房族的小款首一同商定，以此来处理村寨内外的重大事务。1950年村委会开始出现，款在高定逐渐被废除，村中的行政管理工作转由村委会干部负责。

七、人群与社会组织

(一) 个体与家庭

目前,高定拥有人口约2483人,共646户,一般家庭人数3—5人,多为两代同堂或三代同堂。本村主要有吴、杨、李、莫、黄、卢等姓,其中吴姓为大姓,约占户数的90%,杨姓约占户数的7%。

高定家庭以生养两个孩子的居多,有的村民仍存在一定的重男轻女思想。在婚姻方面,实行一夫一妻制,多数为嫁娶婚,此地不存在招赘婚和两头顶婚。当地认为结婚最好在二十来岁,讲究"好男不外去,好女不外嫁",因此内部通婚的情况较为常见。不过,随着青年男女外出务工越来越频繁,与外来人婚嫁的现象也普遍起来。

从总体上来看,高定的家庭模式有三类,即核心家庭(以婚姻为基础,父母及其未婚子女共同居住和生活)、主干家庭(父母和一个已婚子女或未婚兄弟姐妹生活在一起)和扩大家庭(在核心家庭或主干家庭的基础上将其他旁系亲属纳入组合而成),这三类家庭中以主干家庭数量居多,核心家庭次之,扩大家庭存在一部分。

(二) 家族与姓氏

依据血缘集团为基础来分,高定的构成可划为三级:一是家族。家族多由一个祖公繁衍下来的五服以内的各家庭组成。侗语称家族为"补腊"[pu21la51],其意表示家族内部各家庭之间具有像父子一样亲密的关系。家族内部的重要事务,如财产分配、婚丧嫁娶等,均由家族内德高望重的长者来主持和处理。二是氏族。氏族是由同宗共祖的多个家族组成。氏族侗语称"斗"[təu51],含有"窝"或众多之意,引申带有血缘关系的群体。氏族作为村寨的中层组织参与村寨各种文化、宗教等活动。三是由一族一姓的多个氏族组成的村寨。高定内部每个氏族都建有氏族鼓楼,由此鼓楼成为氏族的象征。在村人的观念里,氏族与鼓楼,通常成为两个等同的概念,既可说村寨是由多个氏族组成,亦可说是由多个鼓楼组成。高定现有的646个家庭,又可以归为26个家族,7个氏族。各家族的户数不等,少者有十多个家庭,多者达三十多个(户数多的家族,就其血缘来看,有的已超出五服之外)。显然,各氏族的总户数及家族数也不相同,大的氏族达156户,含有8个家族(伍苗氏族);小的氏族仅25户,含有2个家族(伍峰氏族)。

高定村内最古老的氏族是伍苗、伍通。以前伍苗、伍通分居在小溪的两边,小溪东边为伍苗,西边为伍通。由于人口发展及通婚等原因,两族有部分混乱杂居,但小溪两边基本还以这两姓为主。

以下表格可大体显示以姓氏为中心的房族状况：

房族	姓氏	迁入时间	来自何处	来时人数	目前户数
伍苗	吴	1400年左右	贵州黎平县牙双村	1位阿公	130户
伍通	吴	1500年左右	三江县周坪乡寨准、平传一带	1位阿公	不详
伍峰	吴	1600年左右	湖南通道县播阳乡新寨	不详	30–40户
伍大	吴	1700年左右	湖南通道县播阳乡	1位阿公	30多户
伍六雄	吴	1700年左右	贵州黎平县亮思寨	1位阿公	50多户
伍央	吴	民国初	独峒乡归盆村	两兄弟（吴央海、吴央桥）	30多户
李姓	李	六七十年前	三江县同乐乡孟寨村	1位阿公	20多户
卢姓	卢	1930年左右	湖南宝庆	1位阿公	2户
黄姓	黄	不详	湖南通道县播阳乡	1位阿公	1户
莫姓	莫	不详	三江县八江乡三团村	1位阿公	1户
王姓	王	不详	不详	1位阿公	1户

注：李姓后归为伍六雄，卢姓归为伍央，黄姓、王姓归为伍苗，莫姓归为伍大。

（三）语言与文字

1. 侗语的使用与汉语的传入

学者把侗族划分为南北方言区，高定属于典型的侗语南部方言区，当地人在日常交往中均使用侗语。1949年前，村民中懂得汉语的人极少，唯有外出务工或者读书人懂得。20世纪60、70年代以后，随着高定外出务工或读书的人不断增多，以及广播、电视、手机等现代媒介工具的普及，加速了汉语和汉字在当地的推广与传播。现在，高定大部分人能用汉语与外来者交流，只有一部分五六十岁以上未出过远门或未学习过的老人（以女性为主）和幼小的儿童不懂得用汉语（西南官话之桂柳话或普通话）来进行交流。

2. 汉字记侗音

高定没有自己的侗族文字。在汉语传入之前，村民在交往记事过程中都没有文字记录。汉文在村寨得到传播并大量使用后，人们开始用汉字来记侗音，如侗歌、款词、经文等方面的记录。用汉字记侗音主要是指用汉语的同音字或近音字记录侗音。在高定村民的日常生活中，可以经常发现用汉字记侗音的现象，如侗语称父亲为[po]，爷爷为[kuŋ]，村民用他们的同音字或者近音字来记，父亲记作"卜"或"甫"，爷爷记为"公"。据接受访问的一位鬼师讲，他的经文也使用汉字记录。用汉语记录侗音，作为一种替代形式在村寨推广和传承下来，这对当地传统文化的传承无疑有着重要的作用。

（四）医疗、卫生与教育

1. 医疗卫生

1949年前，高定村民在生病时靠鬼师疏通病情。随着文化水平的提高，医疗条件有所改善，村民开始信赖土医和西医。现在高定村共有5位土医，他们平时使用的草药，主要从独峒乡或者县里的卫生院拿来，还有一些是土医亲自从高定周围的山上采摘得来。相对土医而言，村中年轻人更信赖西医，高定现有国家定点医务人员2人，他们都在专门的卫生院校学习过。高定村内有3家诊所，4家药房，药房和小商店是混合体，因店主多有一定的医学知识，故在卖日常生活用品的同时，也设有专门的药柜以销售一些治疗一般性疾病的药品，如感冒药、退烧药等。但是，需要看病的村人多去诊所进行治疗。

高定注重村落卫生清洁，所以村落整体卫生水平较高，并于2006年被评为柳州市"十大美丽乡村"。在村落卫生方面，高定专门请有一位清洁员负责寨内日常的卫生工作，以保证村落日常生活卫生；同时，村内设有多个垃圾回收站（图七—1），村外还建有专门焚烧垃圾的小房子，定期将垃圾送至村外的焚烧地点进行焚烧；高定还特别注重加强村民的卫生清洁意识，若出现村民乱扔垃圾的现象，会对其进行罚款以示惩戒。

图七—1　垃圾回收站

2. 教育

高定约于1935年开始创办小学，起初只有一个班，60人左右，开设语文、算术两门课。1949年后，村民开始捐资捐木建立起一座木楼为校舍，完善教学条件。20世纪60年代后，学校招生人数开始逐渐增多。20世纪90年代以来，高定小学在校学生保持在300人以上，适龄儿童入学率较高。2001年，县政府拨款16万元，村民集资14万元，新建了一座砖混结构的教学楼，建筑面积400多平方米。小学生在升入初中之后要到乡里去读书，需留校住宿，一般周末可以回家。高定除有一所小学外，还有三所幼儿园。高定共有小学生约220人，中学生100人左右，小学教师8人，幼师2人。据高定村委会统计，高定目前共培养出本科生23人、大专生12人。受地理环境、思想观念、经济因素的制约，高定村民的文化程度普遍不高。近几年来，高定村民逐渐重视儿童的教育问题，教育状况正在逐步改善。

（五）社会组织与管理

人民政府成立以前，高定都是利用款组织来保护村寨。款是一个自发的群众性组织，分大款、中款、小款，款内人员没有工资，属于公益性组织。高定属于小款，款坪在中心鼓楼。款每年开两次会。高定每一个房族还有一个小款头，小款头对族内成员犯错后惩罚的方式有罚钱和活埋两种形式。比如，村里有人犯了偷抢之罪，将其交给所属的房族进行活埋，如果不执行，则吃光烧光犯人家的财产。现在高定没有款组织，由村委会制定一系列的规章制度来管理全村。

目前，高定设定了村党支部及村民委员会，共有村干部四名，其中两人脱产，两人不脱产，村内的各项具体事务分别由他们负责。在村寨的中心位置设有村公所，用于村干部的日常办公。除了村党支部、村委会之外，老年协会也在某些方面协助着村寨的管理工作。高定老年协会，目前有80多名成员，支委13人，其中会长1位，副会长2位，出纳1位，会计1位，监委4位，委员4位。老年协会的成员多数是头脑比较灵活、善于言辞并具备一定管理能力的老人。根据村里的实际情况，老年协会不定期开会，主要商谈具体的事宜，如防火、卫生等方面的工作。

高定寨内秩序的维持，主要依靠村党支部、村委会、老年协会等组织的管理，也会灵活地借助一些其他的手段，比如悬挂防火、防病以及注意卫生的宣传标语，以此督促村民形成良好的自我管理意识。

八、生业与经济结构

（一）经济结构

长期以来，高定村民皆以务农为主，生活上基本自给自足。直到近些年，村民才开始前往柳州、南宁、深圳等地打工。在外出打工的人当中，年龄稍长者多数到柳州地区砍甘蔗，从清明过后到过年之前，包吃包住每天能赚得150-200元，正常情况下一个人一年约有3万-4万的收入。年轻人倾向于去大城市的工厂里面打工，每个月的工资在3000-4000元左右。除了务农与外出打工的村民，高定村内还有木工、鬼师、裁缝、村医等人员，他们以日常工作为主要收入来源，同时也需做些农活补贴家用。另外，村寨公职人员即村干部每月可得到1000-2000元的工资补贴。

（二）种植业

高定人口密集，作为坐落在群山之中的高山型侗寨，可供种植的耕地面积相对较少。高定共有耕地1100亩，已如前述，人均耕地仅0.39亩。种植业包括粮食作物生产、经济作物生产和果蔬生产。

以下，分别从粮食作物、经济作物和果蔬生产三个方面，对高定的种植业进行总体介绍。

1. 粮食作物

自古以来，侗族人民在饮食上基本自给自足，高定亦是如此。他们以水稻作为日常主食，糯米为节庆时的主食。粮食除用于自给之外，还有少量用来喂养猪牛等牲畜。高定的稻谷每亩产量在1100-1200斤之间，出米率75%左右，糯米产量比水稻要少，每亩产量大约800斤。现在村民栽种的水稻品种主要是"中浙一号"和"中浙八号"，三五年前种植过其他水稻品种，因产量不高逐渐被村民放弃。在高定种植稻谷的水田之中，一般放养南方特有的禾花鱼（一亩约放100条鱼苗），多在插完秧之后投放，临近收稻谷时抓捕（把稻田内的水放干）。根据季节不同，高定的耕作周期也随之转换，比如每年只种一季的稻谷，逢谷雨时节开始插秧，中秋前后则是收割的日子。与此同时，高定村民充分利用每一寸稻田，在稻谷收割与下一次播种期间会种植一些其他经济作物。

2. 经济作物

高定曾经种植过烟草作为经济作物，因为价格和销售问题，后来转向茶叶种植（图八—1）。目前，茶叶种植的品种主要为"福云六号"，占所有茶树种的95%。近年来在政府的鼓励下，村民也开始在高定试种"安吉白茶"和"铁观音"这两个茶叶品种。在高收期，每亩地的年产量约400-500斤。在行情好的情况下，每斤春茶可卖到20块钱，一般价格为每斤15元。除去冬夏两次购买化肥所花费的400元，一亩茶叶一年下来可以带来6000元左右的收入。

经济作物方面，高定村民不仅种植茶树，还种植油茶树，油茶是村民生活中必不可少的一

图八—1　采茶

部分。不过，地势、环境等问题导致高定村的油茶树结果量不高，每亩产量在80斤左右，打成茶油只有15-20斤。茶油一般用来自己食用或者招待客人。

在高定，棉花是除茶叶和油茶以外最重要的经济作物。棉花是高定人民生活中的必需之物，嫁女儿和生孩子时，长辈需要给晚辈备置棉被，制作侗布也需要棉花。所以，高定几乎每家每户都种植棉花。除种植上述三种主要的经济作物外，高定还种植少量的玉米、青豆、豌豆、茄瓜、竹笋等作物。

3. 果蔬生产

根据季节变化，高定村民会种植种类不同的果蔬，包括土豆、四季豆、茄子、丝瓜、苦瓜、葫芦、黄瓜等。其中最具特色的属芥菜，高定村民喜欢将新鲜芥菜晒干处理后做腌菜食用。

（三）林业、畜牧业和渔业

四周环山、属于亚热带季风气候的高定比较适合各种动植物的生长。该村的林地面积达600亩，森林覆盖广泛，以杉木、榕树、松树、樟树居多。其中樟树、杉木等可用于房屋建造与家具制作。据说，在"大跃进运动"背景下，为了精炼钢铁以及樟脑丸，高定村内的杉树和樟树曾经被大肆砍伐，至今一些老人仍对此感到非常的遗憾和可惜。

高定村民几乎每家都有一些养殖活动。由于在山上进行劳作存在诸多不便，大部分村民饲养牛马协助自己日常的劳动。马种多为矮小的山地马，比较灵活，适合在山上山下行动。除养牛马外，不少村民还散养鸡、鸭、鹅等家禽。猪是全村饲养最多的一种家畜，全村600多户人家饲养了400多头猪，品种多为当地的土猪。

另外，在村内一些公共鱼塘和私人鱼塘里面，村民们会放养鲤鱼用来日常食用。

（四）商业和交通

高定毗邻干冲、美烈、林略、归盘四个侗族村寨，一直往南是独峒乡。高定分别有四条盘山小路可以通往四个相邻的侗寨，一条公路通往独峒乡。高定的西北方向是三省（区）交界之处，那里有一个方圆十多平方千米的天然山顶湖泊——大塘坳。

近年来，高定村民有的自己购置面包车来拉客，专门往来于高定与三江县城之间。高定村内有二十多家小卖部，一般生活用品在小卖部中均有售卖，某些小卖部也出售大米、猪肉、蔬果等。农历每月属二、五、八的日子，独峒乡有集市，届时高定寨民可以前往购买东西。

（五）手工业

裁缝（图八—2）：以裁缝为代表的民间手工艺在高定仍有一定程度的保存。高定有一名手艺出色的侗衣裁缝,虽然在高定的日常生活中侗衣基本被现代服饰所取代,但仍然有高定和附近村寨的寨民专门来找她做衣服。村民在节日或者重大活动时仍会坚持把侗衣拿出来穿。除了做民俗表演工作的传承人要穿侗服,年轻人结婚时或者有村民去世时也会按照习俗穿上侗族传统服装。一套侗衣的制作周期一般为2-3天。高定村民拿着自己制作好的侗布,找裁缝帮助量体裁衣之后即可制作,一般每件衣服收取50元的手工费。

图八—2 侗衣裁缝在做侗衣

米酒:在高定,每家每户都会制作米酒,用于自家喝或招待客人。高定还有两户人家专门卖米酒,卖价为3元一斤,一些需要办喜事和请客吃饭的村民会向他们购买。

木工:在侗族村落里面,木工是一个非常重要的群体,好的木工需要学师多年。近些年,随着高定外出打工的年轻人越来越多,跟着师傅学习做木楼的人也越来越少。这些稀少的木工里面有一位非常出名的木工,名叫吴仕康,他最令村民称赞的作品是飞山庙的回廊(图八—3)。这个回廊沿着放置神像的小坡回转而上,形成一个倒L型的建筑。这种模型并不是侗族的传统建筑,但是木工本人凭借自己多年的经验,结合了侗族风格和山坡的实际情况,最终设计出了极具特色的飞山庙回廊。

图八—3 飞山庙回廊

九、生活方式与风俗

（一）民族服饰

1. 传统服饰

高定的传统服饰由侗布制作而成。侗布，作为侗族人民最富民族特色的衣料，由棉布制成，制作工艺烦琐，耐穿舒适，具有光泽感。

在高定，女性穿的衣服包括上衣、百褶裙、围肚、绑腿和鞋子，上衣又包括单衣、内衬、棉衣三种，颜色有深褐色和青色两种（图九—1）；男性的上衣多为黑色（图九—2），裤子为深黑色直筒样式。根据气温不同，她（他）们把同样的衣服套在一起，形成不同的厚薄程度，适应寒暑。

侗族多银饰，在高定也不例外。高定女子的装饰品一般由母亲为其准备，主要包括头饰（图九—3）、银项圈（图九—4）、银梳子（图九—5）、手镯（图九—6）、耳环（图九—7）、戒指等。结婚或参加重大节庆活动时，她们会戴上整套装饰品。日常生活中，村里的老婆婆会用木梳子把头发盘起，年轻女子则倾向于用银梳子盘发。除了比较注重头饰以外，高定的女人们还喜欢佩戴银质的镯子与戒指，她们认为银器可辟邪保平安。平时老人还会用自己织的侗布将头发包裹起来。在高定，女儿的银饰多从妈妈那里继承得来，女儿小时候或女儿出嫁时，妈妈会给她准备一套祖传的银饰，或是到镇上和县城请专门的银饰工匠制作一套。高定的女性在出嫁时有一套传统的侗服和贵重的银饰作为陪嫁是必不可少的。

在当地存在这样一种习俗：那些属于老人的银饰，在老人去世后需拿着这些遗物在香火上绕三圈，

图九—1　高定女性的服饰

图九—2　高定男性的上衣

图九—3　头饰　　　　　　　　　　　　图九—4　银项圈

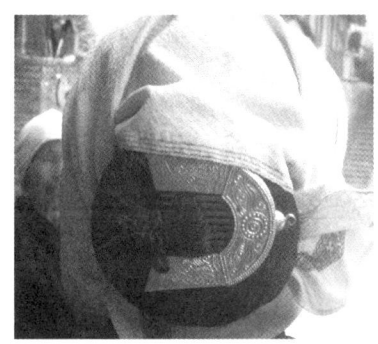
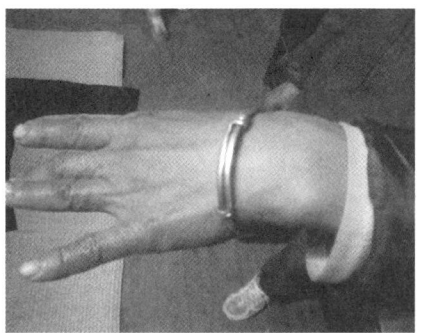
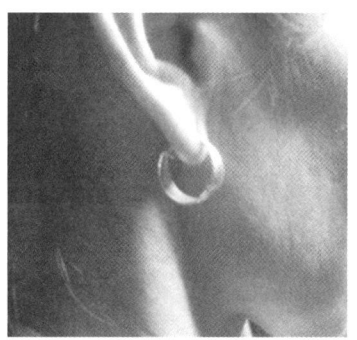

图九—5　银梳子　　　　图九—6　银镯子　　　　图九—7　银耳环

以此象征银饰已经送去给了老人，同时此物可名正言顺地归后人所有。

2. 制作工艺

高定的中老年女性基本上都会做侗布，会制作侗布的年轻人则寥寥无几。大多数家庭一年种两分地左右的棉花，可得到三四十斤的棉絮，这些棉絮即是制作侗布的原料。其制作过程如下：

首先，把棉花弹蓬松后用木板搓成长条形，然后用纺车将棉絮捻成棉线，再用水煮这些棉线，煮后晒干，用织布机织成白布；之后，用一种天然的染料蓝靛加熟石灰和白布一起泡在专用的水桶里，静置一两天，泡好的布就染上了颜色；再用清水将其不均匀的地方洗净，平铺曝晒。值得注意的是要根据染料的浓度和布面上蓝色的深度决定浸泡、漂洗、曝晒的次数，一般在三到五次。布染好后，将其折叠成若干层放在捶布石上，用木槌不停地敲打，将布捶亮。根据手艺和捶打时间的不同，侗布的亮度也不同，表面越亮的侗布就越贵重。

3. 服饰特点

在高定的日常生活中，除部分老年女性平时尚穿传统式样的侗服之外，男女服饰基本上与城市居民没有差别，但侗族传统服饰在婚丧嫁娶和节庆时仍然作为礼服而穿着，在外观上存在男女之别、冬夏之分，具体如下：

（1）性别差异方面

高定男性的衣服不分冬夏，颜色以黑色为主，款式简单，基本上没有装饰的花纹。女性的衣服则有冬夏之分，面料厚薄有所不同。不同面料纺织方式也有所不同。此外，女人们的衣服颜色除了深褐色以外，还有一种天青色的肚兜（图九—8），颜色搭配鲜艳。高定女性多穿尖头的绣花鞋（图九—9），男性的鞋子则是黑色圆头布鞋（图九—10），夏天与冬天穿的鞋子在厚薄上略有差异。

图九—8 肚兜

图九—9 女性的鞋子

图九—10 男性的鞋子

（2）年龄差异方面

高定村民的衣着在年龄方面存在差异，主要表现在扣子上。男子上衣的扣子有7个、9个或者11个。根据年龄的增长，衣服的扣子会逐渐减少。因此老人的衣扣多为7个，且年长者的衣服为左衽扣。

（3）季节差异方面

在高定，男性的衣服面料冬夏统一，只有增减件数问题。女性的衣服则相对复杂，上衣分为夏装和冬装，夏装为薄五层，对襟扣，里面搭配青色肚兜；冬衣面料较厚，有暗色纹理，衣厚三层，左衽扣。两种衣服都可以一层层地解开，根据气候和温度变化自行增减。按照高定以前的传统，女性一年四季都穿裙子，不同的是，在夏天下身可只穿裙子，而冬天裙子下面则搭配长裤和绑腿，绑腿分为全一色的和有图案绣花的两种。

（4）图案色彩与花纹方面

高定的侗族服饰花纹变化较少，领部花纹有十字交叉纹、几何图案、树叶花朵团等几种。绑腿和肚兜的花纹相对较多，一般都有简单的花鸟图案。图案在颜色方面也比较单一，多以深红色、深蓝色、青色、白色为主。

4. 服饰现状

侗布的制作过程烦琐，费时费力，而且清洗和曝晒时容易脱色，难以适应村民需求与时代发展。现在寨子里年轻人的穿衣打扮基本和汉族人一样，在他们看来，侗族服饰不如汉族服饰舒适方便，他们一般在节日或重大活动时才会穿侗族服饰。

如今，村里基本上不会有人亲手去做侗布，老年人穿的衣服也多从县城或镇上买来，以前一件四十块钱，现在八九十块钱。这种机器生产的衣服很耐穿，一般可以穿好几年。据村里的老人讲，1958年之后她们就不再穿裙子，一方面是因为"文化大革命"时不让女人穿裙子，另一方面则因为裙子制作麻烦，耗费时间。

尽管村里的年轻人不太喜欢侗服，但是传统还在延续。每到结婚的时候新郎新娘依然穿着侗服，新娘的衣服是淡红色的，新郎的衣服是黑色的。村中有老人去世的时候，死者家人也定会为死者做新的侗服。与平常老人不穿裙子不同，女性去世后，要穿裙子入棺木。除了新的侗服，死者的鞋子、袜子也都要全新并保持传统样式。

（二）饮食情况

1. 日常饮食

侗不离酸，在过去的年代，因为没有冰箱可供储存肉食，侗族人民利用细菌将新鲜的肉类发酵，制成酸肉，便于保存。跟大部分侗族地区一样，高定一般人家里也会有酸肉、酸鱼和酸菜，几乎所有的菜肴都可以作酸处理。最常见的是用陶制腌缸腌制的酸菜，用作腌菜的原料最主要的是菜园里的芥菜，也有蕨菜、竹笋、胡萝卜等蔬菜，还有禾花鱼、鸭子等肉食。他们将食物放在制酸的缸中腌渍，之后便放进一个大木桶里，用一个糯米粑粑拌压在上面，再盖上木盖，木盖上再放水，以此密封。经过两三个月的时间，酸食便可取用。

除了酸以外，侗族人还爱吃辣。手抓糯米饭捏成长长的一条，沾满辣椒粉，一口咬下去，是侗族节日里特有的饮食方式。高定村民的吃饭时间通常早餐在九点到十点，午饭在两点左右，晚餐在七点到八点。到农忙时节，田地较远的人家会带着锅碗去山上做饭吃。

90年代以前，高定村民们主要以糯米为食。喝油茶、吃糯米饭、做农活，是他们生活的真实写照。90年代以后，村民开始种杂交水稻，水稻的产量远远高于糯米，渐渐开始以白米饭为主食。白米不仅可以食用，还用来酿制米酒。前文也曾提到，高定每家每户都会酿制米酒，度数一般不高，既可助兴又可养生，深受村内居民与村外来客的喜爱。九月份是酿制米酒的最佳时期，气候合适，米酒不会变酸，三天发酵，四到五天即可饮用。

油茶（图九—11）亦为高定村民生活中一种不可或缺的食物，油茶待客也早已成为高定的一项重要礼俗。油茶不分早晚随时可以制作，原料包括茶油、茶叶、晒干的糯米、米果、炒花生、香葱等。在锅内放入适当的茶油和茶叶一起炒，闻到茶香时，立刻冲入适量的热水，煮开后滤出茶叶，就是一锅美味的油茶汤；食用时将准备好的米果、炒花生米、大米花放入碗中，根据自己的口味加入香葱、精盐、辣椒、酱油，再将制作好的热油茶汤斟入，这就是色香味美的侗家油茶。高定人爱喝油茶，早餐一碗香浓的油茶，不仅解渴，而且提神醒脑，为接下来一天忙碌而辛劳的田地劳动打下基础。

2. 待客饮食

高定村民待客热情，喜欢用酸鱼酸肉以及蝌蚪汤等特色食品招待客人。牛瘪汤（图九—12a）便是他们特有的一种待客食品，它用牛胃里和小肠里未及完全消化吸收的草末等物体，通过过滤等办法制成瘪汁，然后加香料、肉与内脏制成。另外一种侗族独特的待客饮食是蝌蚪汤。一定量的山泉水烧开以后，将蝌蚪倒入锅里，加入食盐和味精，待蝌蚪煮到半熟之时，加入香菜，待香菜和蝌蚪煮熟之后，开锅就是一道美味的侗家特色菜。在高定，喝酒也是有讲究的。与汉族人互相敬酒不同，侗家敬酒一般是客人敬主人，酒杯由客人双手捧着，送到主人的口边，客人酒杯不能离手，双手喂主人喝

图九—11　油茶

图九—12a　牛瘪汤

图九—12b　待客饮食

酒。如果客人想和主人喝酒就要换杯,换杯的时候要把自己的酒杯送到对方的嘴边,对方也会把酒杯送到自己的嘴边,双方互相交换酒杯喝酒。这种特色的酒文化里面体现了客人对主人的尊敬,还隐含着双方友好的关系(图九—12b)。

3. 节日饮食

像大多侗族村寨一样,高定的节日众多,又因其为农耕民族种植水稻较多的特点,节日的饮食总离不开糯米。

农历三月三的时候,高定村民会把山上一种叫作[kəutɕiau]的甜藤磨粉泡水,然后加入糯米粉,做成糯米粑粑。三月三是即将步入春暖花开的时节,山上有一种灌木开着一簇簇白色花蕊的红黄色小花,高定村民称为[uaʂuxua]。将这种小花连枝条一起摘下来煮水熬汁,待水冷后用来泡米,蒸出的饭会显得金黄透亮,散发出一种更加清新的香味(图九—13)。

四月初八黑米节,又称牛王节,在那天全村会让牛休息一天,以表示对牛的尊重和纪念。黑米节,顾名思义食用的糯米饭是黑色的。蒸黑米饭首先需要村民上山采摘黑色的枫叶,把枫叶洗干净磨碎之后,用细棉布滤汁,再把糯米淘洗干净浸泡到汁液里。一夜后,米的颜色就会变成灰黑色。然后将黑糯米蒸熟,就变成了乌黑闪亮、清香可口的黑米饭。

4. 祭祀饮食

高定统一祭祀侗族神明飞山公的日子一般在三月三。届时,村里的鬼师用猪肉和猪肝泡酒在飞山庙祭拜。之所以用猪肝,是因为他们认为猪肝是猪身上最好吃的、也是最贵的部位,祭祀给神明食用以示郑重。除了统一祭祀以外,高定村民在春节时还会自行祭祀飞山公。根据自身的情况,每家每户献以猪牛鸡鸭鱼肉,祈求得到飞山公保佑来年万事平安(图九—14)。

清明节时,高定村民会自发地前往村中阴寨挂青,带着单数的鸡、猪肉、米酒、糯米饭、水果等祭祀食品,葱花炒鸡蛋是伍通房族清明挂青特有的必备祭品。

图九—13 金黄色的糯米饭

图九—14 祭祀饮食

（三）日常生活

1. 日常作息

历史上的高定村民过着靠山吃山、自给自足的农耕生活。春时插秧，正值万物萌发，村民们顺着梯田除草、灌水、放鱼、插秧；秋时收稻，恰逢中秋佳节之际，包粽子、做月饼、打粑粑，摆一桌饭菜祭祀天地，敬一杯酒水告慰祖先。

高定村民有一套安稳而有序的日常作息规律。在天初亮时，男人们就从家里出发，把距家较近的田地中的农活做完，大概九到十点吃一顿油茶饭，过后再出发去山上做活。他们往往牵着牛马，走过曲折的山路，到达后一直劳作到傍晚才会回家。女人们也早早起床，在家中看孩子、洗衣做饭、整理家务、打理菜园等。而孩子们每天早上去村内的小学按时上课，晚上自行回家。村中的老人是最悠闲的，阿婆常会在某几个固定的地点一起听戏聊天，阿公则会到各属房族的鼓楼里去，一边讨论村里的事情一边下三三棋。晚饭过后，村子里的所有人大都清闲起来，有的年轻男女三五成群，玩山走寨；已婚男人们则分族而聚，在鼓楼里谈天说地，其乐融融；妇女们收拾完家务后则聚在一起话家长，有说有笑，在柴米油盐等琐事之外享受一份惬意；孩子们呆在家中看电视，或三三两两做游戏；老人大都早早入睡，有的也要去鼓楼看看热闹。一般十点之后，男女老少各自回家休息，为新的一天养精蓄锐，寨子慢慢归于沉寂。

据以上所述，可见高定男女在社会分工上有明显的区别，即男人主要负责农活生计，女人则负责家务和小孩。在村内的水井旁边，经常可以见到不同年龄的妇女在挑水和洗衣服。而在当地人的观念里，如果男人做了挑水、洗衣服、做饭等女人的活计，是很没出息的。

图九—15 以前村民打来的野鸟

改革开放以后高定相对封闭的状态逐渐被打破，受现代生活的影响，他们的日常作息发生了很大变化，社会分工的界限也不再像以往那么严格。吃饭的时间有的人家已经按照汉族人的习惯来；原本穿着侗裙的女人们受"文化大革命"时期的影响，慢慢习惯于穿裤子；行歌坐月的恋爱方式也因为大量年轻人外出打工而变得稀罕；打猎（图九—15）、斗鸟这些本土的娱乐与休息方式慢慢消失不见了。

不过，从整体上来说，高定村民在日常作息上仍保留着大量的侗族特色，"日出而作，日入而息"的农耕生活方式依旧占主导地位。

2. 日常娱乐

中心鼓楼是高定村民们聚集最多的地方（图九—16），它的旁边有一座戏台，每当有人家做红白喜事，或者逢年过节的时候，村民们都会请戏班来到高定唱侗戏。芦笙是侗寨人民最为喜爱的乐器，侗族民间的能工巧匠利用竹、木和铜片等三种材料即可制造出各式各样的芦笙。在各种节日里以及做月也的时候，芦笙比赛是必不可少的。在冬天，男人们喜欢聚集在鼓楼讲村庄里面的鬼故事，优秀的讲故事人一张口就能让小孩子们吓得不敢回家。

图九—16　老人在中心鼓楼娱乐

除传统的娱乐方式之外，高定村民对现代娱乐手段也极感兴趣。看电视是老少皆宜的最普及的娱乐，借助电视节目，高定村民不仅获得很多生活、生计知识，也由此产生了对外部世界的认知与想象。近两年来，村民出外打工的经历，也让高定的部分中青年妇女爱上了城市中流行的广场舞，偶尔她们也会穿上侗族传统服饰在中心鼓楼前的广场上跳起广场舞。

（四）社会风俗

1. 月也习俗

"月也"，意为集体游乡做客，是侗乡的一种社交习俗。侗族某一村寨的男女青年按约定到另一个侗寨做客，这期间要举行赛芦笙、对歌等活动。高定做"月也"的对象包括林略、干冲、岜团等高定周边的几个村子。主要活动形式为高定到另外一个寨子去吹芦笙、对唱侗族大歌、男女青年交友、老年人走亲访友等，之后对方村寨再到高定进行芦笙比赛、侗歌对唱等活动。

2. 恋爱婚礼

传统侗族青年男女的恋爱方式是"行歌坐月"。晚饭过后，年轻的女孩子们聚在女方的长辈家里等待青年男子带着侗族琵琶和马腿琴来找自己。姑娘和小伙子们即兴发挥，互相对歌以增进彼此的了解。行歌坐月的过程中，男女双方都会认识和了解许多的异性。如果觉得双方合适且情投意合，年轻男女就会邀约经常来往。

过去的高定，二十多岁还娶不到老婆的单身汉会被别人认为是没本事的。而现在，因为外出打工的年轻人越来越多，有机会进行行歌坐月的男女越来越少，许多情侣都是打工时认识的老乡或同事。虽然恋爱自由，但是高定村民在组成婚姻家庭时却非常严谨。高定以前的婚嫁讲究"好货不出门"，哪家能在本村结亲，说明哪家很有本事。但是随着社会的发展，村中恋爱越来越开放，高定的男女同外村结亲的也越来越多了。高定村民结婚多在春节期间举行，届时许多新婚夫妇双方家庭都要举行隆重的婚庆活动。结婚之前，男方要到女方家里吃订婚宴，到参加订婚宴的时候，新郎的兄弟们会带各种酒肉和喜糖到女方家里。

在高定，青年男女订婚之后过一段时间，男方就要给新娘家里送猪肉。送肉那一天，男女双方还有各种亲戚会聚到一起吃饭，定下结婚的日子。送猪肉时，男方一边挑着猪肉一边放炮，新郎的兄弟姐妹们要抢猪肉，抢完就要跑得远远的，不然会被抹锅底黑。这是因为以前侗族的传统非常讲究表兄妹之间的结合，做表妹的女孩子在结亲之时要先问过表哥是否想娶自己，如果表哥不娶，才能嫁给其他人。而作为表兄，有着美丽大方的表妹不要，偏偏娶了外家的新妇，所以表姐妹生气了，会抢光舅家兄弟的猪肉。结婚的时候，半夜十一二点的时候，由引路郎即伴郎代替新郎去接新娘，引路郎是新郎的好朋友。婚礼的前一天晚上引路郎带着新郎准备的礼品到新娘家中喝油茶，凌晨一点钟的时候，引路郎先带着新娘到新郎的亲戚家中休息片刻，引路郎先回家，之后再和新郎去接新娘进门。早餐新婚夫妇还有新郎的兄弟们一起吃，午餐新婚夫妻会宴请全村的亲友。在婚宴上，新婚夫妇双方家属会唱对酒歌。晚饭的时候，新娘家的亲戚会到新郎家吃饭。以前的习俗是新娘在新郎家的第三天就可以回娘家了，新娘一般会在娘家住到下一个节气，男方再把新娘接回去。另外一种情况是尽管新娘住在新郎家里，但是新娘不和新郎同睡，而是和奶奶或者小姑一起睡。这种情况在20世纪90年代后逐渐改变。

3. 生育习俗

高定村民观念里比较重男轻女，当地人认为只有儿子有权继承家里的财产。倘若无子，其家产则传给叔伯的儿子，如果叔伯也没有儿子，则留给同一爷爷的男性后代，而财产继承者对其有赡养和送终的义务。以前高定村民认为没有男孩的家庭没有资格参与修建鼓楼，会被他人排挤，这种情况现在已经慢慢消失。

孕妇在坐月子期间的饮食是很讲究的，只能吃鸡、鸡蛋、猪肉和猪脚等。在坐月子的这一个月之内，产妇不能出去，因为对高定村民来说看见产妇是一件非常不吉利的事情，更不能去井边，因为在井边洗衣闲聊的人很多。侗族人认为，出远门的时候出门遇见孕妇是不好的事情，所以要出远门的村民会选择早一些出门，以免遇到孕妇，而孕妇也会比较自觉地在早上九点之后出门。

高定习俗中，在小孩子长到九天的时候，奶奶会给小孩做一床小被子，外婆也会做8-12套被子送给自己的外孙。高定村民一般会在小孩三天、五天、九天或者十一天的时候请长辈或者地理先生给孩子起名字。地理先生起好名字喊小孩，如果小孩答应就是那个名字了。小孩出生后要上山采黄连，用黄连泡布，做成小衣服，让小孩贴身穿在里面，据说可以防止皮肤病。

4. 丧葬习俗

丧葬是高定村民的一件大事，很多村民在年轻的时候就开始准备自己的棺材，一般放置在废弃的木楼或者粮仓中（图九—17）。这种独特的文化使高定侗寨令人感到神秘而静穆。高定内房族不少，所以丧葬文化的种类也很多。对高定伍苗支系来说，丧事一般不需要请地理先生，只要不是凶日，人们可随时上山挖墓穴，死者在未时左右

图九—17 放在粮仓中的棺材

下葬就可以。伍通支系则需要请地理先生查看风水，下葬不能影响到别人，要选定特定的日子和特定的时辰，不能差一分钟。下葬的时候，伍通支系和伍苗支系都不穿孝衣，而其他房族都穿孝衣。过去的伍通房族实行的是二次葬，就是在人死亡之后将死者的尸体连着棺材放在一个固定的干葬场，然后选择吉时下葬。吉时往往不容易马上挑选，所以每隔3-5年，会把这几年积累的尸体一起下葬。因为尸体放置时间较长，肉体已经腐烂，所以要将骨头从腐肉之中挑拣出来洗干净，然后重新制作一口约三尺长的棺材，将骨头放入新棺材中。先前的棺材不能用于下葬，也不能用于做房屋，只能拿来做猪牛羊的栅栏或者建造风雨桥。现在，在政府政策的干预下，高定基本已经不再实施二次葬。

（五）节庆活动

1. 三月三

三月三是侗族的芦笙节，也是高定村民祭祀飞山公的日子。当天全村50岁以上的男人会聚集到飞山庙祭拜、聚餐。祭拜时，寨子里面的鬼师会在飞山公石像前占卜，算出第二年祭拜时提供全村米饭和酒肉的人家。占卜的方式是掷杯筊，筊的凸出面为阴，平面为阳。扔掷的时候，双平面叫作阳卦，双阴面叫作阴卦，一阴一阳叫作宝卦。如果是三次宝卦就意味着飞山公

同意某家提供下一年的贡献，如果是阳卦则需要另选人家。轮到哪家贡献饭酒，意味着飞山公杨再思今年会进哪一家，帮助那家提高生活、保持卫生，那家的猪、鸡会长得快，田地也会有大丰收。每年贡献的糯米一般在10斤上下，酒一般在5-10斤左右。那些提供饭酒的人在祭拜结束后会得到一斤半或两斤的猪油作为回礼。其他的村民也可以根据意愿，自愿贡献米饭、酒肉、饮料、糖果等（图九—18a、图九—18b）。

逢双年的三月三，也是高定"搞芦笙"的日子。村子和村子之间会有联谊，一般半夜十二点出发去想要联谊的村子，一点到达村子后，和对方的寨老谈一下联谊的事项。双方友谊交情不够谈不成的话，就只待一个晚上，吃完早餐就回来。谈得好就回来通知寨子里的老年人、年轻人、小孩子一起出发去邻村做月也。年轻人会进行篮球比赛，老年人会有唱歌比赛。然后礼尚往来，在这边村子待多久，对方村子就在高定待多久。两个寨子的年轻男女会即兴发挥对歌到天亮，这也是两个村子之间给双方年轻人制造通婚机会的方式。

2. **清明**

图九—18a、图九—18b
三月三老人们聚在飞山庙

在高定村民看来，清明是一年中很重要的日子。清明节时，无论外出的人离家多远，都会尽量回到家中挂青。挂青时，最晚也要在中午之前赶到墓地，打扫好卫生之后开始摆好贡品进行祭拜，祭拜之后会放鞭炮，之后一家人在坟前吃团圆饭（图九—19）。

图九—19　清明祭拜

3. 四月初八

四月初八是高定的牛王节。为了感谢牛给人类带来的帮助，大家那天会吃用特殊的树叶染色而成的黑糯米饭，以示对牛的尊敬。当天的牛和人都不用干活，年轻人可以到山上对唱侗歌、谈情说爱，而平时辛劳的牛也可以休息一天。当天，大家还会比赛黑糯米饭，看谁家的米饭颜色鲜亮。

十、宗教信仰与禁忌

相较于其他侗族地区，高定有自己独特的信仰形式和特点，其最大的不同是没有萨岁信仰，没有用来祭拜萨的萨坛，但是高定崇拜飞山公杨再思，把他当作村寨的守护神。高定还崇拜大自然中高大、历史悠久的大石和大树，同时也怀念曾经给他们带来平安的巫神石公老……

（一）自然崇拜

1. 古树崇拜

高定有一大片古樟树林，古老的大樟树被当地人奉为神灵，时常祭拜祈求保佑。在高定人看来，高大、粗壮、健康的樟树能给人们带来福气，因此，村民会在树干上绑上红色或青色的布条向树祈福，祈求像树一样枝繁叶茂、健康长寿。当家中小孩孱弱，或老人身体欠佳时，村民会选择生命力旺盛的大樟树拜为干亲，借用樟树的生命力，以求家中小孩苗壮成长及老人长命百岁。在离高定寨门不远的地方，生长着一棵据说有五百年树龄的古樟树（图十—1），

图十一—1　古樟树

被高定人当作树神来崇拜,在它的树根处生长着一个树瘤,更是被高定人赋予了一个独特的名字——"宝"。

2. 巨石崇拜

与大樟树一样,高大坚硬、历史长久的大石也被高定村民赋予了灵性,认为它能保佑人们的健康。人们也会选择巨大的山石加以祭拜,给巨石围上红布条或蓝布条,祈求得到石头的庇佑,保护家人健康长寿。

(二) 神灵崇拜

1. 飞山庙

高定的飞山庙建在村尾小山坡上。该庙的独特之处在于它是一个光殿庙，即高定特有的神像摆放在露天的庙宇。据当地的老人讲，因为杨再思是战死在外而非自然死亡，所以不能给他盖真正的庙宇，只能在露天立神位祭拜。由此，高定的飞山庙虽然建有楼阁飞檐，但严格意义上只是供崇拜者栖息之所，并非真正意义上的飞山庙。飞山庙其实就在小山坡的坡顶平地，外有木栅门围绕，内有杨再思的露天神位，为一尊石膏浇筑的男性头像，神位两旁分别长着一棵粗壮的樟树作为该庙的风水树。

每年三月三，是高定集体祭拜飞山庙的日子（图十一—2）。祭拜飞山公，是高定一件非常庄重的大事。这一天，能参加祭拜的人员一般都是村里上了年岁的男性老人，妇女一般不允许出现。

祭拜当天，鬼师会在飞山公的神位前摆放各种祭拜所需的物件，如香炉、油灯、酒杯等。所有的物件都按照单数的形式出现，一般香炉、酒杯、油灯同样为七个，当正式上香时，连香的数量都是单数。全寨各户人家都会派出男性长者作为全家代表前来祭拜，拿来自家准备的糯米饭、啤酒、柴、猪肉等作为贡献。一切准备就绪后，祭拜活动在中午正式开始。祭拜过程主要包括：

第一步，上祭品。鬼师点香祭拜后，人们便将已经准备好的祭品猪头和猪肝摆到祭台上。在侗族人眼中，猪头代表整头猪，将猪头献给飞山公便是将整头猪献给了神灵；猪肝被认为是猪身上最好最营养的部分，所以也必须敬奉给飞山公。（在高定，如果家里有老人，猪肝要首先煮给老人食用，体现侗家人对老人的尊敬。）

第二步，准备猪肝点心。拜过神灵后，猪头肉和猪肝都会由鬼师操刀切碎，先分发给本次活动的贡献户，再分发给在场的老人，希望他们能获得飞山公的保佑。

第三步，测算贡献户。三

图十一—2　飞山庙祭拜

月三作为高定全村性的活动,每年活动所需的糯米、米酒都由专人准备,这样的人家被称为贡献户。贡献户的选择主要由鬼师占卜决定,一般选定的都是那些家庭条件相对宽裕、家中没有幼童的人家。在本次活动结束后,新贡献户将接替上一任贡献户迎接飞山公到自己家中,并负责这一年对神灵的祭拜工作。

最后一步,鬼师代表在场的所有老人对飞山公礼拜并燃放爆竹。

经过以上几个主要环节,飞山庙的祭拜活动基本完成,村里的男性长者会在飞山庙进行一年一度的会餐。会餐前,村里德高望重的老人会进行讲话,对本次祭礼的花费做一下总结,同时对本次贡献祭品人家分发成串的猪肉作为回礼。

2. 路边神

高定路边神实则是当地的土地公,侗话叫作[tautiɛ](图十一—3)。不同于汉族地区的土地公,高定土地公的神位并不设在村民家中,而是设在路口、路头或路边,路边神也因此得名。

图十一—3 路边神

在当地人看来,路边神都是非正常死亡的无家可归的灵魂,为了帮助他们的灵魂找到归处,也为了祈福庇佑自身,高定村民请鬼师测算好时间地点后,进行专门的仪式,迎请这些灵魂当作自家的神。他们用瓦片或砖石垒砌成一个小台,里面放有一只调羹,用来盛放点灯的茶油,小台便是他们供奉、祭拜土地公的神位。每月的初一、十五高定村民都会对土地公进行祭拜。

3. 行业神

在高定,除了大家共同信仰的神和祖先外,从事不同行业的人都有自己的行业神。如鬼师供奉观音,算命先生供奉鬼谷子,道灵先生供奉姜子牙,地理先生供奉五方龙神,等等。

(三)祖先崇拜

1. 祖先与神祇崇拜

(1)祖先崇拜

相对于路边存在的非正常死亡的鬼魂,在高定正常死亡的人则成为祖先,与生人同在。根据当地鬼师的描述,祖先是和生人生活在一个空间的。人们尊崇祖先,供奉祖先,但是却并不在家中设祭台神位。高定侗寨也没有祠堂,人们对祖先的祭祀主要在墓地,每年的清明全家老少齐聚坟地,表达对先人的怀念。

(2)石公老

石公老,原名石光财,是只在高定得到供奉的一位巫神。据说石公老是来自贵州的一位男巫,流落在高定吴家做长工,最后落户吴家。在他年轻时,曾走访各处,学到用符水治病的方法。

关于石公老当地流传着这样一则故事:相传,旧时邑团有一年闹疫病,死了很多人,恰逢当时与高定做月也。神奇的是,高定村民进邑团的第一天疫病就得到了控制,做月也那几天寨子里也没有人再因为疫病死亡。然而到月也活动结束高定村民离开后,邑团寨内的疫情再次失控。邑团村民觉得此事蹊跷,于是遣人到高定询问缘由,得知参与那次月也活动的年轻人身上都带有石公老制作的符水,并将符水挂在高定各处寨门上,正是因为符水的缘故高定才免于疫病的威胁。此后,石公老的符水在附近村寨就传播开来,也促成了邑团和高定每年相互做月也的习俗。

石公老死后,人们依然非常敬重他,同时在门口挂符水治病防灾的习俗在高定保留了下来。当然,现在的符水与石公老亲制的符水不同,目前人们所悬挂的符水都是清明时给石公老上坟时祭拜所得(符水来源于石公老坟地下面的一条小溪,参加祭拜的人提前用瓶子盛上水,再拿到石公老的坟前烧香祭拜,祭拜过程中会在水中撒上香灰,祭拜结束后所盛之水即为符水)。石公老虽然已经离世多年,高定村民依然相信石公老能给家人和自己带来福音。因此,每年清明高定村民几乎各家各户都会自发地去石公老的坟地祭拜,同时带回象征着吉祥、健康的符水,将之悬于门楣之上,以此庇佑家中安宁、全家健康(图十一—4)。据说,由于石公老为高定人,附近寨子的村民不能正大光明地祭拜他,于是他们会趁着清早或人少时偷偷祭拜,并获取符水,被高定人戏称为"偷符水"。

图十一—4 高定村民祭拜石公老

（3）公甫亚

公甫亚是高定伍苗房族独有的家神，也被伍苗认为是他们的祖先。一般伍苗人将他的神位安放于楼顶的阁楼上（图十一—5），由三块砖头或长条木块组成，平时不用祭拜。在伍苗人眼里，此神具有看家护院的功能。据传，只要是伍苗人的房屋屋基，如果被其他非同支的人家占用，公甫亚就会显灵闹得那家人鸡犬不宁，反之，伍苗人则不会出现类似的情况。

图十一—5　公甫亚

2. 祭祖方式

高定村民尊敬、缅怀祖先，但并不在家中设神位，也不在家中祭祀，而是前往墓地进行祭拜，即墓祭。每年的清明是高定祭拜祖先的重要日子，这一天，村里的男女老少都去坟地扫墓祭祖。祭品一般包括黄色糯米饭、一只鸡、一块熟猪肉、一袋水果（多为苹果）、米酒等。到达祖坟后，首先要砍一枝树枝，将上面挂满纸钱，插在坟头，然后开始燃烛点香，行礼祭拜，最后烧纸燃放爆竹。因为族别分支不同，在墓祭的细节上有些许差别。如伍通人祭祖不用挂青，但祭品里面一定要有葱花炒蛋，意喻着后代子孙聪而不傲、福寿绵延。在高定，清明祭祖后，当晚各族男女还会集中在族内租种公田的人家聚餐。

（四）风水实践

1. 村落风水

关于高定村落的选址，当地流行两种说法：鹅窝说、龙脉说。鹅窝说，相传高定老寨位于离现居处不远的一片山坡上，老寨最初仅住着几户人家，其中一户人家的鹅总不回家，于是主人出门寻找，结果在现在中心鼓楼的位置发现该鹅新搭的窝，里面还有一窝鹅蛋。在当时高定人的观念里，鹅具有灵性，它搭窝的地方肯定是块风水宝地，于是他们搬到鹅窝所在的山坡居住（被舍弃的旧寨改为阴寨），并在鹅窝所在的地方搭建了中心鼓楼，预示全村共享好风水，共享好福气。从此，侗族地区也流传着这样的一句话"高定住鹅窝"。龙脉说则是对村落风水的解读，村里的老人认为从寨子西边的高坡往下，途经旧学堂，一直延伸到寨尾的石板路，最后由两条小溪合抱的山梁就是村子的龙脉。据介绍，这条山梁全长约两公里，村里老人回忆，在很久以前这条龙脉上面都是能够合抱的大松树，风景十分壮观，小孩都喜欢在树下玩耍逗乐，但是现在已经没有松树的影子了。另外，在这条山梁的两边分别各有一个山坡，南边的山坡呈平台状，人们把它比作砚台，北边的山坡上长满了高大的松树，像一支支站立的毛笔，由此此地也被村民视为难得的好地方，即龙脉。

2. 阴地阳地

阴地指死人居住的地方，阳地则指活人居住的地方。在高定，阴地、阳地即为阴寨、阳寨，人们对这两者的区分与界定尤为清晰。阴寨在旧寨址，距离阳寨大概十分钟路程。阳寨与阴寨之间隔着小溪，同时分属不同的山坡，各据一地，遥遥对望。据村里的老人讲，阴寨和阳寨的选择特别有讲究，阴寨一般要选在视野开阔的山顶或山坡，这样能为后代带来福气与富贵，阴寨前方还要有小河或小溪流经，视为长生水，有生生不息之意；而阳寨一般要选在山腰，山顶一般不可选，否则会导致家宅不兴、家中人脾气暴躁等后果。此外，高定村民对宅基的选择亦有讲究，位置、朝向都包含着他们对未来的期望和对子孙的祝福。

3. 泰山石敢当

在侗寨高定，笔者见到的泰山石敢当多为木质牌状，上面的字多用毛笔书写，有的还增添了"一路福生，对我生财""万福来朝，一路福生"等字样。据村民所说，如果高定某家的房屋正门正对着一条大路，他们便会请鬼师制作写有"泰山石敢当"的木牌来禁压大路所带来的邪气和不幸。当地鬼师解释说，房屋正对大路，会招致煞气迎面而来，所以请来泰山帮挡，借此避开伤害（图十一—6）。

4. 夜哭郎牌

在高定地区，由于以前医药不发达，大人拿小孩彻夜啼哭没办法，便请人制作夜哭郎牌，上面写着"天惶惶、地惶惶，我家有个爱哭郎，君子过路念一遍，我家娃崽睡觉到天亮"，以此吸引经过的路人去看，并借助路人的诵念祈求家中小孩安安稳稳、健健康康。

5. 八卦镜

与泰山石敢当类似，八卦镜也是用于改变风水的设置。在高定，八卦镜被悬挂在房门上方、墙

图十一—6　泰山石敢当

图十一—7　八卦镜

壁或者对着道路的窗口上。一般都是金属制的，上面绘有八卦图。八卦镜呈规则八边形，其中四条边各绘制一条龙，另外四条边各写上一个吉祥成语，如丁才两旺、吉星高照、富贵双全、五福临门、八卦在户、百福迎门等，内容不同的两个四边相互间隔，共同构成八卦镜的风水布局。过去，高定人们将平面镜和剪刀组合起来，悬挂在房门上方、墙壁或者对着道路的窗口上，同样具有更改风水、阻挡煞气的作用（图十一—7）。

（五）鬼师、道公及其仪式实践

高定的巫师一般分为三种：地理先生、道灵先生、鬼师。据说，高定地理先生的本领是从湖南瑶族或汉族那里学来的，道灵先生则是从临桂县宛田汉族或壮族中学来道教法术，只有鬼师的本领来自侗家世代相传。在很早以前，这三类师傅分工明确，各有所长，但高定现在已经没有地理先生与道灵先生的传承，而且鬼师的人数也越来越少。

旧时几乎所有的房族都有自己的鬼师，每个房族内部的相关事务也都由自己房族的鬼师测算。目前，高定做鬼师的老人还有七八位，平时请他们做法事的机会不多，一般只有在办丧事、请路边神或遇见一些医治不好的奇怪病症时才会寻求鬼师的帮助。鬼师的传承一般是家传或师传，能做鬼师的一般是上了年纪（五十多岁）的男性。

1. 拜水井

水井是侗族文化的一个重要符号，侗族先民在选址建寨时，一定要选择有好水源的地方。在高定侗胞看来，水是生命之源，养育了一代又一代的侗家子弟，同时水也是洁净之根，冲洗污垢、洁净世界。拜水井仪式，便是侗家人对水井的尊重，对水的感恩，也是对水的崇拜。高定拜水井的仪式一般包括两种情形：第一种是家中有人非正常死亡时，会请鬼师帮忙，带着纸扎的房子和死者的灵位祭拜常用的水井，先点香烧纸，然后将纸房子抬到村子外面的风雨桥烧掉，以求死者灵魂不要回家，到外面安家落户，并可以维护村子的安宁；第二种是当道灵先生死后人们要将他的尸身绑扎在椅子上，抬着他的身体祭拜村中的水井，祝福他死后灵魂升天成仙。

2. 升天仪式

在侗人的观念里，鬼师是连接真实世界和未知世界的桥梁，鬼师承担着为他人向祖先和鬼神谋求福报、使他人逢凶化吉的责任，他的付出在其死后理应得到回报——升入天堂。在高定，过去要在鬼师死后举行升天仪式送其灵魂进入天堂。据当地鬼师描述，做这个仪式需要在高处架起一块长长的木头，然后在木头上面铺上一匹布，再用纸包（冥纸）挨个排着排到末端，最后由事先请来的一群人齐喊"登不登天""登天"的口号，由此，鬼师的灵魂被送上天堂，享受福报，整个升天仪式完成。在高定，升天仪式也是检验鬼师子孙是否孝顺的时候，鬼师死后，他的子孙需要请道灵先生来主持这场法事，若不如此，便会被当地人视为不孝。

3. 架桥

架桥，是在高定遇见无法解决的病症时采取的一种治疗仪式。比如谁家媳妇生不出男孩，就会在鬼师的指点下选特定的时间和地点架桥铺路、做好事，以求得到福报。有的家中老人或小孩经常生病或久病不起，也会选用架桥的方式避开霉运、祈求健康。架桥的人家需要准备酸鱼、酸肉、米酒等，让过路的人来吃。由谁来砍架桥的木头也很有讲究，最好是那些儿女双全的人，否则这个仪式会不灵验。架桥的材料可以是新砍的木头，也可以是家中的旧木头，还可以是家中人去世二次葬后废弃不用的棺材板。

4. 治疗仪式

高定村民将病症分为急性病和慢性病。慢性病是现代医学意义上的病症，能够通过现代医学手段寻找原因并进行治疗。而急性病则是指那些突发性的、无法用医学解释的病症，高定人所认为的急性病包括犯天马、犯母猪鬼、犯土地公等，此类病症的主要表现是突发性头晕、腹痛、口吐白沫等。一般来说，染上这种病的村民会向鬼师寻求医治之法，鬼师也有相应的治疗仪式。在整个治疗仪式中，鬼师会根据不同的症状选择不同的仪式和手段，并祭念不同的口诀，如在犯天马的仪式中，鬼师只需用到铁质的物品，口诀为："荒坪乱草羊马吃，千神百鬼虎狼吃，寅上关起白老虎，老虎见老马——一口吞。"而在治疗犯土地公时则又是另一种形式，据传，犯土地公的人一般都是半路跌倒而晕厥，这时鬼师需要设立小道场，进行送鬼仪式，或是设立路边神位进行祭拜。

5. 过阴

过阴，侗话喊作[sanənmu]，是指死者通过媒介同生者交流的过程；过阴者，侗话称为[sansau]，即具有某种特殊体质的能与阴间沟通的人。高定有位姓杨的男性过阴者，据传他的能力是在古宜打工时跟一位师傅学来的，现在这个人已不在高定居住。听当地人讲，在过阴的过程中，要拿一块白布将头部遮严，只有这样才能开始做法，否则将不灵验。

（六）禁忌

1. 巫师禁忌

（1）巫师平时不能吃狗肉。因为狗吃屎，被认为是最脏的动物，吃了狗肉会使灵魂不愿靠近，巫师所掌握的符水也会因此失效。

（2）巫师看龙脉前不能吃黄鳝。高定人把黄鳝当作龙的化身，认为吃了黄鳝去看龙脉很不吉利，巫师的说法也会不灵验。

2. 女性禁忌

（1）女性坐月子时只能吃鸡肉、鸡蛋、猪肉和猪脚，别的什么都不能吃。

（2）产妇在孩子未满月前不能出门。在上山干活或外出打工的人看来，碰见产妇是件很不吉利的事，因此产妇出门多在早上九点之后，以避开出远门的人。产妇坐月子期间也不能到村中的水井边，因为水井旁的人很多，大家都比较忌讳见到产妇。

3. 其他

村民进山以后不能乱扔石头，以免砸到山兄弟，进而惹怒山兄弟。

十一、村落的价值评估

高定在村寨类型与文化景观保存上具有自身较为鲜明的特点，在侗族文化研究与保护、开发上颇具价值。

（一）高定具有较为典型的山地型侗族村寨布局模式

高定地处桂、湘、黔三省交界处，位于侗族聚居区的核心地带三省坡脚下，处于五岭山脉高海拔山区，与大多数侗族村寨多处河谷水滨地区相比，在地理位置上具有显著的差异。长期以来交通不便、历史上处于与外界相对隔绝的状态，令其在生活方式、民俗文化乃至村落布局上独具特点。村寨四周重峦叠嶂、山高林密，一年四季多云蒸霞蔚、云雾缭绕，村落景观令外来者犹如身处仙乡霞境，有脱俗忘忧之感。村寨自身栖居于山谷间，依山傍水，自成一个桃花源般的生活世界。村寨以"一庙一林双寨三径七楼七井"为景观主体，以七座鼓楼屹立、六百座木楼鳞次栉比为文化景观的亮点，人文与自然景观十分独特且相映成趣。

（二）现代生活元素与传统民俗文化相互交融和谐发展

高定现阶段仍以自给自足的农业生产生活模式为主，保留了较为丰富的侗族民间信仰、民间文学、节庆习俗与生活礼仪，是侗族传统文化与生活方式保留较为完好的村寨。但与此同时，现代建筑、生活方式和观念也已经融入当地社会并被有机纳入寨民的日常生活中。高定侗寨可作为侗族传统文化现代传承发展的个案加以研究开发。

（三）村民较高的文化素质与文化自觉意识有利于开发与保护

高定村民中外出工作求学者较多，村民出外打工较为普遍，与外界信息交流较多，虽地处偏远，但观念上并不保守，村民普遍具有较强烈的开发发展愿望。近年来，不断有外界游客与调查研究者到高定参观访问，也令高定村民对自身所保存的侗族传统文化和村寨特点具有一定的自豪感和文化自觉意识。高定老年协会处事公平、办事得力，协会中具有一定文化程度和阅历的老人较多，在高定村民中具有一定的威信，其本身亦为侗族传统民俗文化活生生的传承人和资料宝库，是村落文化景观保护发展的有利条件。

十二、保护及管理现状

（一）保护现状

高定现有县级文物保护单位一处——独柱鼓楼，是侗族地区仅有的两座独柱鼓楼之一，被誉为"三江之最"，具有一定的知名度。高定全寨民居除少部分为现代水泥建筑外，大部分仍为传统的或经过现代改建的干栏式木质建筑。高定以前文所述"一庙一林双寨三径七楼七井"的村落景观为背景，以七座鼓楼屹立、六百座木楼鳞次栉比为文化景观的亮点，与村民日常生活中仍然保存的礼俗、节庆与信仰活动相结合，向外界展示了一幅较为完整的侗族村落文化景观的图景。

（二）影响保护的原因探讨

调查显示，以下原因影响了高定的文化景观保护工作。

1. 现代建筑的影响

近年来，高定村民多外出打工，不仅获得更多的现金收入，其生活观念与审美观念也随之发生改变。最主要的表现即为对传统木质住房感到不满，而多愿意建造现代的钢筋水泥楼房。在高定从车站到寨尾的主干路两边已经出现近十座钢筋水泥楼房，在寨子边缘部分也已有数座现代楼房出现。这些建筑现在还为数不多，其中所体现出的村民希望过上更为舒适的现代生活的意愿也无可厚非，但如不能与整个村寨文化景观相协调，恐怕会对保护工作产生最为直接的影响。

2. 村落整体规划上的不足

传统侗族村寨一向以火灾为最大的威胁。为了防止火灾，高定近年来在寨内划出了防火路，动员在防火路范围内的寨民搬迁，并将防火路修建成水泥路，还以此为寨内的主干道路。此举固然起到防范火灾与方便寨民通行的作用，但水泥防火路与寨内传统景观确实形成了一定的外观上的反差。

3. 传统文化传承内容与方式的不足

高定寨门外建有侗族传统文化博物馆一座，为木质三层建筑，由三江县政府拨款创设。博物馆本为高定传承发扬侗族传统文化的有利基础，也是高定文化景观建设的突出优势。但遗憾的是，自博物馆创设以来，虽偶有志愿者参与服务，却少有侗族文化传承保护与记录的活动，博物馆仅仅起到招待外来参观者与游客食宿的农家乐、招待所的作用。博物馆与村落民俗文化及村民日常生活基本相脱离。高定现有的文化传承组织为行政村委所组织的歌舞队，主要活动为组织寨内妇女进行歌舞训练与表演，与偶有的外来游客联欢并获得一定的报酬。高定对侗族传统村落文化景观的保护力度明显欠缺。

（三）改进保护措施的设想

能否妥善保护高定传统村落文化景观，其关键之处在于如何将村民改善自身生存处境、获得现代化生活方式的合理要求与保护传统景观与民俗生活两者加以有机协调。报告提出以下措施，供参考尝试：

1. 合理运用有限的政府资金

高定之所以尚少现代钢筋水泥建筑，主要原因在于当地交通不便，砖石水泥从山外运到寨内，运费所需几乎等于物资的原价，故而当地村民仍多青睐于木质建筑。但随着交通的方便与生活水平的提高，现代建筑势必越来越多。政府有限的资金投入应着眼于引导寨民将传统建筑风格与现代生活水平的要求相结合，通过发放补助金等方式鼓励寨民在新建或维修建筑时，将现代元素与传统木质建筑有机融合起来。事实上，村民一直对传统木质建筑加以主动的改造，如自20世纪50年代以来，高定建筑从两层普遍发展为三四层，顶楼从不能住人发展到可供人居住，玻璃窗、铝合金门窗的引进，一楼砖石结构的改造等，皆说明村民有自发的改进自身文化与生活方式的能力，政府只需从资金和发展方向上加以引导，并设定村落民居建筑与景观所要达到的效果与范围，即可获得明显的效果。

2. 凸显高定侗寨现代与传统相交融的文化景观

高定并非与世隔绝的存在，寨内景观中众多的现代元素如水泥房屋、水泥路、小五菱面包车与摩托车的普及、车站广场旁的小卖部等既不可能视而不见，也不可能将其强制性消除。现代生活元素与传统文化景观并不矛盾。独峒乡有培养侗族农民画家绘制反映侗族日常生活的农民画的传统，本寨内的现代建筑可以将外墙作为画布，在其上面绘上侗族农民画，挥洒侗族文化的色彩。寨内水泥路作为主干路可方便游客参观，并可在水泥路两旁树立类似侗族传统"禾晾"的宣传木栏，表现侗族传统生活场景；同时，成排的宣传木栏可以将水泥路与两侧村民的生活区相对隔离，令参观者产生某种程度的距离感；将游览道路与生活区相对分离，还会令参观者更易于产生高定侗寨文化景观仍为"原生态""完整保留"的印象。车站旁的广场上，老年女性围坐聚集，利用MP3、手提电视等现代科技产品，收听观看侗歌侗戏，甚至可以作为寨内一景，展示现代科技产品如何融入村落生活中，并将传统文化元素更好地传承延续。

3. 发扬村民的主体性与能动性，多方位保护传承村落景观

侗族传统文化中，村民在青壮年时期主要从事生产活动，在中老年时期从生计活动中解脱之后，才有更多的时间与精力去学习、参加传统文化中诸如唱歌、吹芦笙、做月也、做鬼师等活动。在侗族传统社会中，个体对"侗家的东西（精神文化与传统技艺）"的继承即文化的"濡化"过程贯穿在个体的一生中，尤其在中老年阶段得到更多的强调。高定青壮年村民虽然多外出打工，但每年仍有相当长的时间回到寨内从事农作与其他活动，到一定岁数后，在外打工不便，仍会回到高定家中安居。因此，外出打工等现象并非侗族传统文化难以传承的根本原因。高定现存的问题，也是侗族传统文化传承面临的一个普遍问题，即将侗族传统文化简单归纳为一些外在元素，如侗族大歌、吹芦笙、传统女性服饰、鼓楼、风雨桥等，忽略了蕴含其中的民俗生活与情感。传承侗族传统文化，有很多切实可行的措施，如将老年协会纳入政府保护传统村落景观的组织力量中；组织诸如大专院校、科研院所等外部力量，对高定居民尤其是中老年居民进行较大规范、长时段的调查访问，搜集其所掌握的民间历史记忆、传说故事、歌谣谚语、民俗礼仪、生产生活技艺等，并记录整理为文字、影像与实物资料；甚至组织志愿者与高校学生学习侗族传统生活技艺；可大大丰富高定侗族文化博物馆的内容，令高定确实成为侗族传统文化景观的宝库；还可以鼓励老年协会在村民各项人生礼仪与岁时节庆过程中，遵循自愿与真实的原则，复兴侗族传统礼仪、仪式与其他民俗活动，令侗族传统村落文化景观成为血肉丰满的、有人在其中的活态景观。

调查组组长：杨树喆　海力波
调查组成员：陈谷娟　李　哲　党延伟　谢雪琴　蔡检林　徐田宝
简 报 总 撰：海力波